县域经济何以"成高原"

——基于十个县(市)的调研

河南日报智库　编著

河南人民出版社

图书在版编目（CIP）数据

县域经济何以"成高原"：基于十个县（市）的调研 /
河南日报智库编著 . — 郑州 ：河南人民出版社，2022. 2
ISBN 978 - 7 - 215 - 13069 - 2

Ⅰ．①县… Ⅱ．①河… Ⅲ．①县级经济 - 区域经济
发展 - 调查报告 - 河南 Ⅳ．①F127.61

中国版本图书馆 CIP 数据核字（2022）第 023894 号

河南人民出版社 出版发行

（地址 ：郑州市郑东新区祥盛街 27 号 邮政编码 ：450016 电话 ：65788028）
新华书店经销　　　　　河南瑞之光印刷股份有限公司印刷
开本　710毫米×1000毫米　　　1/16　　　印张　20.5
字数　276千字
2022 年 2 月第 1 版　　　　　　2022 年 2 月第 1 次印刷

定价 ：128.00 元

编　委　会

目　录　Contents

新发展阶段河南县域经济高质量发展的路径

　　——基于十个县（市）的调研 ………………………… 3

抢抓机遇，实现强势崛起

　　——中牟县域经济发展调研报告 ………………………… 43

“头部带动”绘就发展新图景

　　——内乡县域经济发展调研报告 ………………………… 66

以“冷”产业点燃发展“火炬”

　　——民权县域经济发展调研报告 ………………………… 93

“雁归经济”：传统农区工业化的现实路径

　　——鹿邑县域经济发展调研报告 ………………………… 114

实施全域旅游，推动富民增收城乡融合

　　——栾川县域经济发展调研报告 ………………………… 142

县域发展“流通贸易型”经济的启示

　　——淮滨县域经济发展调研报告 ………………………… 177

县域经济何以**"成高原"**

招商兴商促进国家级贫困县崛起
　　——平舆县域经济发展调研报告 ·················· 205

文旅融合带动转型升级
　　——辉县县域经济发展调研报告 ·················· 232

特色加工业引领平原农业县突破之路
　　——临颍县域经济发展调研报告 ·················· 261

提升县域治理能力是高质量发展的重要途径
　　——尉氏县域经济发展调研报告 ·················· 287

后记 ·· 321

县域治理"三起来"

　　2014年3月，习近平总书记在河南视察调研时，提出"把强县和富民统一起来，把改革和发展结合起来，把城镇和乡村贯通起来"。

　　河南省第十一次党代会提出：加快县域经济高质量发展。县域活则全盘活，县域强则省域强。要把县域治理"三起来"作为根本遵循，在融入新发展格局中找准定位，彰显特色，在创新体制机制中激发活力，破解难题。

李宇翔　摄

新发展阶段
河南县域经济高质量发展的路径

——基于十个县（市）的调研

河南日报县域经济调研组

引　言

　　县域经济作为一个功能比较完备的综合性经济体系，既是宏观经济和微观经济的结合点，又是城市与乡村的结合点。党的十八大以来，习近平总书记高度重视县域发展和县域治理，发表了一系列重要讲话，做出了一系列重大部署，为新时代我国县域经济发展提供了根本遵循和行动指南。进入新发展阶段，县域经济已经成为实施乡村振兴战略、推动城乡融合发展、畅通国内经济循环、助推高质量发展的关键支点。河南作为一个农业大省、人口大省、经济大省，接近90%的面积在县域，超过70%的人口在县域，超过60%的产值在县域，县域经济在全省发展大局中更是举足轻重。2021年9月，河南召开省委工作会议，对县域经济发展做出专门部署，明确提出：建设现代化河南，必须在中心城市"起高峰"、创新开放"建高地"的同时，推动县经济"成高原"。从而把县域经济高质量发展上升到省级战略层面，与中心城市、创新高地一道构成了河南新的"三高"，开启了河南省县域经济以高质量发展为主题，全面重构、深度转型的新阶段。通过对河南省中牟、内乡、民权、淮滨、鹿邑、栾川、平舆、临颍、辉县、尉氏10个具有不同特征的县（市）的实地调研，我们对新发展阶段县域经济高质量发展的实践特征、战略地位、复杂形势、问题短板和未来路径有了更加清晰、直观、深刻的认识，也进一步增强了我们推动县域经济"成高原"的信心和决心。

一、新发展阶段河南县域经济高质量发展的新特征

党的十八大以来，河南省立足经济增速换挡、发展方式转变、发展结构调整、发展动力转换的大背景，以"扩权强县"为主线，以"产业集聚"为路径，加速产业集聚、要素集聚、资源集聚，深化产业融合、产城融合、城乡融合，推动县域经济发展质量变革、效率变革、动力变革，县域经济发展质量和效益显著提升。调研发现："双循环"新发展格局下，河南省县域经济发展受内外因素的共同作用，既具有普遍意义上的共性特征，也具有鲜明的区域性特征和阶段性特征。

（一）现代产业体系成为核心竞争力

现代产业体系作为现代化经济体系的产业支撑，构成国民经济体系的核心支柱和关键枢纽。调研发现，10个县（市）无一例外都把构建现代产业体系作为推动县域经济高质量发展的核心竞争力，通过优化产业生态、搭建产业平台、培育产业项目、壮大产业主体、打造产业集群等，加速推进产业基础的高级化，产业链的完整化，供应链的现代化，价值链的延伸化、增值化、高端化。内乡以培育壮大龙头企业为抓手，构筑了涵盖原粮输入、饲料加工、养殖屠宰、物流配送、农

牧装备、食品加工、医疗化工在内，集"饲、养、加、农、工、贸"于一体的生猪全产业链体系。淮滨把独特的资源禀赋、枢纽优势、临港优势等转变为现实生产力和发展竞争力，培育形成了船舶制造、纺织服装、食品加工等特色产业集群。中牟以汽车产业、文创旅游、都市生态农业"三大主导产业"为支撑，形成独具特色的现代产业体系。临颍依托"一体两翼、三区联动"产业发展空间载体，初步形成了食品加工主导产业、板材家居产业、精密制造产业、绿色装配式建筑产业"1+3"产业体系，成为"中国休闲食品之都"。民权强化制冷装备产业链式整合和横向联合，发展"整机＋配套""原材料＋制成品"等优势特色产业链模式，持续创新产业发展生态，推动制冷产业由量的扩充向提质增效转变，由"民权制造"向"民权创造"转变。随着皮革加工、建筑防水、休闲家具等产业多路开花，平舆工业经济强势崛起。未来，河南省县域将会更加注重运用市场的逻辑、资本的力量，推动创新链、产业链、供应链、资金链、人才链、政策链等多链协同，努力实现直道冲刺、弯道超车、换道领跑，推动产业价值链从中低端向中高端攀升和跨越，全面提升县域产业基础高级化、产业链现代化水平。

（二）多元融合发展成为路径必选项

当前，区域融合、产业融合、产城融合、城乡融合等全方位、全要素、全格局的融会贯通、多元整合，向领域更广、格局更大、效率更优的方向创新求变，已经成为河南省县域竞争的新特征。一是推进产业融合，激发创新活力。内乡以绿色高效现代畜牧业为纽带，推进第一、第二、第三产业融合发展，初步形成生猪全产业链垂直整合和横向集聚，第一、第二、第三产业融合发展的格局。民权把制冷这一主导产业与新型城镇建设、乡村振兴战略、生态文明建设紧密结合，形成全环节提升、全链条增值、全产业融合体系。二是推动城乡融合，增进民生福祉。中牟按照"4+2"的空间发展格局，初步形成了以城区为龙头、中心镇为支撑、新型社区和美丽乡村为节点的城乡融合发展空间布局。临颍初步探索出了"夯实农业、依农兴工、以工促城、以城带乡、'三产'融合、城乡贯通、全域振兴"发展之路。三是推进产城融合，助力协调发展。淮滨按照"一港六区一廊道"战略布局，加快推动"以港铸城、以港育产、以产兴城、产城平衡"的港产城融合联动发展格局。内乡按照"以城镇建设为平台，以产业集聚区建设为载体，着力提高平台要素集聚力、吸引力和承载力"大城建发展思路，着力构建"一主五副多点"城镇体系，加速推进产城互动发展。四是推动业态融合，擦亮绿色名片。辉县把文旅融合作为富民强县的朝阳产业和支柱产业，坚持以"文"塑"旅"、以"旅"彰"文"，依托丰富的自然生态资源和历史文化资源，全力推动文化旅游业转型发展。栾川将全域旅游与产业结构调整、产业体系升级、实施乡村振兴战略、完善城乡基础设施、推进生态文明建设融合起来，走全方位融合发展的道路。五是推进区域融合，提高开放水平。中牟乘地利优势东风，积极参与"一带一路"建设，打造区域协同开放、联动发展新空间，吸引 13 家国内外 500 强品牌和企业进驻中牟。尉氏抢抓河南自贸区、郑州航空港经济综合实验区、开港经济带等区位叠加优势，全力打造"政策洼地""服务高地""投资新地"的政策环境。新发展格局下推进县域经济高质量发展，必须增强践行新发展理念的思想自觉，以转观念促进转发展方式，以新视野找到新发展路子，强化融合思维，通过产业之间、产城之间、城乡之间以及县域内外部之间的融合互通，提升县域发展效能。

（三）多维转型升级成为关键着力点

县域既是特色资源要素的承载地，又是涵养生态环境的战略腹地；既是海量数据生产地，也是重要的数据应用市场。适应高质量发展需求，因地制宜发展特色经济、绿色经济、数字经济、回乡经济，推行县域经济转型升级已经成为河南省县域经济高质量发展的关键着力点。一是特色经济引领。淮滨、中牟、鹿邑依托独特的交通、区位、资源等优势，在区域经济布局中找准定位，防止重复建设和同质化低端竞争，以错位发展、特色发展加快形成特色突出、竞相发展的新格局，分别打造流通贸易型、配套基地型、出口加工型县域经济特色发展模式。二是绿色经济支撑。栾川、辉县等强化生态优先、绿色发展，加快转变发展方式，优化生产力布局，推进产业集聚、人口集中、土地集约，成为全国"绿水青山就是金山银山"实践创新基地。三是数字经济突破。内乡抢抓数字经济的机遇，立足县内生猪产业链生态体系和产业优势，利用云行信联网技术服务，结合内乡农商行"特专精"定位，全面实施生猪产业链数字化金融服务项目。不断探索数字乡村发展新模式，着力提升农业产前、产中、产后信息化服务水平，让"互联网＋农业"充分融合，带动传统农业转型升级，推动农业农村持续稳定发展。四是回乡经济激活。鹿邑把昔日的"劳务输出"大县变成了"雁归经济"的热土，走出了一条输出打工者、引回创业者、带动就业者的县域经济发展路子。平舆依托遍布全国各地的 1000 多个防水企业、10000 多支施工队伍、30 多万从业人员，通过强力招商，吸引他们来平舆发展。现已集聚材料生产企业 18 家，总部企业 182 家。适应数字经济变革、消费结构升级、人口结构变化、绿色转型发展的未来需要，立足县域资源禀赋特色，加快多维转型升级将为河南省县域经济"成高原"提供更多的路径选择。

（四）链式集聚发展成为升级新导向

近年，河南省许多县（市）把建设产业集聚区作为带动县域经济发展的战略举措，着力推动产业集聚发展，链条不断延伸，体系不断完善，从根本上提升产业整体发展优势和核心竞争力。如今，这种"链式集聚"已成为县域经济发展的一大特色。从此次调研情况看，优化产业布局、完善产业生态、创新招商模式、营造发展环境、打造产业集群已经成为河南县域经济高质量发展的普遍导向，有的是以要素协同为桥梁，打造产业创新生态体系；有的是以数字化为牵引，助推现代产业体系建设；有的是以项目建设为突破，促进产业层次大提升；有的是以优化营商环境为突破，创新招商引资方式，集聚产业集群发展。内乡把产业集群式发展作为推动工业转型发展的主动力，通过培植龙头领军企业，壮大企业群体，提高产业影响力和竞争力，打造一批规模体量大、专业化程度高、延伸配套性好、支撑带动力强的产业集群。中牟通过引入郑州日产、海马汽车、红宇集团、东风日产等整车生产企业，逐步形成上游研发、中游生产、下游销售与服务的汽车全产业链，集聚了100多家汽车零部件企业，打造形成了产值超5000亿元的现代化汽车产业基地。淮滨聚焦纺织服装全产业链，吸引龙头企业落户，打造纺织服装科技产业集群，抢占全国纺织服装科技高端市场。鹿邑按照"小企业、大产业，小个体、大群体，小尾毛、大市场"的发展理念，采取"区中园"的模式，在产业集聚区建设化妆刷产业园，引导化妆刷企业向园区集聚。平舆通过激励回乡创业，把建筑防水产业发展成为支柱产业，已经形成集研发、品牌建设、产业集群、跨产业链升级的全产业链特色模式，成为有较大影响的防水产业集群。临颍把招商引资与做大做强产业集群结合起来，围绕食品产业集聚，紧盯总部型、行业龙头、高新技术、上市公司、知名品牌企业，引进了一批具有支撑性、带动性的重大项目和产业配套项目。民权大力实施商标战略，培育本地"冰熊""兆邦""松川""凌雪"等一大批制冷产业商标品牌，擦亮了民权"中国制冷产业基地"的金字招牌。尉氏以做大做强做优纺织服装、现代家居、健康医疗设备三大主导产业为重点，积极谋划实施重大招商引资项目，完善产业链条，壮大产业规模。

（五）资源潜力释放成为要素潜力股

新增长理论认为，知识科技和人力资本等创新要素的集聚、积累与溢出是现代经济增长的主要源泉。相比市场主体多元、人才储备丰厚、科研平台众多、创新氛围浓厚、创新资源富集的大中城市，县域集聚高端创新要素所面临的约束条件更复杂，外部挑战多元，但与中心城市相比，县域又在人力资源、生态资源、农业资源等方面仍有比较优势，并在区域竞争优势的重塑中加速释放战略潜能。一是释放人力资源潜力。第七次全国人口普查结果显示，河南省超百万人口大县10个，并列全国第3，占全国的11%，县域蕴藏着千万级别的"人口红利"，庞大的劳动力蓄水池、成长起来的产业工人队伍、越来越多的返乡创业群体是县域高质量发展的力量所在、后劲所在，也是强劲的内需空间所在。河南省21个返乡创业国家试点都在发挥人力资源优势，推动县域经济发展。鹿邑依托丰富的劳动力资源，走出了一条输出打工者、引回创业者、带动就业者的县域经济发展路子。二是释放生态资源潜力。全省大多数自然保护区、森林公园、生态湿地、绿色廊道分布在县域，共同抓好大保护、协同推进大治理，既是规避传统发展方式的必然要求，也是让绿色成为县域发展鲜亮底色的必然选择。淮滨、辉县、栾川等依托生态资源优势，坚持生态治理和产业转型"双轮驱动"，推进全域旅游，既看"经济脸色"，又重视"自然气色"，走出一条生产发展、生活富裕、生态良好的发展之路。三是释放农业资源潜力。随着人民群众对中高端、多元化、绿色化农产品消费需求的快速增长，河南农业大省的现代农业优势日益凸显，乡村的生态价值、文化价值、旅游价值等不断被挖掘，新业态新模式正在全方位向农村渗透，特别是电商经济下乡势头迅猛，把小农经济与一体化大市场紧密联系起来，为县域特色产业发展持续赋能增效，推动"三链同构"的实施，形成从种植养殖、面粉加工、食品生产、色素配料，到研发设计、检验检测、食品包装、电商物流的完整产业链。

（六）后发优势转换成为决胜先手棋

当今世界正处于百年未有之大变局中，新一轮科技革命和产业变革方兴未艾，消费结构持续升级，新兴业态不断涌现，数字经济蓬勃发展，这些都为县域经济发展打破"低端锁定"、实现"高位嫁接"、完成"撑杆起跳"提供了可能，从而使得县域能够依托综合优势和后发优势，主动开辟新场景新赛道，成为县域经济发展的决胜先手棋。一方面，顺应跨界融合、科技引领拓展新兴业态。淮滨、辉县、栾川等探索县域农业、工业、科技、生态、会展、康养、文旅等融合发展，强化质量变革、效率变革、动力变革，抢占关键环，迈向中高端，跑出加速度。中牟立足"文化创意、时尚旅游、高端商务"三大产业，延伸"总部经济、数字创意、泛娱乐产业、夜间经济、都市配套"五大方向，瞄准世界 500 强、行业前 10 强，引进了华强方特旅游度假区、海昌海洋公园、建业·华谊兄弟电影小镇、只有河南·戏剧幻城等一批重大文化产业项目，推动形成"大项目—大企业—大产业—产业链"的良性循环。另一方面，深挖后发优势，弯道超车推动跨越转型。辉县通过内容创新、形式创新、产品创新、服务创新等途径，做好"旅游＋文化""旅游＋康养""旅游＋体育""旅游＋农业"等大文章，提质升级已有文化旅游业态，最大限度地进行资源优化配置整合，实现社会效益、经济效益与生态效益的有机统一。内乡依托牧原公司，将云计算、大数据、物联网等新技术与产业相结合，搭建了覆盖饲料加工、生猪育种和生猪销售等产业链的智能化数字平台，在其带动下，内乡涌现出恒辉农牧、寅兴农牧、和信农牧、锦汇设备、铁林农牧、润源钢构等一大批数字化场景应用领先企业。鹿邑依托当地丰富粮食资源的食品加工业、秸秆资源的草编手工业、山羊资源的皮革加工及尾毛加工业，形成了"水草皮毛"四大产业。立足新发展阶段、融入新发展格局，对于河南省县域经济发展而言，是一次机遇性、竞争性、重塑性的变革。瞄准更高目标，深挖优势潜力，让县域经济活力再次迸发，尤其要基本实现"三高四提五突破"的主要目标，必须在稳住传统产业基本盘的基础上，准确把握新一轮科技革命和产业变革的趋势，抢抓数字化、网络化、智能化发展机遇，把产业门类优势转化为场景融合优势，把资源优势转化为高端要素链接优势，以高端要素嵌入助力传统优势领域卡位新兴场景赛道，形成竞争优势和发展胜势。

二、新发展阶段河南县域经济高质量发展的新地位

经济学家张五常曾经断言，以县际竞争为代表的地区间竞争，是中国改革开放以来经济迅猛发展的根本原因，并称这个制度是他所知道的最有增长效率的制度。河南省委以中心城市"起高峰"、创新开放"建高地"、县域经济"成高原"的宏大视野，对河南发展做出新部署。"三个高"的要求，为开启新征程竖起了更高发展"坐标"，显现出放眼未来的前瞻性、战略性和系统性。从被调研的 10 个县（市）经济发展状况看，这一战略决策背后既有对改革开放 40 多年来河南省县域经济发展复盘后的深思，也有新发展阶段对县域经济发展新地位的考量。面对"立足新发展阶段、贯彻新发展理念、构建新发展格局，推动高质量发展"的"三新一高"要求，河南省县域经济高质量发展的战略地位、功能价值都发生了深刻的变化，在支撑全省经济转型升级、促进区域协调发展、畅通内外经济循环、推进城乡融合发展、实施乡村振兴战略和扛稳粮食安全重任中地位更加重要。

（一）提升经济质量的基本盘

在开启全面建设现代化河南新征程中，城市经济与县域经济是"确保高质量建设现代化河南、确保高水平实现现代化河南"的两个轮子。回顾河南省这些年走过的路程，可以清晰地看到，县域经济突破之时，就是河南整体发展跃升之际。在中心城市、都市圈和城市群建设以及乡村振兴都已上升为国家战略的区域发展格局下，河南省有近九成的国土面积、超七成的常住人口、2/3 的经济总量和超七成的工业规模都在县域，县域人口之多、面积之大、分量之重，决定了县域经济在全省经济高质量发展中的基础性、全局性、战略性地位。推动全省经济高质量发展重点在县域，难点在县域，潜力也在县域。县域稳则省域稳，县域强则全省强。目前，河南省县域规模以上工业占全省的比重超过 60%，百亿级产业集群 78 个，2020 年河南省有 10 个县市上榜中国工业百强县市榜单，县域内的集聚区占全省的 2/3，已经形成了巩义精铝、长垣起重、民权制冷、新密纺织等一批规模优势突出、功能定位明晰、集聚效应明显、辐射带动有力的县域产业集群，具备了大规模聚集创新要素资源的基础，县域正在成为配套城市主导产业延伸发展和承接农业转移人口就近城镇化的重要载体。同时，产业空间充足、要素成本低廉也成为河南省县域承接城市工业资源溢出、推动区域高质量发展的重要优势。依托县域资源禀赋、环境容量、产业基础、市场状况以及历史传承，确立主导产业、夯实特色产业、培育新兴产业，坚持创新驱动，构建现代工业发展体系，已经成为推动全省产业转型升级的助推器和拓展经济增量的新空间，只有各个"县域部分"运行有序、结构优化、平衡发展，进而有机融合为一个整体时，整体功能才能大于局部功能之和。

（二）推进区域协调的次核心

约翰·弗里德曼的"核心—边缘"理论认为，任何空间经济系统均可分解为具有不同属性功能的核心区和边缘区，其中包括处于两个或多个核心区域之间、具有一定经济发展潜力的走廊区域，即次级核心。当前，河南省正处在跨越工业化中期的关键阶段。按照"核心—边缘"理论的解释，处在这一阶段的区域经济属于典型的扩散型空间结构，核心区的极化效应逐渐削弱，扩散效应逐步增强；边缘区部分条件成熟的区域通过优先承接核心区的扩散，逐步发展壮大，进而形成次级核心。县域经济作为以县城为中心、乡镇为纽带、农村为腹地的一种行政区划型经济形态，在经济地理空间上恰恰位于中心城市与乡村腹地的走廊地带，属于边缘区中的过渡区域，既是中心城市扩散效应的承接区，也是乡村腹地极化效用的承载区。随着经济发展阶段的转换，河南省县域经济正在逐步成为区域经济发展的次级核心。相对于郑州、洛阳、南阳、商丘、安阳等国家或区域中心城市而言，河南诸县（市）的经济发展仍处于从属依附地位，县域经济在中心城市的扩散作用下，通过产业结构调整，发展动能转换，不断提升自身发展能力，加紧与核心区联系，其经济特征逐渐与核心区趋同，在经济地位和社会功能上逐渐向核心区靠拢。另一方面，随着县域经济自身的逐步壮大，必然带动局部区域自然资源和经济要素向其极化，进而带动周边区域的产业发展，形成局部区域内的经济发展极化中心。中牟、尉氏紧抓郑州大都市区建设、郑汴港核心引擎区建设重大战略机遇，积极承接郑州产业转移，融入都市圈，就是很好的例证。

（三）畅通内外循环的压舱石

长期以来，县域经济一直扮演着参与国际大循环的基础供给泵的角色。随着外部发展环境和要素禀赋优势的变化，市场和资源两头在外的国际大循环动能明显减弱，而县域超大规模市场优势和内需潜力不断释放。从供给侧来看，县域经济是国民经济循环的新支撑。县级政府具有独立的资源配置权限，县域经济涵盖了生产、流通、交换、分配等各个环节，连接城乡、贯通工农，生产总值约占全省2/3，是省内外经济循环的坚强支撑载体。县域产业转型升级潜力"倒逼"释放，通过科技创新、业态创新、模式创新和管理创新，县域传统产业不断升级，新兴产业逐步培育，产业基础高级化、产业链现代化的县域攻坚战已经全面开启。从需求侧来看，县域经济是挖掘消费潜力的新战场。目前，河南省七成以上的人口生活在县域范围内，县域人口规模庞大，消费潜力巨大，集中了全省大部分的购买力。2020年河南省县域社会消费品零售总额达到11830亿元，比2015年增长35.3%，年均增长6.2%。未来，随着县域消费场所和消费场景的改造升级、县域人均收入稳步增加和城乡居民收入差距缩小，文化、休闲、健康、旅游等县域消费模式不断优化，使得县域积蓄的万亿级投资和消费需求越来越稀缺、越来越宝贵，成为河南省激活国内大市场、畅通国内大循环、融入国际国内双循环的重要基石，在新发展格局中进入中高端、成为关键环、掌握话语权的关键所在。

（四）促进城乡融合的动力源

城乡融合作为城乡经济社会综合体形态，既是城乡资源要素双向自由流动的结果，也是城乡空间格局耦合协调演化的过程，具有多尺度的时空特征。城乡融合发展是城市与乡村之间相互协调、互动交融的一个实践过程，具有多层次、扩散性的特点。县域因其城乡联系密切、地域范围适中、同质性较强，相对于其他层级行政区域，更易于在经济社会发展上联结成一个有机整体。进入新发展阶段，全面建设社会主义现代化国家对城乡融合提出了更高的要求。县域经济作为国民经济的重要基石和支柱，已经成为促进城乡融合发展的基本场域和动力源泉。2021 年中央一号文件指出，要加快县域内城乡融合发展，把县域作为城乡融合发展的重要切入点。《中华人民共和国国民经济和社会发展第十四个五年规划和 2035 年远景目标纲要》也明确提出，以县域为基本单元推进城乡融合发展，强化县城综合服务能力和乡镇服务农民功能。长期以来，由于欠账过多、基础薄弱，河南省城乡发展不平衡、不协调的矛盾比较突出，生产要素不断向城市聚集，造成县域综合服务能力不断弱化，县域内产业、基础设施、公共服务、基本农田、生态保护、城镇开发难以实现良性有序发展。随着工业化和城镇化的飞速发展，人口和资源逐渐向大城市聚集，城市的极化现象日益明显。人口和各类资源向大城市高度聚集，导致乡村"空心化"日益严重，城乡失衡不断加剧，以广大农村地区为腹地的县域经济和社会发展后继乏力。大城市大量外来务工人员无法享受和本土居民同等的住房、教育、医疗等基本公共服务，社会融入问题表现相对突出，不利于国家的长治久安。同时，就空间距离而言，县城和乡镇最贴近广大农业人口，具有就近城镇化的便利，且落户成本和生活成本较低，是中低收入群体城镇落户的最佳选择。

（五）推动乡村振兴的主战场

县域经济是以县城为中心、以城镇为纽带、以乡村为腹地的区域经济。从空间角度看，农业主要集中在县域，农村主体分布在县域，农民多数生活在县域，所以县域经济发展与乡村振兴联系紧密，发展壮大县域经济是乡村振兴的必由之路，县域经济发展程度越高，对农业农村现代化的推动力、辐射力就越强。因此，县域经济将是以产业兴旺、生态宜居、治理有效、乡风文明和生活富裕为总要求的乡村振兴战略有效实施的主战场。在谱写新时代中原更加出彩绚丽篇章的进程中，河南仍面临着乡村发展滞后与新型城镇建设不足的双重压力。与沿海发达省份相比，农业人口多、农业比重大、乡村发展不平衡不充分的问题更为突出。第七次全国人口普查数据显示，全省常住人口为9936.6万人，其中居住在城镇的人口为5507.9万人，占55.43%，低于全国平均水平8.46个百分点，与浙江省和江苏省分别相差16.74和18.10个百分点，在中部六省排名倒数第一。要在乡村振兴上走在全国前列，就要在县域经济这个主阵地上发力。河南省县域经济发展的短板在乡村，潜力也在乡村，通过发挥乡村振兴对县域经济的基础作用，改善县域经济发展的基础条件和发展环境，全面激发县域经济发展的动力。要立足乡村，通过发挥乡村振兴对县域经济的支持作用，促进城乡要素、资源、产业等方面的深度融合，不断提高城乡基本公共服务均等化水平，为县域经济高质量发展提供坚实基础。

（六）保障粮食安全的定海神针

粮食安全始终是关系国民经济发展、社会稳定和国家自立的全局性重大战略问题。党中央、国务院历来高度重视粮食安全，并坚持摆在突出的位置。河南作为农业大省，农业特别是粮食生产对全国影响举足轻重。2014年，习近平总书记视察指导河南工作时强调："粮食生产这个优势、这张王牌任何时候都不能丢。"2019年，习近平总书记参加第十三届全国人大二次会议河南代表团审议时再次寄语："要扛稳粮食安全这个重任。"粮食生产的重心在县域、粮食产业的布局在县域、粮食经济的基础在县域。作为全国重要的商品粮生产基地，河南省95%以上的县是粮食生产大县。2017年以来，县域粮食产量连续4年稳定在5700万吨以上，2020年达到5996万吨，占全省粮食产量的近九成。同时，县域肉类产量连续5年保持在470万吨以上。2020年全省有12个县粮食产量超过百万吨。截至2021年，河南粮食总产量已连续 16 年超过 1000 亿斤，连续 5 年超过 1300 亿斤，这背后是县域粮食生产的有力支撑。粮食具有不可替代性，是城乡居民每天都需要消费的基本民生商品。构建新发展格局最本质的特征是实现高水平的自立自强，对粮食安全提出了新要求，提升粮食系统韧性、提高粮食产业质量、防范粮食贸易风险等对河南省粮食生产都提出了更高要求。坚持"三链"同构，全面提升粮食产业质量效益和竞争力，加快实现由粮食资源大省向粮食产业强省转变，确保 2025 年粮食产业经济总产值超 4000 亿元，离不开全省 100 多个产粮大县在稳定粮食大局、保障粮食供给中主体作用的发挥，这既是河南省扛稳粮食安全重任的必答题，也是推动县域经济高质量发展的优选项。

三、新发展阶段河南县域经济高质量发展的新形势

县域经济作为一种独特的区域经济，其发展演进过程总是衍生于特定的历史文化背景、资源禀赋条件、经济社会结构、政策制度框架之中，具有鲜明的阶段性、区域性和时代性特征。在我国全面建成小康社会、实现第一个百年奋斗目标之后，迈入乘势而上开启全面建设社会主义现代化国家新征程、向第二个百年奋斗目标进军的新发展阶段，河南省县域经济高质量发展的外部环境、发展基础、理念遵循、方式路径等都在发生深刻的变化。这构成了当前和今后一个时期河南省县域经济高质量发展的时代背景和基本逻辑。

（一）发展基础更加扎实

改革开放 40 多年来，河南省县域经济经历起步萌芽、探索发展、拓展深化等阶段的演进，已经迈入总量跨越、质量提升、动能转换、城乡融合、开放协同的关键发展阶段。县域经济高质量发展的动能活

力持续释放，发展的基础条件不断改善。"十三五"以来，河南省县域GDP 从 2016 年的 2.72 万亿元跃升至 2020 年的 3.37 万亿元，占全省总量的 61.3%；全省县域一般公共预算收入由 2015 年的 1139 亿元增至 2020 年的 1737 亿元，年均增长 8.8%；2020 年年末，县域金融机构各项存、贷款余额分别为 31473 亿元和 17357 亿元，年均分别增长 11.8%、13.9%；县域人均可支配收入由 2015 年的 14913 元增加到 2020 年的 22094 元，年均名义增长 8.2%；城乡居民收入比由 2015 年的 2.1：1 缩小至 2020 年的 1.9：1。调研发现，"十三五"期间，不论是临近郑州的中牟，还是地处偏远的淮滨，不论是平原地区的鹿邑，还是西部山区的栾川，不论是传统农业县内乡，还是传统工业县辉县，在经济规模、财政收入、产业基础、动能积蓄、生态环境、民生福祉等方面都得到了大幅度提升。"十三五"期间，中牟经济综合竞争力在全国百强县排名由 2016 年的第 99 位上升到 2020 年的第 80 位、上升 19 个位次，鹿邑迈入全省县域工业 30 强县行列，中部地区县域经济百强榜由 2018 年的第 84 位提升到 2020 年的第 60 位。尉氏生产总值由 311 亿元增加到 432 亿元，年均增长 7.1%；一般公共预算收入达到 26.7 亿元，年均增长 11.6%。栾川 2020 年年末，人均生产总值达到 77000 元，比 2010 年翻了一番多。临颍 2020 年生产总值达到 356 亿元，在河南县域经济综合排序中位于第 20 位，入选"全国首批国家数字乡村试点县"。淮滨县域经济实力由"十一五"末全省倒数第一跃升到第 40 位，三产结构比实现了由"二三一"向"三二一"的历史性转变。平舆粮食产量连续 5 年稳定在 17.5 亿斤以上，被评为全国粮食生产先进县。内乡县域经济实现了从全市第三方阵到第一方阵的跨越。辉县 2020 年经济总量达到 346.97 亿元，位居新乡市第 3 位。同时，河南正面临着国家构建新发展格局、促进中部地区高质量发展、推动黄河流域生态保护和高质量发展三大战略机遇，到了由大到强、实现更大发展的重要关口，到了可以大有作为、为全国大局作出更大贡献的重要时期。人口大市场、交通大枢纽、开放大通道的地位更为凸显，人力资源丰富、产业配套齐备、粮食贡献突出、城镇化潜力巨大的支撑作用更为凸显。这为县域经济高质量发展奠定了扎实的基础。

（二）发展机遇愈加难得

"双循环"新发展格局明确了我国经济发展将改变以往以国际循环作为经济发展主动脉和主动力的做法，将以国内大循环为主体作为经济发展的新动力和新引擎。作为河南省经济最坚强的底部支撑的县域经济，必将在这一新发展格局中肩负更大的责任和使命，也必将迎来更大的发展机遇。一是政策红利更具可操作性。自 2017 年国务院发布《关于县域创新驱动发展的若干意见》以来，国家层面围绕县域经济发展先后出台了《关于建立健全城乡融合发展体制机制和政策体系的意见》《2020 年新型城镇化建设和城乡融合发展重点任务》等，2021 年中央一号文件明确提出把县域作为城乡融合发展的重要切入点，壮大县域经济，承接适宜产业转移，培育支柱产业。二是战略地位更具可重塑性。新发展格局下，河南省县域经济成为构建新发展格局的核心载体，其发展地位更具可重塑性。一方面，县域经济涵盖了生产、流通、交换、分配等各个环节，以及第一、第二、第三产业各个部门，是功能完备的综合经济体系，具备了承载国内国际双循环，尤其是国内大循环的产业基础；另一方面，县域经济可以实现农村市场与城镇市场的有机衔接，是推进城乡一体化建设的重要手段，是依托国际国内循环的双向互动来破解"三农"问题的重要抓手。三是需求潜力更具可挖掘性。河南省近 90% 的面积在县域，超过 70% 的人口在县域，超过 60% 的产值在县域，随着城乡居民人均可支配收入的大幅提高，县域内农村居民和城镇居民的购买力不断增强。同时，县域经济基础设施条件及公共服务相对滞后，相比城市具有较大的投资空间，对道路交通、农业现代化设施、数字乡村、信息网络基础设施等投资建设也将带来县域市场强有力的投资需求。四是供给质量更具可提升性。一方面，针对国际需求滞涨的现实，国内大循环将深入县域腹地，从而提高县域范围内的优质消费品的供给水平；另一方面，依托"双循环"中以国内大循环为主的战略导向，在完善县域商贸物流网络体系及基础设施配套建设的基础上，结合互联网、物联网及各种类型的线上平台，打通交通和信息通道，实现优质农产品的批量输出。五是发展动能更具可培育性。县域在地理区位、自然资源、历史、人文等方面的禀赋差异，决定了县域经济发展必须因地制宜，走特色发展之路。新发展格局意味着产业链、价值链、供应链的延链、补链和强链，意味着对产业发展效率和产业安全的追求，这为县域经济发展过程中产业动能、价值动能的培育提供了新契机、新机会。

（三）发展要求更加明确

河南省第十一次党代会提出，要把县域治理"三起来"作为根本遵循，在融入新发展格局中找准定位、彰显特色，在创新体制机制中激发活力、破解难题。这对新发展阶段河南县域经济高质量发展提出了明确要求。推动县域经济发展要立足新发展阶段的历史方位，努力把握新发展机遇；贯彻新发展理念的基本方略，努力实现高质量发展；融入新发展格局的重要窗口，努力践行新发展思路。一是立足新发展阶段的历史方位，努力把握新发展机遇。在新发展阶段，社会主要矛盾已经转化，人民群众对美好生活需求更加多样化、个性化、人性化，对公平、正义、民主、环保等要求更多、更高。因此，县域经济发展必须瞄准社会主义现代化目标，改变粗放式发展方式，走集约化发展道路，积极提高全要素生产率，实现发展机会平等、市场竞争公平、发展成果全民共享；适应人民群众对优质产品的需求，特别是推动农业提档升级、市场细分、标准化生产，全面提升农产品质量安全、营养健康价值和风味特质。紧盯"双碳"目标，确保经济发展与资源环境承载能力相适应，实现生产、生活、生态、生长"四生融合"。二是贯彻新发展理念的基本方略，努力实现高质量发展。推动县域经济发展必须始终崇尚创新、注重协调、倡导绿色、厚植开放、推进共享。把创新作为引领县域经济发展的第一动力，实施创新驱动发展战略，加快新旧动能接续转换，提高县域科技创新能力，改造提升传统优势产业，培育发展新兴产业，构建良好创新生态环境；把协调作为县域经济发展的内在要求，坚持区域协同，城乡融合，工农互促，主动融入中心城市、都市圈和城市群的发展格局，推动乡村振兴与新型城镇化协同发展；把绿色作为县域经济发展的鲜亮底色，深入贯彻"绿水青山就是金山银山"的理念，把生态治理和发展特色产业有机结合起来，走出一条生态和经济协调发展、人与自然和谐共生之路；把开放作为县域经济发展的必由之路，以高水平开放为引领，着力发展开放型经济，优化提升营商环境，打造内陆开放高地，聚集国内外先进生产要素，提升自身发展质量；把共享作为县域经济发展的根本目标，坚持发展为了人民、发展依靠人民、发展成果由人民共享，不断增进和改善民生福祉。三是融入新发展格局，努力践行新发展思路。构建新发展格局的关键在于经济循环的畅通无阻，各县（市）应找准在构建新发展格局中的定位，把自身的优势和潜能充分释放出来。应立足本地优势资源培育新兴产业，承接中心城市产业转移，布局先进制造业、战略性新兴产业、特色农产品初加工和精深加工体系，建设现代农业产业园、加工制造基地、特色产业集群，延伸农业产业链条，推动价值增值。发挥农业的多种功能和乡村的多元价值，积极发展休闲观光、健康养老等新产业，积极培育特色小镇和田园综合体，推动乡村经济高端化、多元化、特色化发展。

（四）发展挑战更趋严峻

伴随产业革命与技术变革的加速推进，全球经济格局重构，作为中部地区的县域，将面临更多的挑战和压力。一是国际市场需求持续低迷，压缩河南县域经济发展外部空间。世界经济增长放缓、贸易保护主义抬头、地缘政治紧张使全球化进程受阻，也导致中国经济外需疲软，潜在风险提高。金融危机后西方发达国家经济增速放缓，国际需求下降导致我国依靠出口拉动经济增长的空间缩窄，但国内需求却持续上升。2020年年初暴发的新型冠状病毒疫情更使得本来就低迷的国际市场雪上加霜，国际需求进一步下滑，与国际大循环紧密相关的行业受到重创。此外，伴随着全球经济陷入低迷，贸易保护主义、单边主义、逆全球化思潮席卷全球，外部需求总量减少，不稳定性却不断提高，导致全球产业链、供应链面临重大冲击。在这样的国际经济环境下，河南县域经济外向型发展步伐必然受到不同程度的冲击和挑战。二是国内经济深度转型调整倒逼县域经济发展跨越转型。与沿海发达省份相比，河南县域经济面临着转型升级与跨越发展的双重任务。不断缩小与发达省份县域经济发展之间的差距，亟待加快"赶超跨越"进程，但在高质量发展的时代主题下，实现"赶超跨越"又必须主动适应新时代经济高质量发展的要求，推动质量变革、效率变革、动力变革，摆脱路径依赖、资源依赖、要素依赖，加速转型升级。这就意味着河南县域经济发展要在一个相对较低的水平上与发达省份同步实现转型升级、提质增效的目标，面临着"赶超"与"转型"的双重任务，一方面要继续致力于做大蛋糕，在数量规模上加快缩小与发达省份的差距，另一方面要不断着眼于提质增效，在转换动能上谋求县域经济发展的新引擎。三是区域经济发展动力极化制约河南县域经济发展要素集聚。当前我国经济发展的空间结构正在发生深刻变化，中心城市和城市群正在成为承载发展要素的主要空间形式，呈现区域经济发展分化、发展动力极化等现象。地区经济超越传统区域板块呈多维分化状态，既体现在东中西部和东北四大区域板块之间，也体现在各大区域板块内部。中心城市、都市圈、城市群以及东部沿海发达县域凭借先发优势、开放优势、产业优势、区位优势、平台优势、政策优势等具有天然的聚集资金、资源和人才的优势。相反，河南很多县域城镇功能不健全，教育、医疗、科研资源特别是优质资源缺乏，缺乏足够的承载力，很难吸引人才、技术、信息等高端要素集聚。资本、技术、管理、信息等各种生产要素向城市集中，县域经济普遍存在资金不足、人才匮乏等问题，发展受到严重限制。四是县域人口老龄化的趋势削弱河南县域经济发展人口红利。人口结构、人口质量与区域经济高质量发展密切相关。作为人口大省，人力资源一直是河南省的一大优势，但当前河南县域人口结构和人口质量所呈现出的人口资源红利，以及凸显的人口资源瓶颈和深层问题已经成为县域经济高质量发展的一个重要影响变量。第七次全国人口普查数据显示，河南 60 岁及以上人口占 18.1%，其中，65 岁及以上人口占 13.5%，与 2010 年相比分别上升 5.4 和 5.1 个百分点；人户分离人口高达 2546.0 万人，其中，县域人户分离人口为 2120.2 万人，占 82.7%。虽然县城已成为返乡人口进城的首选且回流人口逐年增长，但短期内仍无法扭转这种失衡的局面。

四、新发展阶段河南县域经济高质量发展的新问题

改革开放以来，尤其是党的十八大以来，河南省县域经济综合实力不断提升，质量结构持续优化，新旧动能加快转换，民生福祉不断改善，呈现稳中向好的态势，为实现全省高质量发展奠定了基础。调

研发现，与沿海发达省份相比，对标高质量发展要求，河南省县域经济在体量规模、质量结构、速度效益、要素支撑等方面还存在较大差距，在城乡融合、产业融合、产城融合、区域协调发展等领域存在的不平衡、不充分问题仍然是最大的实际。

（一）发展结构相对失衡

在县域经济体量不断扩大的同时，河南县域经济发展中仍存在着结构性失衡的问题。一是县域经济发展与全省经济体量不匹配。从 2004 年起，河南连续 17 年稳居全国第 5 位，但县域经济发展与河南作为全国第 5 大经济体的地位不相匹配。赛迪发布的 2020 年全国百强县榜单，河南仅有 7 个县市入围，且排名均在 50 位以后，全国 38 个 GDP 突破千亿级的百强县中，河南无一入围；2019 年河南县域 GDP 均值为 325.9 亿元，不足江苏省的 1/3，仅为浙江省的 65.0%，无论是上榜数量，还是上榜位次，都与发达地区存在较大差距。二是县际之间不平衡。河南省内各县（市）表现出明显的空间地域性异质性和发展的非均衡性态势。河南省社会科学院发布的《2021 年河南省县域经济发展质量评价报告》显示：河南省 104 个县（市）的总体水平均值为 0.2823，其中，低于总体水平均值的县（市）有 66 个，高于总体水平均值的县（市）有 38 个。2020 年郑州市的新郑市、巩义市、荥阳市、新密市、中牟县包揽了河南县域经济排名前 5 位，其县域生产总值均超过了 500 亿元，但汝阳县、鲁山县、舞钢市、安阳县、卢氏县等一大批后发县域的生产总值不足 200 亿元。三是县内融合不充分。目前，河南县域产业融合上存在制造业产业布局不均衡、主导产业不突出、产业协作配套能力不强、产业链低端锁定等问题；产城融合上存在"产""城"同步发展水平不高，新城开发与旧城提质统筹不足等问题；城乡融合上存在公共设施和公共服务供给主体单一、总量不足、质量不高、配置不均衡等问题；生产、生活、生态融合上存在县域经济转型升级不到位，生态环境治理能力和水平不高等问题，很多县对农业发展重视不够，更多资源配置到了第二、第三产业发展中，特别是怎么利用县域工商企业带动县域农业发展、怎样让农民更多分享"三产"融合中的增值收益没有得到应有的重视。

（二）转型升级步伐缓慢

迈入新发展阶段，高质量已经成为我国经济发展的时代主题，经济整体增长速度由高速向中高速转换，市场竞争转向质量技术品牌服务竞争。在这种新形势下，河南县域经济发展的结构性矛盾愈加突出。一是县域产业层次偏低。除个别县域参与到全球或全国生产网络中之外，多数县域工业尚处在服务本地的原料及来料加工业等低附加值环节，产业层次不高、产业效益偏低，产业价值链"低端锁定"的问题突出。民权制冷装备产业产值已经超过百亿元，但产业分布狭窄，主要集中在进入门槛较低、技术含量较低、附加值较低的加工环节，尚未真正形成特色集聚、交互关联、错位发展、竞争合作的系统化集聚。二是新兴增长点培育不足。河南进入全国百强县的县市主要依靠钢铁、电解铝、水泥等传统能源产业支撑。全省县域规模以上工业增加值中，钢铁、水泥、铝工业、煤化工等传统产业增加值占比高达46.6%，能源原材料工业占比达35.2%，而高新技术产业占比仅有10%，战略性新兴产业占比仅有15.4%。中牟的汽车及零部件产业发展主要以生产制造为主，缺乏本地研发能力支撑。三是企业创新能力偏弱。县域企业主要以中小企业为主，发展主要依靠要素低成本优势实现规模扩张，企业普遍体量较小，抗风险能力弱，依靠企业自下而上的技术改造和产业升级难度较大，企业研发投入强度普遍偏低，往往难以形成市场占有率高和科技含量高的优势品牌产品。2020年尉氏县的高新技术产业增加值为 20.88 亿元，占地区生产总值的比重仅为 4.5%。四是动能转换亟待加速。与发达省份相比，河南县域在研究与试验发展（R&D）经费支出、创新平台建设、创新环境营造等方面均存在很大差距，创新还没有成为县域经济高质量发展的第一驱动力。如何以新模式、新业态、新技术、新产品加速动能转换，是新形势下破解县域经济高质量发展动力不足问题的难点所在。

（三）要素供给严重不足

由于县域经济相对独立的发展模式，与区域中心城市联系不够紧密，缺乏区域联动发展机制，往往导致中心城市的辐射效应难以向县域渗透。县域发展利用中心城市的技术、人才、信息等创新高端要素比较困难，从而导致人才短缺、金融不活、土地紧张，成为河南县域经济发展面临的难题。一是高端优质人才短缺。相对于大中城市、沿海地区，由于县域的功能体系、经济水平、人居环境、工资水平、福利待遇、社会保障等严重滞后于大中型城市，不能满足高端人才对高品质生活的需求，县域层面很少有科研机构、高等院校的布局，教育科技人才资源分布的"马太效应"十分明显，人才供给极为短缺，特别是具有创新创业能力的高端人才以及具有工匠精神的技术性人才严重不足。例如，多数县本土企业家成长较慢，县域现有产业更多依赖外地资本，特别是规模以上企业更多是通过招商而来，这是河南县域经济发展中的一个短板。二是现代金融服务滞后。县域融资渠道单一、小额贷款利率高、信用担保机制不健全，直接导致企业融资难、融资贵问题十分突出，对中小企业发展不利。此外，县乡财政困难、政府债务负担沉重也使得一些地方优惠政策难以落实，严重影响了投资主体的投资积极性。2020 年，民权县保民生支出占县级财政支出的 90% 以上，财政支持产业转型升级能力有限，企业资金使用成本过高，全县存贷比刚刚过 50%，企业发展面临着融资难、融资贵的瓶颈。三是建设用地供给紧张。在建设用地供给中，供应紧张与用地粗放并存。调研发现，多数县（市）都在扩大产业集聚区建设用地面积，但产业集聚区土地闲置、利用粗放、僵尸企业、闲置厂房等现象也不同程度存在。例如，临颍县每年工业用地需求在 2000 亩左右，但省里分配的计划指标只有 300 亩。辉县由于大部分景区都在猕猴保护区、百泉风景名胜保护区等范围内，旅游项目建设用地供给不足，百泉风景名胜区建设用地几乎为零。

（四）资源环境双重约束

原有发展模式对资源环境的压力快速凸显，县域经济发展面临着既要进一步加强生态建设和自然保护补"欠账"，又要在资源环境约束强化条件下为转型发展增容量的严峻挑战。县域层面对"双碳"目标的探索实践，以及更深层次、更可持续的机制建设尚在起步阶段。河南自然资源种类丰富，生态系统类型多样，但人口基数大、人均数量少，且分布不均衡，资源环境约束与县域经济发展之间矛盾突出。目前河南人均土地面积仅有 0.07 公顷，不及全国平均水平的 1/4；人均耕地仅为 1.1 亩，比全国平均水平还少 0.4 亩；水资源总量不足全国的 1.42%，人均水资源量不及全国平均水平的 1/5；森林面积在全国列第 22 位，人均为全国平均水平的 1/5；森林覆盖率在全国排名第 20 位，人均森林蓄积量为全国平均水平的 1/7，全省尚有超过 1000 万亩无林地亟待造林绿化。受地形地貌和气候因素的影响，水资源的时空分布与人口、土地、产业布局之间极不匹配，豫东、豫北平原地区人口、产业密集区水资源供需矛盾尤为突出。随着新型工业化、信息化、城镇化、农村农业现代化进程的加快推进和经济体量的持续扩大，河南能源资源消耗和污染物排放还会刚性增加，资源支撑能力和环境承载能力也将面临严峻挑战，资源环境约束成为制约河南县域经济高质量发展的重要瓶颈和明显短板。辉县、栾川等文旅大县普遍面临着矿产资源开发与区域环境容量的约束，栾川尚有200多座尾矿库需要处置，辉县目前依然存在河道污染、工厂废气以及开山炸石等环境问题，局部性资源过度开发和环境破坏所遗留的生态修复的压力较大。

（五）发展环境亟待优化

发展环境是生产力，也是竞争力，决定着一个地方发展的速度和后劲。在各地基础设施差距逐步缩小、政策优惠效应日益递减、资源禀赋和交通区位等"硬件"相差不大的新形势下，区域竞争越来越表现为发展环境的竞争。目前河南县域经济发展仍然面临着硬件环境待优化、软件环境待改善的紧迫任务。一是思想观念相对保守。在对待县域经济高质量发展问题上，一些县市仍存在发展愿望强烈但创新意识不足、发展目标远大但前瞻意识不足、战略机遇叠加但开放意识不足、外部形势严峻但危机意识不足、追求规模数量但质量意识不足等思想观念的束缚。不少县域仍然没有摆脱重速度、轻质量，重规模、轻结构的惯性思维，一些县域在制定发展规划中视野不够宽，站位不够高，前瞻性思维不够，开放性视野缺失。中牟县受制于现有行政体制，县域经济发展规划只能按照农业县的层级和格局进行设计，难以承担起作为郑开同城连接带、核心区的重任。平舆县的建筑防水、户外用品、皮革皮具等产业虽然发展势头良好，但缺乏前瞻性的长远规划。二是营商环境亟待优化。一些县级机关干部对上级政策理解不透彻，缺乏很好的落地实施模式及有效举措。调研过程中，我们与不少县域干部进行了深入交流，发现普遍存在的一个"高冷"问题是：面对自上而下的很多好政策，在基层具体落地时却没有更具体的实施细则和要求，有些思想保守的干部怕犯错误，就选择"不主动作为"；有些政策虽然可以精准解决基层问题，但没有配套资金，只能泛泛谈、淡淡做。三是基础设施短板突出。县域在地理区位、人才市场、开放条件等方面存在天然的不足，传统基础设施建设滞后是制约后发地区县域经济发展的重要因素，很多县域城镇功能不健全，大多数县城，尤其是乡村的短板弱项突出：交通、能源、水利、通信等基础设施短板弱项较多，教育、医疗、社会保障等公共服务水平均衡度不高，农村人居环境有待改善，绿色发展压力较大。多数县域新型城镇化的着重点还在城区，县城与乡镇之间空间、产业一体布局融合发展的格局尚没有完全形成。栾川、辉县在推动全域旅游发展中，仍面临着城乡基础设施和公共服务体系建设供给不足的突出短板。

（六）机制体制创新不足

从深层次看，河南县域经济发展质量不高，其背后是制度发展不平衡、不充分的结果。一是财税体制改革待加速。在分税制财税体制下，县域财权与事权尚不能完全统一，县级财政收支矛盾尖锐，没有充足财力安排公共事业和建设支出。2020 年，河南地方财政收入高于 30 亿元的县（市）共有 12 个，其中有 6 个集中在郑州市。财政收支比超过 60% 的 9 个县（市）主要集中在豫中和豫西北，财政收支比低于 15% 的县（市）有光山县、商水县、台前县、上蔡县和息县，其中，息县的一般公共财政收入仅为一般公共财政支出的 1/10。二是错位发展机制待优化。虽然河南县域经济呈现出一定的发展特色，也形成了一些可行的发展模式，但总体上，全省县域仍然没有完全将比较优势转变成现实生产力和发展竞争力，存在特色主导产业不优不强、集群效应不显著的突出问题。三是开放联动机制不灵活。不少县域遇到发展瓶颈的主要原因就是没有打破"一亩三分地"的思维定式，没能在充分融入区域经济大格局中借势发展；没有紧密对接"一带一路"倡议、黄河流域生态保护和高质量发展、中部地区高质量发展等重大国家战略，实现与县域外的资源共享、市场互通、优势互补、联动发展。如何提高发展的对外开放度，在更大范围更高层次上拓展发展新空间是河南大多数县域要解决的重点问题。四是产业园区管理机制不健全。产业集聚区作为县域经济发展的增长极和助推器，仍存在着重圈地、轻规划，重集聚、轻集群，重产业、轻服务，重硬件、轻机制，重约束、轻运营等突出问题。据测算，河南省 180 多个产业集聚区亩均投资强度 308 万元、亩均税收 9.76 万元，分别仅相当于国家级开发区平均水平的 53.5% 和 26.9%；全省主导产业增加值占比超过 50% 的产业集聚区仅有 28 个，不及产业集聚区数的 1/5。

五、新发展阶段河南县域经济高质量发展的新路径

推进河南县域经济高质量发展，应立足阶段性特征和区域性特征，充分彰显经济大省、人口大省、农业大省、粮食大省的优势特色，扛稳国家粮食安全重任，擦亮粮食生产这张王牌，把创新摆在发展的逻辑起点，以稳保进、以进促稳，坚持激发内生动力与培育外部推力并重，发挥比较优势与弥补短板不足并举，创新体制机制与推动技术变革并行，优化政府调控与完善市场机制并进，通过拓展核心城市的辐射力、强化产业集聚的支撑力、激活开放合作的引领力、释放创新要素的驱动力、厚植改革创新的引擎力，构筑全方位的县域经济高质量发展动力体系，走好特色发展之路、创新发展之路、开放发展之路、融合发展之路和绿色转型之路。

（一）拓展核心城市的辐射力

核心城市作为区域经济发展的增长极，对县域经济发展具有显著

的辐射带动效应。要结合河南城市群和都市圈发展战略的深化实施，逐步将县域纳入城市群和都市圈的空间布局中，拓展以大城市为带动的都市圈和城市群发展战略的空间范围和辐射范围，构建形成涵盖中心城市、都市圈、城市群、县域在内，层次更加清晰、结构更加完善的区域协调发展战略布局，为县域经济对接中心城市，积极承接产业转移和创新资源外溢创造更为有利的条件，让其更多分享经济带和城市群发展的红利。一是高水平规划建设郑州都市圈。郑州都市圈从"1+4"拓展到"1+8"，扩容后规模体量与武汉都市圈、杭州都市圈、南京都市圈基本相当。要对接黄河流域生态保护和高质量发展国家战略，高起点编制规划，凸显郑州国家队、国际化引领地位，以郑开同城化、郑许一体化为支撑，打造郑汴许核心板块，加快郑新等一体化，不断增强在全国经济版图中的竞争力。以交通廊道为突破，以产业协同为导向，以生态共治为目标，加快打造郑州都市圈交通、产业、生态网络覆盖体系，适时调整行政区划，逐步破除行政壁垒，畅通信息、教育、文化、医疗等公共资源共享通道，推动高端生产要素在郑州都市圈内县域之间自由流动，提升郑州的首位度、辐射力和带动力。二是培育壮大副中心城市。支持洛阳锚定万亿级目标，以先进制造业为主攻方向，挖掘工业基础、科教人才、国防军工、特色产业优势，推动产业链、创新链双向互动，拓展产业转型升级路径，加快提升制造业能级；以现代信息技术为支撑，推动高端制造、现代金融、文化创业、科技研发、信息服务等产业深度融合；以文化旅游资源为基础，深化文化旅游与科技、生态、体育、休闲、研学的融合，拓展"旅游+""文化+"等新业态，打造黄河文化、帝都文化、牡丹文化品牌，提升洛阳国际文化旅游名城知名度、美誉度和吸引力，在副中心城市建设上提级扩能。抓紧编制实施南阳副中心城市建设规划。三是拓展区域中心城市范围。在建设洛阳、南阳副中心城市的基础上，拓展商丘、安阳为新的副中心城市，形成与以郑州为核心的"双环回形"县域经济空间布局，其中，"新乡—焦作—许昌—开封"为"内环"，"安阳—洛阳—南阳—商丘"为"外环"。依据南阳、商丘、安阳各自的资源禀赋、区位特色、产业基础等，借助河南已有的高铁、高速公路等交通网络，贯通"内环"沿线、"外环"沿线以及"内环""外环"之间县域联系，形成梯度分明、特色明显、功能互补、分工合理的产业分布格局，变孤岛型县域经济为网络型县域经济。同时，依托"外环"各节点核心城市，拓展河南县域经济与鄂西北、陕东南、冀南等外省区域经济之间的融通协同。

（二）培育乡村振兴的内生力

乡村振兴既是县域经济发展的重要内容，也是县域发展的内生动力，对县域高质量发展具有重要的支撑保障作用。河南县域经济高质量发展的短板在乡村，关键在乡村，潜力也在乡村。必须着眼于河南县域广、乡村面积大、农村人口多、发展不充分的区域特征和阶段特征，把实施乡村振兴战略与推进县域经济发展有机结合起来，以产业为载体、以市场为平台、以贯通为路径，统筹规划，补齐短板，深化改革。一是统筹发展战略规划。综合考虑各县（市）的地理特点、历史文脉、交通条件、发展水平、产业功能等因素，依据功能定位导向、要素协调一致、综合集成实施的原则，将各县（市）乡村振兴规划与县域经济高质量发展规划有机衔接起来，统筹空间、产业、要素，协同生产、生活、生态，依据要素禀赋差异，科学布局区域产业，引导要素优化配置，促进城乡功能和空间融合发展。以美丽乡村建设为支撑，抢抓加大"新基建"投资的重大政策机遇，完善以城带乡、城乡一体的基础设施和公共服务建设，构建形成以县城中心带动，与近郊镇、中心镇、特色镇串珠成带的融合发展格局。二是夯实乡村产业基础。要加快建设现代农业产业体系、生产体系、经营体系，做强现代粮食产业和现代畜牧业，提升河南粮食等重要农产品的核心竞争力。落实藏粮于地藏粮于技战略，扛稳粮食安全重任。以"三区＋基地"农产品主产区为基础，强化县域统筹，推进镇域产业聚集，构建县乡联动、以镇带村、镇村一体的乡村产业发展空间结构，促进生产要素和优势资源集聚，增强就业和人口吸纳能力。以农业供给侧结构性改革为主线，围绕促进农民增收这个重点，发展带动性强的产业、劳动密集型的产业、能盘活资源的产业、凸显禀赋优势的产业，优化产业结构，加大有效供给，推动产业链、价值链、供应链"三链同构"，发展连接城乡、打通工农、联农带农的多类型多业态产业，让小农户分享产业链增值收益。三是深化农村制度改革。扎实推进农村土地承包经营权确权登记颁证工作，加快农村集体建设用地和宅基地确权、登记、发证工作；加快推进农村产权、土地、金融等重点领域改革，激发县域经济高质量发展市场活力。搭建农村产权抵押融资、评估、登记、交易、流转、收储平台，建立农村土地承包经营权流转服务中心，破解乡村产业发展融资难、担保难、抵押权处置难等问题。构建新型农业经营体系，鼓励发展专业大户、家庭农场和农民合作组织，发展适度规模经营，提高农业劳动生产率和农业现代化水平。四是贯通城乡市场体系。实施县域商业建设行动，建立完善以县城为中心、乡镇为重点、村为基础的农村商业体系，发挥交通枢纽和开放通道优势，构建农产品现代流通体系，建立一批具有跨区域性和农业产业特色的大型农产品物流配送中心，实现生产和消费的有效对接。大力发展农村电子商务，推动形成农产品进城和工业品下乡畅通、线上线下融合的农产品流通体系和现代农村市场体系。

（三）强化产业集聚的支撑力

积极推进"一县一省级开发区"改革，围绕充分发挥开发区经济建设主阵地、主战场、主引擎作用，尽快完成开发区整合挂牌，用好规划新增空间。加快理顺开发区与属地职责关系，开发区专司服务企业、招商引资、培育产业集群，将社会管理事务划转给属地政府，实质化推进"管委会＋公司"模式。以省级开发区为引擎，聚焦改造传统产业、培育新兴产业、壮大特色产业，推动企业集中布局、产业集群发展、资源集约利用、功能集合构建、效益集成彰显的有机融合。一是优化产业空间布局。制定出台"优先开发、重点发展、生态功能"三种类型县域经济分类发展规划和支持政策，引导各县（市）结合自身特点合理定位、错位发展，形成产业配套和关联集成效应。鼓励优先开发县（市）以转型提质、培育载体、壮大优势产业集群为方向，重点发展县（市）以特色高效、保障粮产、发展特色产业集群为任务，生态功能县（市）以环境保护、生态供给、拓展业态为路径。二是壮大产业集群规模。结合河南"十四五"规划编制，引导不同县（市）选择特色鲜明、优势显著的主导产业，推动产业特色发展。发挥市场引领作用，着力打造关联度大、带动力强的龙头企业，吸引上下游配套企业集聚，延伸产业链、提升价值链，变"点式扩张"为"链式发展"，推动产业链式布局、专业化配套、数字化转型、集群化发展，进一步彰显产业集群的规模效应、集聚效应和辐射效应。三是培育产业创新载体。逐步打破区域、行政和行业制约，不断完善政府投入机制，形成以企业为主体、市场为导向、产学研协同配合的科技创新运行机制，引导企业加大科研创新力度，持续提升产业自主创新能力，支持有条件的县（市）建设高新技术开发区、数字经济产业园、农业科技园等载体，布局重点实验室、新型研发机构等平台。发挥财政资金的杠杆作用，设立创新创业投资引导基金，发行地方政府债券，撬动社会资本参与开发区创新发展。深化园区企业分类综合评价改革，推进企业注销便利化改革，完善低效企业退出机制，落实要素差别化配置政策，加快落后产能和低效资产"腾笼换鸟"。四是提升园区服务质量。加强园区与交通主干道的互联互通，提升专业化配套服务能力，重点解决标准化厂房、标准化创业中心以及人员招聘、技能培训、财税办理、投融资等专业服务。加大以科技创新培育发展新动能的力度，积极营造科技成果向现实生产力转化以及新技术快速大规模应用的创新环境。围绕首位产业、重点产业、龙头企业、重大项目等，强化产业招商，正确引导企业投资和社会投资，着力培养引领县域经济发展的战略性新兴产业和特色优势产业。五是创新园区管理机制。把省级开发区作为重要载体，着眼国内国际市场大循环、现代产业分工大体系，培育壮大主导产业，以市场化运作、社会化服务、专业化经营、法治化治理为导向，完善产业集聚区管理体制，推进产业园区整合和去行政化，推行"管委会＋公司"运行管理模式，激发开发区的内生动力和创新活力。建立县（市）与开发区共享机制，密切县（市）与开发区之间的利益联结。建立存量土地盘活利益引导机制和低效用地退出管控引导机制和以亩均产出效益为核心的开发区高质量发展评价机制，将其纳入县（市）政府目标考核体系，强化考核结果在用地指标、财政支持、税收减免等资源配置中的导向作用。

（四）激活对外开放的引领力

推动县域经济高质量发展必须跳出惯性思维，打破路径依赖，在新的历史方位和时代坐标中开拓新视野，跳出就"县域"论"发展"的固有束缚，坚持开放引领、合作带动，以开放合作引入竞争压力、形成合作助力、注入外部活力，其现实路径是紧密对接"一带一路"开放战略，充分发挥河南内陆开放高地优势，以"四路协同"开放通道为支撑，畅通生产、流通、消费等环节，以"五区联动"开放平台为载体，集聚人才、科技、资本等要素。一是对接"一带一路"发展规划，构建开放的县域产业体系。积极参与"一带一路"建设，更大范围拓展县域经济生产、分配、流通、消费空间，站在全球产业链、价值链、供应链的大视野下，选择县域产业发展路径，以主导产业吸引配套产业，以配套产业支撑主导产业，加快建设实体经济、科技创新、现代金融、人力资源协同发展的产业体系；有效整合集成企业与配套企业、上游企业与下游企业、引进企业与本地企业之间的产业链，形成覆盖性广、互补性强、效益性高、循环性好的县域经济企业集群。二是发挥开放通道平台作用，打造开放的县域贸易体系。协同发挥空中、路上、网上、海上丝绸之路开放通道的互联互通作用，推动县域贸易有效衔接国内外两种市场；依托中国（郑州）跨境电子商务综合试验区，探索构建涵盖信息共享、金融服务、智能物流、电商信用、统计监测、风险防控等多重功能、辐射全省各县（市）、联结线上与线下的综合性贸易服务平台，加快培育贸易新业态新模式，有效提升县域贸易便利化水平；强化以郑州为中心、以其他省辖市为节点、覆盖全域的现代物流空间网络体系功能，大力发展冷链物流、快递物流、电商物流，构建对接全球、联通国内、产业支撑、通道保障的县域经济贸易体系。三是发挥国家战略叠加优势，完善开放的县域政策体系。抓住"一带一路"、黄河流域生态保护和高质量发展、中部地区高质量发展等重大国家战略机遇，对标国际通行的投资和贸易政策，增强创新政策与国际规则的协调性，推动产业支持政策由倾斜性向竞争性政策转型，财政资助政策由补贴性向普惠性转变，科研补贴政策由直接补贴向引导补贴转变；加强县域经济发展政策与财政、货币、投资等政策的协调配合，优化政策工具组合，推动宏观调控政策精准落地；探索建立中原城市群与长江中游城市群、关中平原城市群之间以及中部地区、京津冀地区、长江经济带、粤港澳大湾区之间的跨省、跨区域合作的政策体系，促进形成国内统一的县域经济开放市场。同时，进一步完善县（市）间联动机制，加强规划对接，促进县际协同发展和毗邻县一体化发展。

（五）释放资源要素的驱动力

新增长理论认为，知识、科技和人力资本等创新要素的集聚、积累与溢出是现代经济增长的主要源泉。相比大中城市，县域集聚高端创新要素所面临的约束条件更复杂，外部挑战多元，这就需要全面推进县城建设，促进县城扩容提质，不断增强县城对资源要素的集聚力、承载力、吸引力。一是释放县城建设活力。坚持问题导向与目标导向相统一，针对县城基础设施、公共服务、社会治理、产业发展、数字生态等方面存在短板和薄弱环节，以百城建设提质工程为抓手，聚焦建设"宜居城市、生态城市、精致城市、人文城市、安全韧性城市和文明城市"目标，结合各地经济社会发展实际、区位特点、资源禀赋、人文历史、智慧化建设基础等，坚持因地制宜，统筹推进县城规划、建设、管理，大力提升县城公共设施和服务能力，促进公共服务设施提标扩面、环境卫生设施提级扩能、市政公用设施提档升级、产业培育设施提质增效，适应农民日益增加的到县城就业安家需求，扩大有效投资，释放消费潜力，拓展市场纵深，为各类资源要素活力释放提供重要空间载体支撑。二是释放科技创新活力。实施县域科技创新能力提升行动，建立县域科技创新能力监测评价机制和竞争淘汰机制，设立县域科技创新能力提升专项奖励资金。按照试点先行、渐次推进、分类支持的方式，有序下沉科技创新成果转化平台，探索在县（市）建立"科技成果转化中心"，打通科技创新成果转化"最后一公里"。按照"线上线下结合、展示交易并重、平台团队共建"的思路，在各省辖市建立技术产权交易市场，连接上下游科技创新资源，推动技术供需双方合作对接。探索建立"中心城市科研、区域城市承载、县域层面应用"三级科研、推广、应用协作体系。三是释放各类人才活力。积极推动"城乡双栖""城乡通勤""工农兼业"成为县域城镇化的新形态，将县城打造成农村人口进城定居的核心空间，加快拓展新赛道，以新业态、新模式催生新的就业岗位，以产业转型引导人口在县域实现就地就近城镇化。拓宽招才引智视野，打造"招才引智创新发展大会"特色品牌，鼓励各县（市）在人才密集区设立人才"飞地"；以院士中原行、豫籍专家看河南、中原智库论坛为基础搭建乡情引才聚才平台，实行县级领导联系县籍在外高层次人才和跟踪服务制度。拓展"墩苗计划"改革成果，建立县处级领导干部跨省交流任职制度，吸引发达地区县处级干部到省内任职，选派省内县处级干部到沿海地区挂职锻炼，探索面向沿海发达省份公开选拔招聘县处级干部机制，以党政管理干部的交流任职，畅通先进经营理念、管理方式、运行模式的引进吸收渠道。实施回归工程，出台系列政策，吸引人才回乡，鼓励外出人员回到家乡创业。通过回归工程形成县域内土地、人才、资金、产业汇聚。四是激发县域金融活力。积极引导金融机构加大对实体经济的支持力度，千方百计化解融资瓶颈，缓解市场主体融资难、融资贵问题。加快推进投融资体制改革，整合升级县级投融资平台，按照"1+N+n"运作模式，做大做强经营性板块，加快股权转化。通过政府搭台，优化企业融资和银行拓展金融服务，促进政银、银企、政企有效合作，引导更多信贷资源支持实体经济，鼓励金融机构围绕县域主导产业培育发展产业链金融，量身定做金融产品。健全完善商业银行绩效评价机制，清理规范中小企业融资中不合理附加费用、强制搭售产品等违规行为，用活用足用好省市金融信用等相关政策，促进金融机构支持县域实体经济发展。五是激活建设用地活力。针对存量建设用地体量较大、集聚度不高、结构不平衡等突出问题，按照"严控增量、盘活存量、优化结构、提升效率"的思路，以保项目、保发展为目标，加大对重点项目的保障力度，建立建设用地批而未征、征而未用台账，推动土地供给由注重增量转向盘活存量、优化增量并举，加强产业功能区用地保障，引导企业在功能匹配的产业园区选址建设，鼓励各类园区自主开发公共物业，大力推广以物流成本为导向的紧凑式工厂布局，构建工业用地亩产效益评价体系，实行差别化地价政策，对符合产业目录导向的重大项目给予用地优惠。

（六）厚植体制改革的引擎力

推动县域经济高质量发展，要打破区位决定论、资源约束论、外部依赖论的思想束缚，摆脱粗放型、外延式、封闭化的路径依赖，在"双循环"的大格局中捕捉市场需求，寻觅发展机遇。一是加快转变思想观念。当前，河南县域经济正在由"量壮大"转变到"质发展"、由"速度版"转为"升级版"，既是一种创新、绿色、开放的协调发展，也是一种空间、产业、制度的一体发展，更是一种环境、经济、社会的融合发展，必须完整准确全面贯彻新发展理念，在更加开放的视野中去谋划推动县域发展。尤其是要以提高市场主体感受度、满意度、实效度为目标，全力打造"审批最少、流程最优、体制最顺、机制最活、效率最高、服务最好"的一流营商环境。二是深化放权赋能改革。以全面实施省直管财政管理体制改革为主线，赋予县（市）更多经济社会管理权限，制定出台省级行政许可事项目录和市县划转事项目录，完善县（市）行政审批服务的运行机制，有序推进省以下财政事权和支出责任改革，调整财政行政权力和公共服务事项，推行财政政务服务一体、标准化建设，赋予县（市）更大自主权。稳步推进行政区划调整，支持符合条件的撤县设市、撤县设区，壮大县级收入规模。三是完善协同推进机制。省级层面成立县域经济高质量发展工作领导小组，省直部门、省属企业与县域建立结对帮扶机制，为县域产业发展、劳务协作、人才交流、项目报批、资金投放、规划协调等方面提供个性化、差异化、精准化的支撑保障，降低县域经济发展行政沟通成本。总结"万人助万企"活动经验，探索建立"万人助万企"常态化机制，开展县域企业"扶小创优"培育行动，实施"单项冠军""专精特新"企业培育工程，建立县级领导常态化联系企业制度，及时解决发展面临的问题。四是优化考核评价机制。完善"综合指标＋共性指标＋专项指标＋附加指标"的差异化考核指标，引入第三方评价机制，发布县域经济发展年度报告，强化监测考核结果运用，分类推进"强县引领、中县角逐、弱县超越"差异化发展战略，实施"百强进位""百强冲刺""百强储备"工程，引导104个县选择不同的发展模式和发展路径，形成特色化、差异化、多样化的县域经济竞相发展局面。五是深化财税金融改革。研究制定支持县域经济高质量发展财政政策，整合各类专项财政资金，设立县域经济发展专项基金，着力改善县域交通、环卫、水利、能源、通信等重点领域基础设施和基本公共服务条件，重点用于支持县域主导产业培育发展和产业园区建设。同时，加大财政预算约束力度，优化支出结构，严格项目审批，筑牢政府债务风险防范化解安全防线。

组长：程传兴　谷建全　陈益民　郑　林

执笔：高　昕

县域经济 "成高原"

2021年9月7日召开的河南省委工作会议指出：要筑牢发展基石，大力推进新发展格局下县域经济高质量发展。新征程上做到"两个确保"（确保高质量建设现代化河南，确保高水平实现现代化河南），必须在中心城市"起高峰"、创新开放"建高地"的同时，推动县域经济"成高原"。

曾宪平 摄

抢抓机遇，实现强势崛起

——中牟县域经济发展调研报告

河南日报县域经济调研组

近年，中牟县抢抓郑汴一体化发展机遇，精准把握"新时代""高质量"两个关键，高质量发展现代产业，高品质推进现代化城市建设，高水平推动对外开放和巩固涵养良好政治生态，经济综合实力和竞争力走在全省前列，探索出了一条"产业＋城镇＋开放"协同发展、持续壮大县域经济的新路子。"十四五"时期，中牟县将充分发挥郑开同城化"桥头堡"作用，抢抓新发展机遇，全面破解制约发展的要素瓶颈，开拓思路，高位谋划，面向未来大胆试行特区发展体制，高水平构建现代创新体系、现代产业体系、新型城镇体系、特色投资和开放体系，全面建设战略格局更高、体制机制更活、发展思路更广、工作举措更实的"两化五强"现代化国家中心城市东部新城。

新型城镇化是挖掘内需潜力、增添发展动能的重要支撑。郑州市作为国家中心城市,承担着当好国家队、提升国际化、引领现代化河南建设的重任。强市之基在于强县,郑州强不强,关键看东部。把包括中牟在内的郑州东部区域打造成为全省对外开放窗口、产城融合发展示范区和全国重要的先进制造业、现代服务业基地,有利于郑州市承接国家重大生产力和创新体系布局,强化科技创新、枢纽开放、教育文化、金融服务等功能,提升集聚、裂变、辐射、带动能力,打造国内一流、国际知名的创新高地、先进制造业高地、开放高地、人才高地。

中牟县位于郑州市东部,是郑开同城化的核心区域,是郑州市城市格局"东强"的战略支点。近年,中牟县抢抓机遇,高品质推进城市建设,高质量发展现代产业,加快推进对外开放和乡村振兴,综合实力实现重大跨越。2020 年全县生产总值达到 435.9 亿元,一般公共预算收入、社会消费品零售总额分别完成 61 亿元、158.4 亿元,经济发展水平进入全省"第一方阵",经济发展效益稳居全省首位,经济综合竞争力和投资潜力居全国百强县第 80 位和第 16 位,比 2016 年上升了19 个和 48 个位次,创成全省优化开发县市、国家无障碍环境示范县、全国科技创新百强县、营商环境百强县、县域经济基本竞争力百强县,充分践行了县域经济高质量发展的"硬道理",按下了跨越赶超的"快进键"。

一、抢抓机遇,"产业+城镇+开放"协同发展,开创县域经济高质量发展新局面

"十三五"时期,中牟县抢抓郑州建设国家中心城市、郑汴一体化的历史机遇,精准把握"新时代""高质量"两个关键,实施创新驱动、开放带动、协调推动战略,加快新旧动能转换,提升城市承载功能,

全面优化发展环境，高质量发展集聚创新要素，高水平推动改革开放，全力打造全省对外开放窗口、产城融合发展示范区和全国重要的先进制造业、现代服务业基地，为建设城镇现代化、城乡一体化和产业强、科创强、文旅强、生态强、法治强的"两化五强"的现代化国家中心城市东部新城奠定坚实基础。

（一）精准定位发展坐标，构建产业发展新体系

产业是区域的底气，更是区域的未来。中牟县抓住郑州国家中心城市产业转型升级带来的机遇，结合自身实际精准定位，强化"链群发展、生态闭环"理念，突出"项目为王"理念，持续壮大文化旅游、汽车装备等主导产业，着眼未来，做好"优""扩"文章，打造以科技创新为驱动的新旧动能转换示范区。2020 年全县产业结构优化为 5.7:28.4:65.9，第三产业占比高于 2015 年 14.1 个百分点。

1. 促转型，强实体，打造千亿级先进制造业产业集群

发挥汽车制造产业规模优势，依托日产、比克、红宇等整车生产企业，积极拓展整车、专用车、关键零部件等产业，推动传统汽车产业向智能网联和新能源汽车转型。汽车产业集聚区规划面积拓展到 140 平方公里，集聚整车企业 8 家、零部件及服务企业近 400 家，规划建设郑州机动车质量检测认证中心等，持续引进有潜力、有前景、领军型企业，做大汽车市场，产业生态体系不断完善，"研发＋整车＋汽车零部件＋检测＋物流＋销售＋服务"的汽车全产业链基本形成，先后集聚了 100 多家汽车零部件企业，形成产值超 5000 亿元的现代化汽车产业基地，成为国家新型工业化产业示范基地、国家火炬特色产业基地。中牟县入围全省县域工业 30 强。

2. 壮龙头，强服务，构建文旅发展新体系

文化创意旅游产业立足"文化创意、时尚旅游、高端商务"三大产

业，延伸"总部经济、数字创意、泛娱乐产业、夜间经济、都市配套"五大方向，先后引进了一批重大文化产业项目，形成"大项目—大企业—大产业—产业链"的良性循环。郑州国际文化创意产业园规划面积由 36 平方公里拓展至 132 平方公里，在建和运营的主题乐园超过 10 个，配套建设五星级方特假日酒店及 8 个高端酒店，实现由全域旅游的触发点向支撑点转变。建业电影小镇一期、只有河南·戏剧幻城等标志性项目开业运营，雁鸣湖镇被评为河南省特色生态旅游示范镇，建业电影小镇、郑州方特成为全市"十佳夜游好去处"，成功举办金鸡百花电影节，一见"中"情、"牟"名而来的旅游品牌更加响亮，连续 5 年入选"最美中国榜"，荣获首批国民休闲旅游胜地、文旅融合发展优秀城市、省级旅游标准化示范县等称号。文化旅游产业链条持续延展，建成海宁皮革城、奥特莱斯等一批商业项目，住宿、餐饮、购物、医疗、教育、金融、商务等设施更加完善。"十三五"期间，全县共接待游客 5950 万人次，旅游总收入达到 356.11 亿元。

3. 增活力，强创新，构建创新发展新体系

把科技创新作为推动中牟高质量发展的重要支撑，以郑开双创走廊为依托，加大研发经费投入，积极推进国家级高科技企业孵化器、科研院所等平台建设，积蓄科技创新"建高地"力量。目前中牟县先后落地建设中科未来冷链产业研究院、省数字技术产业应用研究院、郑州凯雪院士工作站、弘阳生物技术研究院、创新纳米药物联合实验研发平台等一批创新平台，加快推进华润·河大科技园、中部设计城等项目建设，编制官渡生物医药产业园概念性规划，大力发展新能源电池、新能源汽车、生物医药等产业。2020 年全县全社会研发投入强度达到1.65%，高新技术企业数量翻了两番多，高新技术产业增加值占规模以上工业增加值比重达 86.7%。

4. 打基础、立支柱，构建项目"强"的发展新体系

牢固树立"抓发展必须抓项目、抓项目就是抓投资"的理念，把项目建设作为经济工作主要抓手，统筹抓好创新研发、产业发展、基础设施、民生保障等各类项目，着力抓住好项目、大项目、新项目，坚持以好项目建设带动产业发展和升级。"十三五"期间，累计新签约项目 221 个，协议投资额 3371 亿元，一批大项目、好项目落地投产，成为中牟长远发展的强大引擎。

（二）内外兼修提升品位，构建现代城镇新体系

全面融入郑州国家中心城市建设，紧盯深度城市化的城乡融合发展趋势，统筹空间、规模、产业结构等因素，优化城乡空间布局，完善城乡基础设施，城市综合承载能力持续提升，城市品位形象明显改善。2020 年，全县城镇化率提高到 61.3%，"十三五"期间，年均提高 3.1 个百分点。

1. 补短板，提品质，"中牟颜值"更显亮丽

坚持"工匠精神"，下足"绣花功夫"，推进实施"三项工程、一项管理"，扎实推进"双改"工作，以文创园核心板块开发建设带动城市结构优化，高标准完成 54 个老旧小区改造、28 条城市道路综合整治，推进给排水、电力通信、热力燃气、环卫能源、绿色公交等建设，持续完善教育、医疗、养老、文化等公共服务设施，全面铺开城市精细化管理路长制，推动城市有机更新和动能提升。2020 年，全县路网密度达到 3 公里/平方公里，稳居全省县（市）首位。

2. 美环境，促振兴，倾力打造全域生态美景

大力开展国土绿化，相继实施贾鲁河生态治理、三刘寨引黄灌区、中牟森林公园、贾鲁河下游生态绿化等工程，建成潘安湖公园、史公湖等生态水系，新增绿化面积 1.2 万亩，人均公共绿地面积实现翻番，

形成环廊相连、绿廊绕城、碧水穿城的城市亮丽风景线，成功创建国家园林县城、全国绿化模范县，是郑州唯一的水、气、土三项全优秀县。在全市率先完成乡村振兴系列规划，都市生态农业呈现"生态高效、现代物流、休闲观光"复合型发展态势，农产品交易额累计达到5100亿元，成为全省农业转型标杆。官渡镇"孙庄模式"走出乡村振兴新路子，刘集镇率先实现全域城镇化，雁鸣湖镇综合实力迈入全国千强，大孟镇、刘集镇综合竞争力进入中部乡镇百强。统筹推进农村人居环境整治和美丽乡村建设，实施农村道路整治、生活污水提升、户厕改造等工程，实现所有乡镇全域一体化保洁。

中牟县城航拍（中牟县委宣传部供图）

3. 促脱贫，共富裕，人民生活明显改善

"十三五"期间，中牟县在民生领域累计投入350亿元，占一般公共预算支出的77.7%。实现建档立卡贫困人口全部脱贫、贫困村全部退出，圆满完成黄河滩区居民迁建任务。城乡居民就业形势稳定，居民人均可支配收入与经济保持同步增长。教育、医疗、文化快速发展，形成医改"中牟模本"，成为国家级卫生县城、省级食品安全示范县、省级文明城市提名城市。

（三）高水平发展开放型经济，构建制度型开放的新格局

深度融入"一带一路"建设，加强区域协同开放、联动发展，营商环境明显优化，招商引资力度持续加大，建成全省对外开放窗口。

1. 打造郑州东部开放"桥头堡"

抓紧抓好郑州市作为内陆开放高地的战略机遇，强化与经开区、航空港区发展联动，搭乘"四条丝路"快车，完成省道312、317和豫兴大道建设，打造物流通道，积极发展跨境电商、现代物流等外向型经济，启动建设"一带一路"重要节点占杨国家一级铁路物流基地，支持河南万邦走向国际市场，在全省率先启动"5G+新型智慧城市"建设，数字化城市管理系统以第一名通过省级验收，开工建设中牟首条地铁线路，"黄河第一跨"官渡黄河大桥建成通车，新国道107贯通县域南北，畅通了融入黄河流域生态保护和高质量发展国家战略的大通道。

2. 打造郑开同城创新发展新兴区域

中牟地处郑州、开封之间，位于郑汴一体化向郑开同城化升级的核心区域。突出区位优势，中牟县立足建设郑开同城化"连接带""卫星城""桥头堡"，以更加开放的姿态，持续创新郑开同城化发展体制机制，统筹推进产业、生态、交通、市政设施、公共服务等综合布局，力争尽快实现交通同城、金融同城、电信同城、产业同城、生态同城和教育资源共享，为郑开同城化发展探索路径、提供示范，引领郑州都市圈一体化发展。

3. 营造一流营商环境

以"放管服"改革和"万人助万企"为抓手，下硬功夫打造好发展软环境，为企业营造更加便利、公平、舒适的"小气候"。持续深化"放管服"、商事制度、土地供应、财政体制等改革，单一的财政投融资模式逐步向财政与国有平台公司运营并重转变，深入推进"一网通办、一

次办成"政务服务，确保 95% 以上的政务服务事项网上可办，行政审批效率大幅提升。"十三五"期间，中牟县全部事项承诺办理时限压减 3363 个工作日，压缩比例达 39.9%，行政许可事项即办事项提升至 363 项，是 2015 年的 4.1 倍。推进企业"零成本一日办"，新增市场主体近 3 万个，进入全省营商环境第一方阵。

4. 开展"龙头＋配套＋协作"精准集群化招商

抓住京津冀、长三角、珠三角等地产业转移机遇，开展精准招商，重点围绕大基建、智能网联、高端装备制造等产业制定招商图谱，瞄准世界 500 强、行业前 10 强主动对接、靶向招商，有目标性拜访符合园区产业规划的高精尖企业。"十三五"期间，累计新签约项目协议资金 3371 亿元，先后引进 13 家国内外 500 强企业，利用外资 3.1 亿美元，进出口总额达到 94 亿元。

（四）全面加强党的建设，营造风清气正的良好政治生态

提高政府效能是厚植县域发展沃土的基础性工程。中牟县领导班子和干部队伍牢记习近平总书记"江山就是人民，人民就是江山"的嘱托，始终坚持以人民为中心，始终把人民的利益摆在第一位，以人为本，统筹推进经济、政治、社会、文化、生态文明建设"五位一体"发展，实现了把方向、管大局、做决策、保落实，充分起到推动县域经济"成高原"的"领头雁"作用。一方面打造一个与新时代相适应的过硬的领导班子和干部队伍。中牟县委、县政府班子精诚团结、务实肯干、对党忠诚，旗帜鲜明讲政治，坚定不移贯彻党中央各项决策部署，把党的领导体现在各领域各方面各环节，充分发挥把方向、管大局、做决策、保落实作用。积极选拔使用一批年轻有为、敢于担当、勇于破难、群众公认的优秀干部，以上率下，率先垂范，一级带着一级干，坚持一张蓝图接续绘，在全县上下营造出和衷共济、合力攻坚、奋发进取、

苦干实干的浓厚氛围。另一方面培育出创优争先、非首即耻的"中牟精神"。踏准由县到城转变的时代节拍，树立创优争先、非首即耻精神，按照"全国找坐标、全省立标杆、全市当先锋"的目标，敢拼能赢，勇立潮头，不甘平庸，坚持把政策理解精准，把措施制定精准，把任务安排精确，把握大势、做好统筹，又突出细节、抓好具体，做到对症下药、精准滴灌、靶向发力，以踏石留印、抓铁有痕的韧劲和恒心，积极推动中牟全方位、各领域高质量发展，使中牟县域综合竞争力持续提升。

二、精准研判发展形势，明晰"晋位争先"的新机遇新挑战

当前和今后一个时期，是中牟加快发展的又一个重大发展机遇期。但机遇与挑战并存，需要切实增强不进则退、慢进也退的紧迫感，进一步解放思想、加压奋进、攻坚克难，把优势和潜力发挥出来，把短板弱项填平补齐，持续向"现代化国家中心城市东部新城"聚焦发力。

（一）厚植优势抢抓机遇，持续开创高质量发展新局面

随着构建新发展格局、黄河流域生态保护和高质量发展、国家中心城市、郑开同城化等多个国家战略叠加实施，将在产业转型升级、制度改革创新、公共服务融合、高端要素聚集等方面为中牟提供千载难逢的发展机遇，使中牟在省市改革发展大局中的地位和作用更加凸显，在全国大局中的关注度更受瞩目。

1. 国家新发展格局构建为中牟提供更高站位

更大格局推动产业发展，为"建高地"给予强力支撑。"双循环"新发展格局要求打通国内生产、分配、流通、消费的各个环节，不断满足消费升级需求。在此背景下，中国县域经济呈现出发展地位更具可

重塑性、市场需求更具可挖掘性、供给质量更具可提升性、发展动能更具可培育性等特征。新发展格局的构建有利于将中牟县放到更大的区域中去，推动与郑、汴、新等区域一体化发展，推动产业链、创新链、供应链、要素链、制度链"五链"耦合，实现资源和要素在县域间双向良性互动，努力打造国内国际双循环的重要节点和战略链接。

2. 黄河流域生态保护和高质量发展战略为中牟生态发展"建高地"带来重大红利

郑州是黄河文化的重要发源地，是沿黄经济体量最大的国家中心城市。为落实黄河流域生态保护和高质量发展重大国家战略，郑州市确立了"沿黄生态保护示范区、国家高质量发展区域增长极、黄河历史文化主地标"三大目标定位，高质量启动核心示范区开发建设。中牟作为黄河流域郑州段的重要组成部分，将在生态保护治理、改善人民群众生活、保护传承弘扬黄河文化、经济高质量发展等领域获得更多的政策红利，更加突出发展绿色产业、循环低碳经济，将在县域经济高质量发展中走在前列，形成示范。

湿地有约（中牟县委宣传部供图）

3.郑开同城化发展战略为中牟开放发展"建高地"创造新机遇

2020年1月，中央财经委第六次会议对推进郑州与开封同城化，引领中原城市群一体化发展提出要求，在国家层面为郑开同城再加速指明方向。郑开同城化的深入推进，要把郑州、开封作为一个整体进行安排部署。中牟西连郑州东接开封，是郑开同城化发展的"桥头堡、核心区、主战场"，挺起中牟这个郑开同城化发展的脊梁，就抓住了郑开同城化发展的"牛鼻子"。中牟必将成为郑开同城化发展的重点、连接郑州开封的要点，战略枢纽地位愈加凸显。此外，随着郑开同城化战略实质性实施，将为中牟发展提供更多土地等要素保障，推动郑州市区地铁、高架桥、道路等基础设施加快向中牟延伸，持续放大中牟区位、交通和空间优势。

4.郑州国家中心城市建设给中牟城市发展"建高地"奠定更加充足的发展底气

郑州作为国家中心城市，肩负着引领中原城市群融合发展、郑州都市圈一体化发展的重任。随着中共中央、国务院《关于新时代推动中部地区高质量发展的意见》的实施，中部地区将加快向武汉、郑州"双龙头"格局迈进，郑州在全国发展大局的地位益发凸显。河南省委书记楼阳生明确要求，郑州市要当好"国家队"，提升国际化，在国家中心城市建设中提质进位。中牟作为郑州国家中心城市的东部新城，在城市群融合协同发展、融入"双循环"大格局过程中，具有天然的空间地缘优势，必将随着郑州国家中心城市建设的提速，迎来更多发展机遇。

5.河南省创新驱动、科教兴省、人才强省战略实施，为中牟科技创新"建高地"迎来新机遇

2021年10月，河南省第十一次党代会发出了锚定"两个确保"、实施"十大战略"的动员令，明确指出要实施创新驱动、科教兴省、人才强省战略，把创新摆在发展的逻辑起点、现代化建设的核心位置，

建设国家创新高地。要把河南省科学院重建重振与中原科技城建设、国家技术转移郑州中心建设融合推进，在 260 平方公里的区域内规划嵌入大科学装置、重点实验室、研究所、产业研究院等不同功能分区，打造一流创新生态，将为中牟打造成为国家创新高地的关键环节和重要组成部分给予重要支撑。

（二）迎难而上破解瓶颈，加压奋进擘画发展蓝图

中牟县汽车、文旅和农业产业集群形成相当规模，郑开同城"桥头堡"建设取得重要成就，但与建设"现代化国家中心城市东部新城"要求相比，仍然存在发展定位、产业结构、平台支撑、人才保障和开放型发展上的短板和瓶颈。

1. 城市规划与建设国际化现代化新城要求仍不匹配

中牟县是郑开同城化发展的主战场，是推进郑州都市圈一体化发展的重要抓手，需要以国际化视野，高起点高标准开展整体规划和建设，打造一流的现代化国际化新城。但目前中牟县仅能站在县级层面对域内产业、城市、生态等进行规划设计和建设，按照县标准配套的土地指标远不能满足中牟建设需求。城市承载能力有待增强，交通、教育、医疗等基础设施和公共服务设施跟不上城市快速发展节奏，城市管理精细化智慧化水平仍需提升。

2. 产业发展与现代产业体系构建要求仍不匹配

中牟县主导产业为汽车及零部件、文化旅游和都市农业。但都市农业仍是传统种养业，生态绿色农业、观光休闲农业、市场创汇农业、高科技现代农业等发展不足。制造业亟待扩量提质，汽车及零部件产业缺乏本土研发能力支撑，"头部"企业、链主企业发展不足，尚未培育出主板上市公司。文旅产业高附加值环节相对薄弱，创意、设计支撑及变现程度短期不足。新产业、新经济、新业态占比不高，科研院所、

设计团队、中介服务组织等创新发展载体建设不足。

3.消费规模与产业优势仍不匹配

支付宝平台发布的数据报告显示，2021年"五一"小长假期间，中牟县雄踞全国县域消费热度第一名。奥特莱斯、海宁皮革城、万邦市场等重要消费品市场平台对中牟消费市场的拉动作用巨大。但消费规模的优势并没有在中牟转化为制造业发展的优势，消费平台销售的产品基本来自县域范围以外，并没有在中牟及其周边地区形成在地化产业链条。

4.高层次开放平台建设与开放型经济发展要求仍不匹配

郑州市拥有中国（河南）自由贸易试验区郑州片区、郑州航空港经济综合试验区、郑州国际陆港、郑州新郑综合保税区、郑州经开综合保税区等国家级平台，在推动内外开放中发挥了重要作用。但中牟作为"东强"的重要支撑，作为郑州市重点打造的对外开放窗口，缺乏国家级开放平台布局，其他开放平台对中牟的辐射带动作用十分有限，国家支持开放平台先行先试的政策尚未在中牟推广实施。中牟产业集聚区规模和体量与大都市区的要求相比总体依然偏小。

5.高能级创新平台、人才与创新发展要求仍不匹配

中牟县尽管依托郑开科创走廊布局了一些研发平台，但仍然缺少国家级科研创新平台、国家级大科学装置等，高水平高等院校、高水平科研机构的助力和支撑也不足。中牟县经济管理、市场运作、资本运作、产业发展等人才储备不足，严重制约了中牟县创新能力的快速提升。

三、开拓思路高位谋划，开启"两化五强"的现代化国家中心城市东部新城的新征程

抢抓发展新机遇，全面融入郑州现代化国家中心城市建设，充分

发挥郑开同城化"桥头堡"作用，着力构建现代化产业体系和创新体系，着力推进城市提质和乡村振兴，着力强化生态文明建设和内外开放，推动战略格局更高、体制机制更活、发展思路更广、工作举措更实，基本建成城镇现代化、城乡一体化，产业强、科创强、文旅强、生态强和法治强的"两化五强"现代化国家中心城市东部新城。

（一）找准未来发展定位，大胆实行特区发展体制

根据正在编制的《郑开同城化发展规划》，郑开同城化示范区面积超过 1800 平方公里，中牟县全域处于郑开同城化示范区的中心位置。实现郑开同城化，中牟县将达到 500 万人口规模、5000 亿元 GDP 规模。

1. 支持郑开同城化示范区申报国家级新区，设置高规格的郑开同城化示范区管理委员会

借助中央支持郑开同城化发展的机遇，将郑开同城化示范区按照国家级新区标准进行建设。设置郑开同城化示范区管理委员会作为省政府的派出机构，由常务副省长担任管委会主任，参照行使设区的市人民政府的行政管理职权，行使国家和河南省赋予的省级经济社会管理权限，通过高规格的配置，更加强有力地领导郑开同城化发展。

2. 积极争取设置"中牟特区"

比照深圳、上海浦东和雄安新区的定位，在郑开同城化示范区设置"中牟特区"，明确中牟发展定位为郑州大都市区的拓展区、郑开同城化发展的示范区。支持"中牟特区"大力创新规划、土地、要素、财税、公共服务等领域同城化发展制度，积极探索郑开同城化发展路径，形成示范。高水平规划中牟县域功能布局，完善基础设施，重点承接省级行政机构、高校、科研院所、医疗机构、企业总部、金融机构、事业单位等核心功能，提供更加优质的公共服务，促进生产要素合理有

序流动，增强中牟特区内生发展动力。

3. 真正推动郑开同城化示范区协调联动发展

以"中牟特区"为纽带和试点，调整体制机制，整合要素资源，推进形成跨部门、跨层级、跨区域协调联动发展新格局。在国土空间共谋共绘上要打破地理和行政边界阻碍，统一编制、共同实施、科学划定郑开同城化先行示范区"三区三线"，实现规划一张图、要素供给同城化。在基础设施互联互通上要按照统筹规划、合理布局、共建共享、互利共赢原则，加强枢纽型、功能性、网络化的重大基础设施建设；适度超前谋划郑开同城交通基础设施，扩容轨道交通、加密路网、建设快速通道、推进公交同城化；加快大数据中心、5G网络等新型基础设施建设，推动数据互联互通、共享共用。在产业共引共链上要围绕主导产业、特色产业，招大引强，形成重点突出、优势互补的产业生态格局。在公共服务共认共享上要以均衡普惠为导向，加快推进优质教育共享、医疗机构协作、文化体育联动、智慧大脑共建、区域社保统筹、要素自由流动，提高民生保障和公共服务供给水平。

（二）高水平重塑产业体系，促进产业高端化绿色化智慧化转型升级

找准在郑开同城产业体系中的位置，深度谋划中牟产业发展规划，做大做强先进制造业，做精做细现代服务业，做优做美现代农业，打造具有全国乃至国际竞争力的产业集群，实现中牟与郑州都市圈其他城市产业错位发展、互补发展、链式发展和特色化发展。

1. 打造千亿级制造业产业集群

编制强链延链发展规划，支持汽车制造，加快新产品研发和新技术推广应用，延链补链发展新能源动力电池、智能网联汽车、新能源汽车等，扩大专用车竞争优势，创新发展关键零部件，构建更加完善

日产新车间（中牟县委宣传部供图）

的汽车零部件配套体系和上下游产业链，打造国内有影响力的专用车生产基地。着力培育壮大装备制造、生物医药和数字经济产业，大力培育和引进"链主企业"、平台企业、终端企业等，提升制造业集约化智能化绿色化水平，提高精准测链、动态补链能力，增强产业链的弹性和韧性。

2. 打造具有全国影响力的旅游目的地

把现代服务业发展摆在更加突出位置，抢抓"三座城、三百里、三千年"世界级黄河文化旅游带建设机遇，大力发展全域旅游，积极培育"文旅 +"新型产业和业态，大力发展大健康、总部经济等，引领带动服务业提速发展。支持郑州国际文化创意产业园发展"数字 + 文化 + 旅游"，完善住宿、餐饮、购物及高端优质医疗、教育、居住资源，构建"既有产业，又能生活"的文创旅游新生态，打造凸显城市活力的国际数字文旅创意核心板块。支持建设黄河湿地公园、中牟鸟类湿地公园等黄河文化标识项目，打造彰显中原文化厚度的黄河文化旅游带。依托湿地生态景观、5A 级景区、生态农业、文化产业园等，分片区打造滨水观光度假区、时尚创意休闲区、文化体验静心区和乡村旅游度假体验区。

3. 大力发展枢纽偏好型产业

做优做强现代物流产业，支持万邦等龙头企业与大型快递公司深度合作，招引大型快递公司集散基地或枢纽基地落地中牟。持续发展智慧物流，打造共联共享的网络货运平台，构建供应端、运输端、配送端"三端合一"的现代物流配送网络体系。与郑州航空港经济综合实验区联动培育空港枢纽产业集群，发展电子信息、生物医药、航空材料制造、维修等临空指向性强、时效要求高的现代高端制造业，航空运输高度关联的现代农业，打造中西部地区重要的电子产品生产基地与生鲜物流枢纽中心。与经济技术开发区联动，打造陆港枢纽产业集群，建设国际陆港多式联运集疏中心，重点发展汽车零部件、机械配件、智慧物流等产业，实现高附加值货源结构性转变。与中国（郑州）跨境电子商务综合试验区、大数据（河南）综合试验区联动建设虚拟枢纽，发展电子商务与大数据产业集群，完善智慧服务和金融服务产业布局。

4. 打造都市农业发展新格局

全面实施乡村振兴战略，调优农业产业结构，持续提升农业效益，推动第一、第二、第三产业融合发展，丰富乡村经济业态，拓展农民增收空间，促进农业高质高效、乡村宜居宜业、农民富裕富足，打造平原地区乡村振兴发展的新模式、新样板、新路径。

5. 积极培育优质企业和上市公司

在汽车、文旅文创、新能源、电子信息等领域，加快培育一批具有全球竞争力和生态主导力的产业链"链主企业"。实施制造业"专精特新"中小企业专项培育工程，在产业链重点节点培育形成一批"专精特新"小巨人企业和单项冠军企业。加大支持企业上市力度，提供摸查储备、培训辅导、路演对接、协调问题、奖励补贴等全过程全链条服务，支持企业利用资本市场融资发展。

（三）发挥"三驾马车"作用，构建面向未来的特色投资和开放体系

中牟县是全国最能"买"的县城，在自驾游最受欢迎的县域目的地

排行里稳坐第四。充分发挥中牟消费能力突出优势，积极推动消费、投资、开放联动发展，全力壮大县域经济实力。

1. 推动消费规模优势转化为产业发展优势

消费是生产的动力。依托杉杉奥特莱斯、海宁皮革城、万邦农产品批发市场等消费市场优势，大力发展服装、农产品、特色旅游文创产品的开发与生产，建设国内知名的服装、奢侈品、农产品、文创产品的研发基地、生产基地。扩大新技术运用领域，培育消费新业态新模式，通过加快"新基建"，打通投资供给与新型消费需求之间的通道，促进更多新场景普及应用，力争建成能买能玩能休闲的郑州都市圈消费目的地。

2. 完善投资体制，持续扩大投资规模

做好投资调控、投资管理等体制机制改革，用好省市两级政府债务空间，支持以省级平台公司为主体成立河南省郑开同城化建设投资有限公司，为郑开同城化示范区尤其是中牟特区建设提供融资投资。整合中牟土地、产业、基础设施资源，一体化推动筹资融资，建设与万亿级投资规模相匹配的投融资体制机制，实现变资源为资产，变资产为资本。

3. 加快建设开放平台，持续提升开放层级

充分发挥中牟在国家中心城市建设中的区位优势，积极承办（举办）国内外商务展会、国际会议、国际赛事以及国际文化活动，通过国际旅游、新媒体营销等多种方式，提升中牟国际知名度与影响力。积极申建中国（河南）自由贸易试验区创新联动区，建设郑州经开综合保税区中牟片区，争取落地建设郑州东部国际陆港，加强与"四条丝路"对接，大力发展跨境电商、保税物流、保税加工等。

（四）提升科技创新能力，打造郑开同城创新高地

大力实施创新驱动战略，主动对接和参与郑开科创走廊的扩容、提质、增效，积极培育创新载体、平台、要素和生态，增强科技创新实力。

1. 合理定位，主动对接，全力推进郑开科创走廊建设

借鉴武汉城市圈"研发在武汉、制造在城市圈"同城化发展模式，申请建设郑洛新自主创新示范区联动区，整合重组实验室体系，提升创新源头供给能力，实施科创链条搭建、创新引领型企业共建等创新工程，强化科技教育金融等的融合发展。

2. 引导创新，资源集聚，塑造一流创新平台载体

持续加大创新投入力度，支持企业建设高效实用的创新平台，推进政产学研用协同创新，培育一流创新主体。落实重大科技项目"揭榜挂帅"等制度，组织开展前瞻技术、关键技术研发，谋划布局更多的孵化器、加速器、产业园、星创天地等双创平台载体。全面融入省、市创新驱动战略，积极争取大科学装置、重点实验室、研究所、产业研究院等重大创新平台、重大科技基础设施落地中牟。以培育创建国家实验室和国家重点实验室为目标，通过联合共建等模式，加快布局和建设一批突破型、引领型的省级实验室，支持地方技术创新中心、工程技术研究中心等平台转建或创建国家技术创新中心，提升创新平台载体质量。

3. 积极引进高水平的高等院校和科研机构

抓住国家和河南省调整高校布局的机遇，在郑开科创走廊中牟段引进高水平的高等院校、科研机构入驻，实现智力集聚、人才集聚，构建"人才结构—产业结构—经济结构"的良性循环圈。

（五）深化"放管服"改革，着力打造更好的营商环境

以市场化改革为方向，以数字化为引领，以制度建设为主线，以经济体制改革为重点，按照"要素配置讲效率、公共服务讲均衡"的原则，全面深化改革，激发市场主体活力，着力打造一流营商环境。

1. 切实转变政府职能

推进政务服务标准化、规范化、及时化、法治化，全面实行政府权责清单制度，积极推行"万人助万企"活动，对重点企业及时选派服务专员，及时了解其生产经营过程中遇到的问题，"积极""有度"为企业提供全程服务。优化再造政务服务流程，以将职能部门"单个事"变成服务企业"一件事"为目标，以"减材料、减环节、减时限、减跑动、优流程"提效率为重点，对政务服务流程进行系统性重构，提升跨部门、跨层级、跨区域协调联动的服务效能。加快布局以数字基建为核心的新基建，建设大数据中心、5G网络等新型基础设施，实现数据联通共享、有序开放应用。

2. 打造高标准干部队伍

坚持"建设高端人才集聚区"，"聚天下英才而用之"的原则，面向全国、全省选拔党政领导干部，健全中牟与京津冀、长三角、珠三角等发达地区干部人才常态化交流机制，加快培养选拔一批优秀年轻干部，形成年龄结构合理、专业素质突出、人员相对稳定的党政干部梯队。

3. 构建科学规范的同城交易机制，创造良好的交易环境

加快建立信息披露、信用、契约、违约惩戒等机制，规范经济主体交易行为的区域协调性竞争规则。加强政策、法制、金融等措施的统筹使用，防范化解交易纠纷或争端，为中牟经济发展提供优良的市场环境。

4. 提升城市建设水平，着力打造宜居人文新城

随着郑开同城化发展，中牟势必会集聚大量产业和人口，必须加

强枢纽型、功能性、网络化的重大基础设施建设，稳步完善提升城市基础设施建设水平，增强城市对产业发展的支撑能力。加快推进郑开大道、郑汴物流通道快速化，推进郑开城际线路公交化，构建高效便捷、辐射带动力强的同城化综合交通体系。持续提升城市民生保障水平和城市文化建设水平，打造人文城市。统筹生态环境治理和城市建设，打造生态绿城。围绕黄河生态屏障、郑汴港生态绿心、河湖水系连通和生态廊道建设，构建郑开多层次、密网络、功能复合的生态空间格局。应用大数据、云计算、人工智能等现代科技，构建城市大脑，开展全天候智慧化城市管理，打造智慧城市。加快提升城市应对自然灾害、安全事故、公共卫生事件等突发性冲击的能力，全面提升城市韧性。

（六）推进城乡融合发展，加快实现更高水平的乡村振兴

扎扎实实把乡村振兴战略向前推进，深入推进农业供给侧结构性改革，不断开创"三农"工作新局面，推动农业全面升级、农村全面进步、农民全面发展。

1.规划先行，城乡发展全域协同

立足郑开同城的大战略，立足撤县设区来谋划中牟农业农村的发展规划，坚持走"大城市带动大城郊、大城郊服务大城市"的城乡融合发展之路，完善分区指导、分类推动、分级管控的发展策略，做美中牟新城，提质特色小镇，优化乡村空间和村庄布局，实现产业发展、基础设施、公共服务、生态环境的城乡统一。

2.着力推进农业农村现代化

中牟地处郑开同城枢纽位置，农业的发展必须走绿色、高端、高效发展之路，要着力推进农业产业体系、生产体系和经营体系现代化，集中打造一批融合科技示范、技术集成、成果转化、创业孵化等功能为一体的创新创业平台，推进数字乡村建设等，用最新的技术引领农

业发展，在全省范围内率先实现农业现代化。发挥县域龙头企业带动作用，推广"企业＋合作社＋农户""企业＋基地＋农户""农户以土地、农具入股企业"等方式，构建农业全产业链，发展"保底收益＋按股分红"等多种利益联结方式。补齐乡村基础设施和公共服务设施短板，率先建成城乡统一、覆盖全民的社会保障体系，推进全域教育、医疗、文化、养老等，争取公共服务水平均等化，全省领先，全国先进。

3. 加快农业人口市民化

农业逐步现代化，可以使更多农业劳动力转移到城镇，为城市发展提供劳动力，但需要让这些农业转移人口真正市民化，落户城市，享受市民的各种社会待遇。

组长：程传兴　陈益民

成员：李晓沛　李剑力　赵志亮　李　琳

执笔：李晓沛　李剑力　赵志亮

河南日报
特刊｜03
2021年12月20日 星期一
组版编辑 黄磊 李晓星 美编 梁町伟

慧眼看河南——县域经济何以成高原

郑开同城下的中牟机遇

——来自中牟县域经济高质量发展的调查

□本报记者 阚爱民 杨凌 本报通讯员 吕评奇 刘亚锋

2021年12月15日，冬日暖阳下，郑开大道两侧的行道树泛出浓郁的金色，一群骑友骑着单车飞驰而过，留下一串欢声笑语。

镜头回放至2006年11月19日，仍是这条大道，2000多名骑友和郑州、开封的市民怀着激动的心情，共同见证了河南发展史上特别值得记忆的日子：当天上午，备受关注的明星之路——“郑开大道”正式开通，标志着中原城市群建设中的重要一环——“郑汴一体化”迈出实质性步伐。

就在这条明星之路的中间位置，一个不起眼的县城——中牟，面对突然升级的优越区位和难得发展机遇在思考：“我们应该怎么办？”

找准发展定位，锚定发展目标，抢抓机遇，稳中求进。几年间，一个昔日的“西瓜大蒜之乡”，一个传统的农业大县、财政穷县，快速实现跨越赶超，正崛起为郑州建设国家中心城市的东部新城和文化创意产业快速集聚的发展热土。

2020年，中牟县县域经济综合竞争力和投资潜力分别攀升至全国百强县第80位、第16位，成为全国科技创新百强县、营商环境百强县。

著名作家李佩甫在中牟采风后赞叹：在中原城市群建设的大格局中，一座有着丰富想象力和创造力的、诗意的、田园化的中牟，正以崭新形象赢得人们的目光和赞誉。

郑州方特欢乐世界。本报资料图片

抢抓机遇

按下跨越赶超“快进键”

12月18日，走进只有河南·戏剧幻城游客中心大门，100余亩高粱地扑面而来。这座由著名导演王潮歌打造的戏剧主题公园，每天演出100余场，讲述的是黄河流域“土地、粮食、传承”的故事。数据显示，自2013年5月启动郑州文创园建设以来，中牟文旅产业“从无到有、从有到优”，累计引进只有河南·戏剧幻城、郑州方特欢乐世界等各类项目116个。

文创产业异军突起，只是中牟近年来经济社会发展的一个缩影。

一条郑开大道开启“郑汴一体化”发展序幕，为中牟打开了发展之门；郑州加快建设国家中心城市，更为中牟带来难得发展机遇。“着眼于优势互补和郑州城市功能的疏解，避免产业同质化是我们重要考量的问题。”中牟县委书记潘开名说，“比如，郑州人口超千万，消费潜力巨大，但却缺少大型主题乐园这样的旅游休闲目的地，于是我们就考虑规划郑州文创园……”

深刻理解发展大势，科学谋划产业定位，加快推进交通联通，不断提升城市综合承载力，中牟在全局中不断寻找和修正自己的“成长坐标”，将发展条件和发展机遇转变成发展优势和发展胜势，按下了跨越赶超“快进键”。

今天的中牟，汽车装配、文旅文创、生态农业等产业蓬勃发展，扛起了中牟发展的首位担当。汽车产业集聚区内，已集聚相关企业400多家，总产值累计突破5000亿元，形成“研发、整车及零部件制造、后市场服务”全链条产业体系；郑州文创园快速成长为引领全省文化产业发展的高地，支付宝大数据统计显示，今年“五一”假期中牟位列全国县域消费热度第一名；生态农业呈现“生态高效、现代物流、休闲观光”复合型发展态势，以万邦农产品交易市场为龙头，交易额累计达到5100亿元，成为全省农业转型标杆。

城市因人而建，为人所享。在持续推进新兴产业布局、加快城镇化进程中，中牟百姓成为最大受益者。绿博家苑社区里，种了几十年大蒜和西瓜的农民“华丽转身”，一下成了“城里人”。“我家这套130平方米，水、电、气齐全，跟城里生活没两样。”居民姚国记原来是中牟县刘集镇祥符营村农民，2016年村里拆迁安置，他率先响应号召，拆掉了自家房子。

从村民变成市民，变的不仅是房子，还有生活方式。在刘集镇——这个中牟县率先实现全域城镇化的乡镇，孩子们就在家门口上学；村民经过培训后去周边企业上班，月收入超过3000元；老人也有专门的活动场所，3层楼的社区服务中心，一楼是便民服务大厅，二楼三楼就是各类文体活动室。

双城深度融合给中牟带来的，不仅是公共服务能力和城市综合承载力的提升，还有交通基础设施互联互通的提升：陇海快速路东延、南三环东延、平安大道东延等项目加快推进；轨道交通8号线进入建设实施阶段；新增6个高速口，实现“15分钟”上高速……

幸福都是奋斗出来的！

15年前，人们在规划建设郑开大道时，期望这条路能成为“郑汴一体化”发展的纽带，期望两侧的区域可以成为产业和人口密集区，成为中部地区的经济隆起带。

15年后，在中牟，这些愿景已经一步步成为现实。

扫码看更多

总策划：董　林　刘雅鸣
策　划：孙德中
专　家：程传兴　陈益民
李剑力　赵志亮
李　琳
统　筹：阚爱民　宋华茹

保持定力

践行高质量发展“硬道理”

实现县域经济高质量发展，不仅要做好“进”的文章，而且要处理好“稳”的关系，两者有机统一，才能行稳致远。

在面对发展机遇时，中牟敢于拼搏，实现跨越赶超；而处于危机风险时，中牟同样以冷静理智、沉着坚韧的定力，交上了一份迎战赶考的优秀“答卷”。

“屋里还有人吗？赶紧撤！”……疾风骤雨中，一条条手电的光束划破漆黑夜幕，村干部的催促声与风雨声交织在一起，汽车、电动三轮车、电动自行车……各种交通工具载着村民，匆忙撤离家园。说起2021年7月20日深夜的情景，中牟县韩寺镇荣庄村的人们记忆犹新。

“重大灾害面前，保障人民群众生命财产安全是第一位的。”回想起当时情景，潘开名仍感到惊心动魄：“重大突发事件面前，我们的底线就是不发生人员伤亡，无论如何都要守牢这个底线！”

车到山前未必有路，未雨绸缪才是成功的保证。早在汛期来临之前，中牟就已经制定了条块结合的应急预案，组建了政府力量为主、社会力量为辅、官兵力量为备的近6500人的抢险救援队伍，枕戈待旦。

7月19日前后，根据气象信息，中牟县委县政府果断启动应急预案，县、乡、村三级党员干部全员上阵，提前疏散沿黄三镇群众，全面封闭通往滩区道路；对全县居民楼再次进行全面排查，确保万无一失……最终，中牟——这个在历史上饱受洪水磨难的城市，经受住了严峻考验，实现全县“零伤亡”。

洪水的考验刚刚告一段落，疫情又扑面而来。在接踵而至的又一场大考中，中牟同样以积极的姿态迎接考验。

“积力之所举，则无不胜也；众智之所为，则无不成也。”这句习近平总书记在世界经济论坛2017年年会上演讲时引用的话，充满了温度，也深刻道出了群体智慧的力量。

一切为了群众，一切依靠群众，在战“疫”大考中，中牟走实群众路线——县委县政府主要领导深入一线，基层党组织强堡垒当先锋，3.1万名党员闻令而动，与68万群众一道抗击疫情。

“这是一份高难度考卷，面对汛情、疫情双重压力，我们上下同心，以较强的执行力实现了‘双零’目标，守住了‘保’的底线，筑牢了‘稳’的基础，保持了‘进’的态势。”潘开名自豪地说，一个区域的发展道路从来不是一帆风顺的，面对激烈的区域竞争，在突发事件和危机面前，不停即是快。“表面上看是党委政府的应急处置和统筹协调水平，其背后考验的则是理念和治理能力。”

“咬定青山不放松，立根原在破岩中。千磨万击还坚劲，任尔东西南北风。”郑板桥的这首诗既是对“定力”惟妙惟肖的形容，也是对中牟人精气神的最好诠释。

在这片充满生机的黄土地上，朴实的中牟人，正以勇于担当的勇气、脚踏实地的干劲、久久为功的耐力，找到稳增长、促改革、调结构、惠民生、防风险的最佳平衡点，为奠定牢固之基取得实打实的战绩。

再赋新能

当好郑开同城化“桥头堡”

当前，黄河流域生态保护和高质量发展战略，让中牟站上了更广阔的发展舞台；郑开同城化发展战略，把中牟推到了更前沿的发展阵地；郑州国家中心城市建设战略，则给中牟带来了更充足的发展底气。机遇的叠加，让中牟的发展，已经到了从量的提升到质的飞跃时期。

“继往开来，我们期望，在新的机遇下为区域发展发挥更大作用，成为国家中心城市建设、郑开同城化战略推进、实现黄河流域高质量发展的发动机和强大引擎。”潘开名充满信心地说，按照《中牟县国民经济和社会发展第十四个五年规划》，到“十四五”末，中牟经济总量将跨过600亿台阶，建设成为全省对外开放窗口、产城融合发展示范区、全国重要的先进制造业基地和现代服务业基地。“下一阶段，我们要重点做好三件事，就是集中精力办好自己的事，积极主动办好合作的事，大力探索能够借力的事。”

随着潘开名的描述，一幅郑开同城化战略下中牟的发展画卷在我们面前徐徐展现。

南部，汽车产业集聚区内，最新入驻的知名新能源汽车和零部件制造企业红红火火、汽车后市场服务产业园里的各家商户生意兴隆。北部，“三座城、三百里、三千年”时空轴线上，各大主题公园内游人如织，围绕黄河文化推出的旅游精品线路吸引了八方游客。镜头再拉远，可以看到公路、城际铁路、市域铁路共同织就的交通路网四通八达，一批又一批货物不仅从这里运往全国各地，有的还走出国门，走向国际市场。

“要做的事情很多，任务很重。”潘开名说，处在郑开同城化的核心区的中牟虽然近年来发展迅速，但是作为郑州建设国家中心城市的东部新城，承担“东强”的发展任务依然艰巨。“如果将郑开同城化发展水平，同国内其他同城化城市在空间距离、经济体量、辐射带动等方面进行对比，郑开同城化仍处于初级阶段。”

区域经济专家在中牟考察后指出，处于郑开同城核心的中牟，承担着郑州国家中心城市建设疏解功能的中牟，已到了发展的关键点，迫切需要省、市两级能从顶层设计上给予更多政策支持，将中牟列入郑开同城化先行示范区的起步区，同时加快撤县建区步伐，给予更多自主权，为这座郑州的未来之城赋能。

在回看走过的路中增添信心，在比较别人的路中拉高标杆，在远眺前行的路中创造机遇，在加压奋进的路中开创新局。中牟，将以更大的勇气面对新时代的挑战，迎来更加美好的明天！③9

专家点评

中牟县域经济之所以快速实现赶超，重要原因是抓住了“郑汴一体化”的发展机遇，并把满足人民日益增长的美好生活需要放在首位，较好地实现了发展速度与发展质量的有机统一。

如何抢抓机遇，发挥出中牟地处郑汴之间的区位优势？中牟认真评估研究，并多次到杭州等先进地区学习考察，一是从中牟的现实条件出发，二是着眼于与郑州错位发展，实现区域经济的协调统一，最终确定把物流、文旅、汽车作为支柱产业来打造。万邦农产品交易市场发展成为“买全球，卖全国”的综合批发交易中心；文旅产业更是从无到有、从有到优，高标准规划建设的郑州文创园区实现又好又快发展，去年虽受疫情影响，仍然接待游客1300万人次。

在具体发展路径上，中牟坚持规划先行、谋定后动，用具有科学性和前瞻性的规划指导县域发展。征集5家著名规划公司根据中牟发展条件和未来方向设计区域规划，对一二三产业，包括吃、住、行、游、购、娱等各方面都做出精细而全面的规划，形成全省第一个多规合一的县域总体规划，使县域经济发展有了行动纲领。

营商环境就是生产力，优化营商环境就是解放生产力、提升竞争力。近年来，中牟县以“放管服”改革和“万人助万企”等活动为抓手，打好优化营商环境攻坚主动仗，为中牟县经济社会高质量发展提供了“源动力”。“十三五”期间，中牟县新增市场主体近3万个，发展评价连续5年排名全省前5，发展效益连续4年位居全省第一。2020年，中牟进入全省营商环境第一方阵，在104个县（市）中评价排名进位至第4位。

在推进县域经济发展过程中，中牟始终坚持把“让广大人民群众更多更好地共享发展成果”作为县域经济发展的重中之重，在幼有所育、学有所教、劳有所得、病有所医、老有所养、住有所居、弱有所扶等方面不断加大民生投入，百姓的获得感、幸福感、安全感不断增强。③9

（河南省农信社原主任、高级经济师、研究员 陈益民）

中牟境内的高速公路。本报资料图片

"头部带动"绘就发展新图景

——内乡县域经济发展调研报告

河南日报县域经济调研组

　　内乡县以培育壮大龙头企业为抓手，按照"引进一个龙头企业，培育一个产业集群，打造一个产业链条，崛起一个特色园区"的思路，构筑产业生态，优化营商环境，完善基础设施，强化科技支撑，推进数字赋能，激发了产业发展的"乘数效应"，走出了一条传统农区工业化突围新路，成功实践了"头部带动型"县域经济发展模式。在高质量发展的时代背景下，推动"头部带动型"县域经济可持续发展，应坚持问题导向与目标导向相统一，围绕产业生态构建、政企关系优化、创新动能培育，在提升产业园区能级、优化县域营商环境、打造高端创新平台、提升开放招商水平、凸显互动联动效应、加速产业转型升级、打造高素质人才队伍上下功夫。

县域经济是以县级行政区划为地理空间，以县级政权为调控主体，以市场为导向，优化配置资源，具有地域特色和功能完备的区域经济。新发展格局下，县域经济在促进城乡融合发展、推动区域协调发展、畅通国际国内循环、实现人民共同富裕中的基础地位、支撑作用、提升功能愈加突出。由于县域经济发展受市场因素、区位条件、自然资源、资源禀赋以及人文环境等多种复杂因素影响和制约，并且在不同地区、不同发展阶段制约发展的主要因素也不同，县域经济发展也呈现不同的路径。因地制宜探索符合自身特色的县域经济发展模式，对于提高县域经济发展能力、拓展县域经济发展思路具有重要的现实意义。选择怎样的发展模式，要立足地理区位、资源优势、禀赋条件、发展基础、功能定位等，多角度全方位综合考虑。

一、"头部带动型"县域经济发展模式的内涵与特征

县域经济发展的动力在产业，潜力在产业，突破也在产业，而县域产业壮大离不开县域企业的载体支撑作用，尤其是龙头企业的带动引领。"头部带动型"县域经济发展模式的基础在龙头企业，路径在产业延展，保障在政企合作。

（一）"头部带动型"县域经济发展模式的内涵

所谓县域经济发展模式，是关于县域经济发展道路的总结，是对不同类型县域经济成功发展的"典范"进行的高度概括。县域经济的"头部带动型"发展模式是指通过引导扶持县域实力型、创新型、骨干型龙头企业向行业细分领域头部企业跃升，以头部企业带动县域供应链、产业链、创新链、价值链延伸拓展，进而形成具有产业带动力、技术引领力、品牌影响力、市场竞争力的优良产业生态发展的县域经济发

展模式。

（二）"头部带动型"县域经济发展模式的特征

"头部带动型"县域经济发展模式的实质是依托县域企业优势，培育特色产业，进而带动县域经济提质增效。这一模式在形成条件、实现路径、发展方向上具有自身的独特性。

1. 龙头企业是这一模式得以实现的前提

从"头部带动型"县域经济模式的实践看，县域内龙头企业与县域经济发展紧密关联，没有龙头企业的引领，就没有"头部带动型"县域经济模式的基础。只有把壮大龙头企业融入县域经济发展之中，举全县之力支持龙头企业做大做强，发挥龙头企业的辐射带动、产业扩张、链条延伸作用，延展产业链条、培育产业集群、打造特色园区，才能实现县域经济与龙头企业的共进共赢。

2. 产业延展是这一模式得以实现的路径

发挥"龙头"和"链长"作用功能，依托龙头企业的主导产业推动产业链前后延展，形成涵盖原料供给、产品加工、市场营销、物流贸易、开发设计、营销服务等一体化的全产业链，并嵌入科技、信息、数据等现代生产要素，拓展主导产业的新业态、新模式。

3. 政企合作是这一模式得以实现的保障

经济转型的过程就是重构政企关系的过程，良好的政企关系是地区崛起的重要动力。内乡恰恰找准了政企之间的有机结合点，通过政企合作，构筑政企共同体，实现政企共生共荣。政府勇立时代潮头，创新治理模式，成立工作专班，服务企业发展；企业发挥自身优势，致力追求外部价值，助力地方经济发展，推动县域经济发展，从而形成了政府营造低成本营商环境、核心企业多元赋能、产业生态共生共荣的生动局面。

二、内乡县"头部带动型"县域经济发展模式的成功实践

近年，内乡县以培育壮大龙头企业为抓手，按照"引进一个龙头企业，培育一个产业集群，打造一个产业链条，崛起一个特色园区"的思路，构筑产业生态，优化营商环境，完善基础设施，强化科技支撑，推进数字赋能，激发了产业发展的"乘数效应"，挺起了工业发展的"铁脊梁"，走出了一条传统农区工业化突围新路，成功实践了"头部带动型"县域经济发展模式。

牧原食品城车间（李栀子　摄）

（一）内乡县"头部带动型"县域经济发展模式的主要举措

1. 以项目为王，壮大龙头企业

2016 年以来，内乡县围绕牧原公司等龙头企业做大做强，完善支持政策，创造发展条件，营造发展环境，在规划、审批、环评、土地、融资、用工、扶贫、环保等领域持续加大支持服务力度，支持牧原集

团进军世界 500 强，从而实现了内乡与牧原共进共赢。眼下，牧原农牧装备产业园、智慧物流园、聚落式生猪肉食综合体、国际食品城、牧原产业学院、牧原大数据中心等一大批政企合作项目既为牧原集团转型升级提供了广阔的天地，也为内乡县域发展注入了强大的动力。2020 年，牧原集团及其供应链企业对全县规模以上工业总产值的贡献率达 112.5%。依托这些项目，内乡县吸引了一大批龙头企业的供应链企业纷纷落户内乡，目前，该县工业园区已建立了 5 个与牧原集团相关联的专业园区，由一家龙头企业通过产业裂变，带来农牧装备制造产业链的增量聚变，实现了内乡县由农业大县向工业强县的华丽转变。

2. 延伸产业链，让产业"接二连三"

从产业链最前端的原粮输入、饲料加工，到养殖屠宰、物流配送，再到农牧装备、食品加工，乃至更远端的医疗化工等，实施在地化全产业链集群发展，打造集"饲、养、加、农、工、贸"于一体的生猪全产业链体系。牧原集团肉食产业综合体项目已成为全球首个集饲料加工、生猪养殖、屠宰加工、肉食品加工、观光旅游于一体的全产业链运营项目，也是全省唯一一家贯通第一、第二、第三产业的典范企业。同时，围绕新型建材、机械电子等产业，招引落地一批关联紧、前景好、效益高的超亿元企业，着力培育机械电子、新型建材、农副产品深加工、清洁高效能源 4 个百亿级产业集群。装备制造产业、农副产品加工产业、能源及高载能产业等 5 大工业集群在 40 平方公里的县工业园区内已形成 13 大专业园区，各个园区在县里出台的定制化政策支持下，犹如磁力场，正在吸引越来越多相关联的项目扎堆进驻。龙头产业链条不断延展，获得了更多的增值价值，为内乡经济的可持续发展、农民增收开辟了光明的前景。

3. 聚焦市场全周期，持续优化营商软环境

把优化营商环境作为"一号服务"工程，坚持项目谋划、项目争取、

项目建设和开放招商"四位一体"工作格局，"顶格推进"营造便捷高效的政务环境、健全有序的社会环境、公平公正的法治环境和宽松有序的市场环境，形成了"前期谋划一批、成熟储备一批、开工建设一批、竣工投产一批"的全链条滚动发展模式。组建七大招商专班，实行"一个产业、一名领导、一套班子、一抓到底"的工作机制；实行首问责任制、限时办结制、联审联批制、现场办公制等12项企业服务机制，打造政务服务品牌，及时解决企业在建设、生产、经营中遇到的各类问题，确保企业进得来、留得住、做得大。围绕能源供给、物流仓配、金融服务、政务服务等12个方面出台配套政策，最大限度强化扶持、创优环境，形成了高质量发展要素的聚集地、成本洼地和价值高地。

4. 加快完善基础设施，不断优化营商硬环境

强化先导性、支撑性基础设施和基础能力建设，夯实产业发展的"底盘"。"十三五"时期，全县固定资产投资累计完成450亿元，年均增长17.3%，每年投资500万元以上项目稳定在百个以上。围绕龙头企业发展、主导产业升级，累计投资5亿元，建设牧原楼式养殖产业基地大花岭项目、牧原智慧物流园项目、牧原食品城等项目。组织实施了长信路北延工程、鹤鸣路工程、食品城南路工程，谋划了飞龙大道北延工程、内余路升级改造工程，为牧原集团项目建设构建交通便利的城市路网。为降低企业运营成本，累计投资近1亿元建成了农牧装备孵化园一区、二区，并为企业"拎包入住"筹建标准化厂房、人才公寓和相应的基础设施。同时，投资2000万元配套建设了牧原装备孵化园厂外雨污管网项目，为解决企业污水处理问题提供支撑。目前，该县占地4000亩的牧原智慧物流园、豫西南快递物流分拨中心已经开工建设，使内乡有望成为区域性的综合物流枢纽。

5. 推动数字赋能，助力现代产业体系构建

发挥大数据、区块链、云计算等数字技术在产业发展中的作用，

依托生猪产业链生态体系和产业优势，全面实施生猪产业链数字化金融服务项目，促进产业全面融合发展，锻造县域经济"脊梁"。按照"发展生猪产业链—建设商务信用链—形成产业价值链"的模式，建设包括牧原集团生猪产业数字化服务平台、内乡县金融信用大数据平台、内乡农商行生猪产业链金融服务平台在内的生猪产业数字化金融平台，为产业链上的企业提供定制化的个性金融服务，不但有效提升了生猪产业链价值，而且在推动政府治理能力现代化、提升产业链管理水平、营造良好营商环境、推动服务实体经济中也发挥出重要作用。牧原公司将云计算、大数据、物联网等新技术与产业相结合，搭建了覆盖饲料加工、生猪育种和生猪销售等产业链的智能化数字平台，在其带动下，内乡涌现出恒辉农牧、寅兴农牧、和信农牧、锦汇设备、铁林农牧、润源钢构等一大批数字化场景应用领先企业。

6. 抓住产业优势，大力深化产业融合

以绿色高效现代畜牧业为纽带，推进第一、第二、第三产业融合发展，初步形成生猪全产业链垂直整合和横向集聚，第一、第二、第三产业融合发展的格局，有力推动内乡县成为全国生猪养殖第一大县、生猪屠宰加工第一大县、生猪饲料加工第一大县、生猪养殖装备制造第一大县。全省县域治理"三起来"示范县的创建，辐射带动我国中部区域生猪产业实现跨越式发展。一是实现了生猪产业链的垂直整合，打通现代猪产业全链条各个环节，从饲料加工、生猪育种扩繁、养殖到生猪屠宰、肉食品加工以及配套的物流、冷链、金融等生产性服务业；二是横向打通粮食饲料加工、农牧装备、绿色食品深加工等三个产业集群；三是形成物流业、金融业、职业教育和其他关联性生产性服务业等四大生产性服务业体系；四是谋划建设数字化产业园，布局种养循环示范区；五是着力推动牧原供应链企业总部集聚，通过总部经济的模式，招引牧原供应链企业在内乡注册登记、纳税结算，达到3100多家。

7. 全面鼓励创新，强化项目科技支撑

深入实施创新驱动战略，让科技创新成为高质量发展的主引擎。在机械电子、新型建材等领域建设一批国家级和省级重点实验室、工程技术研究中心、企业技术中心等研发平台。有效发挥骨干企业研发机构的示范带动作用，加快培育创新引领型企业，汇聚高端人才和创新要素，实施骨干企业研发机构全覆盖工程，开展产业集聚区骨干企业清除"零"专利行动计划全覆盖，夯实企业科技创新基础。牧原公司向智能化养殖升级，现代化养殖水平行业领先；鹏翔科技与中电科 27 所合作，跻身北斗导航产品生产企业行列；天一密封成为全国两家行业标准制定企业之一；飞龙公司不断向智能化制造升级，产品市场占有率居国内同行业首位。一大批科技含量高、支撑带动能力强的大项目、好项目持续推动县域经济转型跨越，科技进步对经济增长的贡献率达到 56.8%，科技创新已成为内乡县企业发展的"加速器"，并孵化催生出一批技术含量高、比较效益好的高成长性企业，引领内乡各项经济指标增速均处于全市第一方阵。

（二）内乡县"头部带动型"县域经济发展模式的成效

近年，内乡县围绕优势龙头企业打造产业群，布局产业链，形成了产业集群、产业拉动、产业升级、产城互动、政企联动、创新驱动、收入增加等七种效应，绘就了传统农区县域经济发展的新图景。

1. 企业批量入驻，产业集群效应显著

按照"上游招下游、下游引上游、补齐产业链"的思路，开展延链、补链、强链招商，促进产业纵向延伸、横向集聚，产业集聚"虹吸效应"持续迸发，在集群发展模式的催生下，机械电子、新型建材、食品及农副产品深加工、造纸印刷包装、化工及新材料和煤电运一体化项目、牧原肉食综合体、农牧装备等板块已成为撑起内乡工业强县的"四梁

八柱"。以牧原肉食产业综合体、牧原食品产业城、牧原物流园、农牧装备产业园为代表的"牧原系"等项目有力支撑了全县经济社会发展。2019年以来，内乡县先后新孵化出了农牧装备产业园、机械电子产业园、华福印刷包装产业园等9个功能性产业园区，使县产业集聚区形成"1+9"的"区中园"模式，发挥县产业集聚区内"母企业"的吸附带动作用，引进上下游企业批量入驻，进而孵化成新的产业集群。

2. 工业"长藤结瓜"，产业拉动效应显著

一根管，打造汽车"动力引擎"，催生出全国汽车零部件龙头企业飞龙公司；一粒石，千锤百炼，打磨出新型建材，成就中国第三大石都；一头猪，实现智能化"云养猪"，养殖子公司遍布全国24个省（区）102个市215个县（区）。内乡县抢抓沿海地区劳动密集型企业转移的机遇，打造专业园区，承载符合智能制造、产值、就业等标准的企业集群式落地，形成"招一个、带一串、引一群"的效果。正是用这种独特的方式抓项目、兴产业，挺起新型工业化的脊梁，创造了工业"长藤结瓜"和项目"平地起谷堆"的神话。支撑该县每一产业集群的行业龙头企业都具有较强的创新引领能力。牧原集团是国内现代生猪产业的先锋企业，拥有专利技术近800项，生猪生产规模居世界第一；飞龙股份是国内最大的汽车水泵生产商，创新研发成果不断推出，产品对接多家世界先进的汽车生产制造商；仙鹤股份的特种纸生产品类、规模居国内前列。2021年，这些龙头企业新上和规划的产业配套重点项目有30多个，总投资超150亿元。

3. 结构持续优化，产业升级效应显著

内乡县坚持把创新理念贯穿产业发展全过程，推动"内乡制造"向"内乡智造"的升级跨越。2015年到2020年，短短5年间，该县三次产业结构从23.9:41.6:34.5调整至20:43.8:36.2，"二三一"型产业结构持续优化。规模以上工业增加值年均增长12.8%，在南阳市占比由6.0%

提升至 13.3%；新增高新技术企业 17 家，高新技术产业增加值占规模以上工业增加值的比重由 21.6% 提升至 85.6%。规模以上工业企业达到 96 家，其中产值超 10 亿元企业 9 家，税收超亿元企业 3 家，上市挂牌企业 8 家，数量居南阳市第一。牧原股份持续保持全省 A 股上市公司市值第一的纪录。金冠电气成为全市第一家在科创板上市的企业，区域经济证券化水平全省领先。细分领域头部企业集聚，仙鹤公司的热敏纸国内市场占有率达到 20%，飞龙公司汽车水泵国内市场占有率达到 25%。目前，该县的机械电子、新型建材、造纸印刷、高档肉食品加工等产业集群以科技领先型企业做引擎，进而带动科技型企业集群拓展，绿色崛起。

4. 产城互动发展，产城融合效应显著

漫步于内乡湍河岸边的生态廊道，两旁垂柳依依，花香扑鼻。传统地砖变成了生态透水砖，满眼皆是干净整洁、美丽宜人的风景。这是内乡县统筹推进产业集聚区与城市建设，以产业集聚增加就业岗位，以产业集聚带动人口集中，以城市功能完善支撑产业发展，推进以产兴城、以城促产、产城融合发展的一个缩影。近年，内乡县以"宜居宜业的历史文化山水名城"为定位，按照"以城镇建设为平台，以产业集聚区建设为载体，着力提高平台要素集聚力、吸引力和承载力"大城建发展思路，着力构建"一主五副多点"的城镇体系，加速推进产城互动发展，县城区面积从 9 平方公里扩展到 22 平方公里，常住人口城镇化率由 2015 年的 38.2% 提升至 2020 年的 48.4%，县城骨干路网结构日益完善，街心游园城市广场绿化提质快速进展，依托产业集聚区而形成的产城一体、宜工宜居的产业新区配套设施完善，路网体系发达。

5. 服务企业发展，政企联动效应显著

经济转型的过程就是重构政企关系的过程，良好的政企关系是地区崛起的重要动力。内乡恰恰找准了政企之间的有机结合点，通过政

企合作，构筑政企共同体，实现政企共生共荣。政府勇立时代潮头，创新治理模式，成立工作专班，服务企业发展；企业发挥自身优势，致力追求外部价值，助力地方经济发展，推动县域经济发展，从而形成了政府营造低成本营商环境、核心企业多元赋能、产业生态共生共荣的生动局面。2020年，牧原集团营业收入超600亿元，利润超300亿元，总市值超过4000亿元，跨越成为全球规模第一的生猪养殖企业；内乡全县GDP增至263.1亿元，占南阳市的6.7%。如今，"牧原兴则内乡兴，牧原强则内乡强"已成为内乡全县共识，并成为内乡实施建设全国现代猪产业第一县战略、实现"十四五"工业总产值超千亿、冲刺全国百强县的底气和勇气。

6. 科技成果丰硕，创新驱动效应显著

"十三五"时期，内乡高新技术产业增加值占规模以上工业增加值的比重从21.6%提升至85.6%。2020年全县高新技术产业增加值比上年增长7.4%；高新技术产业增加值占全部规模以上工业增加值比重为87.5%；战略性新兴产业增加值比上年增长6.9%。截至2020年9月，全县已拥有国家高新技术企业14家，河南省工程技术研究中心10家，院士工作站2家，省级众创空间1家，省级星创天地1家；拥有河南省科技型中小企业备案企业13家，市级科技企业孵化器1家，创新示范企业1家，节能减排示范企业1家，各类农业科技示范场区30个。先后与210多个国内外知名高校、科研机构、大型企业建立了长期稳定的技术依托关系，多家企业拥有单项或多项国内乃至世界领先的技术，企业发明专利增速逐年加快。华福包装、金冠电气、全宇制药等一大批科技含量高、支撑带动能力强的龙头企业持续推动县域经济转型跨越，科技进步对经济增长的贡献率持续攀升，"政产学研用金"六方融合协同创新格局基本形成。

7. 社会稳定发展，收入增长效应显著

2016年—2020年，内乡县公共财政一般预算收入由7.27亿元增至12.98亿元，年均增长12.3%；税收从5.2亿元增至9.05亿元，年均增长11.7%。同期，城镇和农村居民人均可支配收入年均分别增长7.0%和8.3%。2020年，内乡全县规模以上工业营业收入年度增长56.6%，利润增长167%，利税增长158.3%，产值超10亿元企业9家，税收贡献超千万元企业28家、超亿元企业3家。25家规模以上服务业企业实现营业收入增长108.8%，18家物流企业营业收入增长117.2%。其中，牧原集团总营业收入突破600亿元，出栏生猪1812万头，跃居全球行业第一。企业与居民收入的大幅度增长，进一步带动了工业投资和居民消费大幅增长。2021年上半年，全县固定资产投资同比增长12%，其中工业投资同比增长48.8%，高于全市39.2个百分点；社会消费品零售总额实现43.58亿元，同比增长16.2%。

（三）内乡县"头部带动型"县域经济发展模式的经验启示

面对县域经济发展的新条件、新环境、新任务，内乡县打破既往路径依赖，聚焦县域工业化发展的关键点、着力点、立足点、着眼点、突破点、切入点、支撑点和根本点，以创新理念引领创新发展，全面提升县域经济的发展质量。

1. 关键点在产业生态

开放创新、协同融合、富有活力的产业生态是县域产业发展的关键点。产业生态越好，对要素的吸引力越大。为营造良好产业生态，内乡县坚持项目谋划、项目争取、招商引资和项目建设服务"四位一体"推进，把创新发展的理念贯穿到招商引资和项目建设的全过程，把招商引资、人才引进、金融创新、营商环境、项目建设、科技支撑等有机结合起来，构建共生共荣"雨林式"产业生态，撑起产业经济的"四

梁八柱"。

2. 着力点在产业平台

产业发展离不开平台支撑，内乡把园区建设作为培育产业集群的重要抓手，按照"产业集聚、企业集中、资源集约"的原则，加快产业集群培育，着力打造"区中园"新经济增长。目前规划面积 20 平方公里的产业集聚区已建成 18 平方公里，入驻规模以上工业企业 54 家、上市公司及子公司 8 家。2019 年以来，内乡县新孵化出了农牧装备产业园、机械电子产业园、华福印刷包装产业园等 9 个功能性产业园区，使县产业集聚区形成"1+9"的"区中园"模式，发挥县产业集聚区内"母企业"的吸附带动作用，引进上下游企业批量入驻，进而孵化成新的产业集群。

河南华福包装科技有限公司生产一线（李栀子　摄）

3. 立足点在产业链条

延链补链强链、项目"长藤结瓜"是内乡项目建设日新月异的秘籍，扎堆成长的项目集群使内乡综合发展实力从 7 年前的南阳市垫底跃升到当前的第一方阵。该县围绕核心企业，树立产业链、供应链招商发展思维，绘制产业链图谱，强力推进五大工业集群。譬如围绕牧原集团这个全球行业冠军的头部企业，做足做活"牧原云"大文章，定向制定招商引资政策，推动形成牧原供应链企业在内乡县域集群式入驻，仅目前就有3343家牧原供应链法人企业在内乡入驻并注册纳税，在县工业园区新建了与此紧密关联的牧原食品产业园、寅兴装配式建筑产业园等5个专业园区。目前，装备制造产业、农副产品加工产业、能源及高载能产业等5大工业集群在40平方公里的县工业园区内已形成13大专业园区，各个园区在县里出台的定制化政策加持下，犹如磁力场，正在吸引越来越多相关联的项目扎堆进驻。

4. 着眼点在产业集群

产业集群是现代产业发展的重要组织形式，不仅是地区经济发展的主导力量，而且是区域经济竞争的战略性力量。内乡把产业集群式发展作为推动工业转型发展的主动力，通过培植龙头领军企业，壮大企业群体，提高产业影响力和竞争力，打造一批规模体量大、专业化程度高、延伸配套性好、支撑带动力强的产业集群。成长并壮大于内乡的牧原集团，22年间坚持将自己全产业链上的项目在内乡链条式布局，眼下就有投资20亿元的牧原国际食品城、投资30亿元的牧原智慧物流园等33个项目在内乡落地，形成"牧原系"，成为撑起内乡经济社会发展的"四梁八柱"。产业集群式发展引发磁吸效应，带动机械电子、新型建材、农副产品深加工、清洁高效能源等5个百亿级产业集群强势崛起，助力内乡全速进入新轨道，成为区域发展的领跑者。

5. 突破点在数字赋能

数字经济发展和经济数字化转型将重塑产业经济和社会治理的新格局，对县域发展而言是一次赛道升维、增量空间巨大的新机遇。内乡县抢抓数字经济的机遇，立足县内生猪产业链生态体系和产业优势，利用云行信联网技术服务，结合内乡农商行"特专精"定位，全面实施生猪产业链数字化金融服务项目。"十四五"期间，内乡将基于生猪产业链数字化模块，全面推进其他产业链的数字化应用，用数字化供应链金融带动产业转型升级，助推县域经济高质量发展，带动乡村振兴。数字赋能，顺应了时代发展规律，顺应了经济发展规律，也顺应了科技发展的趋势和规律，为内乡县域经济发展带来了新机遇。

6. 切入点在企业孵化

企业孵化是科学研究向竞争性应用延伸的必经阶段，是技术转移和成果转化的重要形式，是产业技术创新和发展的主要载体。内乡县以企业孵化为切入，量身定做企业孵化流程，有机贯通"引、评、扶"三个环节，全链条助力企业发展壮大。从2016年开始，相继规划建设了农牧装备孵化园、电商创业科技孵化园等企业孵化基地，其中农牧装备孵化园已经孵化出2个年产值超10亿元的农牧装备企业、3个专项园区，这3个园区由政府平台公司统一融资建设，企业轻资产入驻，牧原公司对入驻企业进行订单扶持，入驻企业凭订单可到县农商银行申请贷款，政府依据亩均税收情况对入驻企业进行租金奖励，政府、牧原公司、入驻企业实现三方共赢。与此同时，依托政府建立的"四投一担两发展"投融资平台，设立科创基金1000万元、股权投资基金5亿元，为科技小微企业和创客解决初创资金。

7. 支撑点在完善设施

基础设施建设是撬动经济发展的有力杠杆，是县域经济的重要物质基础，支撑着现实的发展基础，体现着未来的发展后劲。从某种意义上讲，抓基础设施建设就是抓项目建设，没有项目的落地，高质量发展就是一句空话。内乡县始终把基础设施能力建设作为产业发展的"底盘"，抢抓中央和省基础设施补短板政策机遇，统筹推进交通、市政、环保、水利、能源、通信等基础设施建设，不断提升基础设施对县域经济高质量发展的支撑保障能力，有效畅通资源要素流通，降低市场交易成本，提高企业的竞争力。

8. 根本点在创新引领

强化企业技术创新、技术改造，推动传统产业品牌化、主导产业高端化、新兴产业规模化，是推进产业调结构、转方式、促转型以及增强竞争力的重要手段。内乡县把科技创新作为发展的新引擎，以创新思维、创新路径、创新举措重塑产业，集聚创新资源，用好创新成果，鼓励创新创造，让企业的自主创新能力不断提升，依托科技让一批支柱产业项目创新领航，隆起了内乡人才、技术、设备竞相汇聚的高地。如今，科技创新已成为内乡县企业发展的"加速器"，并孵化出一批技术含量高、比较效益好的高成长性企业，催生了拥有前沿技术支撑的新材料、新能源、医药化工、电子机械等年产值达百亿元 4 个产业集群，引领内乡经济实现跨越式发展，各项经济指标增速处于全市第一方阵。

三、"头部带动型"县域经济发展模式的实践难题与潜在风险

"头部带动型"县域经济发展模式通过依托龙头企业带动作用，一方面，形成了特色鲜明的县域产业体系，密切了县域产业之间的利益链接，有利于资源要素集聚、产业集中，进而发挥规模优势；另一方面，有效降低了县域中小微企业与大市场的交易费用，有助于激发县域经济整体活力。实践证明：这一模式对于促进县域产业结构转型升级，提升县域经济发展的创新性、协调性、开放性等具有显著的促进作用。但我们也要认识到：经济发展模式的形成具有客观性、规律性、阶段性和辩证性，任何一项制度设计和组织形式都不可能尽善尽美，在"头部

带动型"县域经济发展模式取得较大成效的同时，也必须增强风险意识，强化底线思维。

"头部带动型"县域经济发展模式在某种意义上是一种龙头企业主导的区域经济发展模式。固然，企业作为主要的市场主体，在推动经济发展中具有天然的优势，发挥着基础性作用和支撑性作用，但县域经济发展是一个多维的概念，其发展质量和布局不仅取决于其产业结构、产业规模、产业质量，也与政策环境、资源禀赋、自然生态、地理区位等主客观因素密切相关，尤其是在高质量发展的时代背景下，县域经济正在由"量壮大"转变到"质提升"、由"速度版"转为"升级版"，既是一种创新、绿色、开放的协调发展，也是一种空间、产业、制度的一体化发展，更是一种环境、经济、社会的融合发展。这就需要在实践"头部带动型"县域经济发展模式中，既要密切关注企业自身发展存在的内外风险，也要关注与县域经济密切相关的非经济因素的挑战。

一方面，"头部带动型"县域经济发展模式对龙头企业具有高度的依赖性。任何一个企业，不论其规模大小、实力强弱，在从事经营活动时都存在客观的周期性和风险性，时刻都要面对来自自然、市场、技术、契约等领域的风险。一旦带动县域经济发展的"头部"出现不适，必将对整个县域经济整体发展产生重要的影响。这就要求我们必须在助力龙头企业不断增强抵御风险能力的基础上，通过多元化培育产业体系、拓展产业领域等有效分散龙头企业经营风险对县域经济发展的影响。

另一方面，"头部带动型"县域经济发展模式对政企关系有着特殊的要求。经济体制改革是全面深化改革的重点，核心问题是处理好政府和市场的关系，使市场在资源配置中起决定性作用和更好地发挥政府作用。进入新发展阶段，构建"清上加亲"政商关系已经成为完善社会主义市场经济体制的根本要求。在"头部带动型"县域经济发展模式中，政府与企业之间是一个更加多元、更加多维的利益关系。政府与企业的良性互动，可以有效激发市场主体的发展活力，但在如何处理好政府引导与企业主体、政府服务与企业反哺、企业发展与民生改善等之间的关系中，我们需要倾注更多的精力，发挥更多的智慧，以此推动形成政府、企业、社会等多元合作、利益共享的县域经济发展格局。

四、"头部带动型"县域经济发展模式的提升路径与政策建议

当前，县域经济发展正处于重大战略机遇的叠加期、蓄势跃升的突破期和转型升级的关键期。发挥"头部带动"效应，推动县域经济"成高原"，应坚持问题导向与目标导向相统一，树立战略眼光、系统思维、创新意识、融合理念，重点围绕产业生态构建、政企关系优化、创新动能培育三个方面，在提升产业园区能级、优化县域营商环境、打造高端创新平台、提升开放招商水平、凸显互动联动效应、加速产业转型升级、打造高素质人才队伍上下功夫，以提升"头部带动型"县域经济发展模式的连续性、可靠性、稳定性和可持续性。

（一）做强支撑，着力提升产业园区能级

在产业发展跨界融合、区域发展协调协同、全球发展互联互通的新发展格局背景下，产业园区传统发展模式的成长空间不断收窄，边际收益逐步递减，亟待进一步提升能级。河南省第十一次党代会提出，要把"一县一省级开发区"作为重要载体，建设一批经济强县。这对产业园区的要素承载能力、产业集聚能力、配套服务能力、招引运营能力提出了新要求。着力提升产业园区的能级，需以市场化运作为方向，

推动园区运作由行政主导向公司化运营转变，人员由行政任命向双向选择转变，从而激发创新动力，提高资本活力，提升服务效率。一是探索园区实体经营企业化管理新路径。逐步完善"政府引导，企业开发，市场运作"新模式，探索设立国有控股或独资的开发公司，以独立法人形式行使资产经营管理权，真正成为"自主经营、自负盈亏"的开发实体，充分参与市场竞争，按市场经济规则运作，培育自我造血功能，实现滚动式发展。二是建立园区人事改革和绩效考核新机制。加快园区人事制度改革，探索实施人员聘用制，推动人事管理由身份管理向岗位管理转变，由行政任命向市场需求转变，形成"人员能进能出、职务能上能下、待遇能升能降"的选人用人导向。面向社会公开招聘高层次管理人员、专业化人才团队。建立收入分配与岗位、实绩挂钩的考核机制，打破薪酬限制，激发创新活力。三是创新园区绩效评价和管理体系新思路。推行多元化经营运作，政府抓引导强服务，企业抓经营出效益，确保国有资产保值增值。实行全过程动态管理，坚持奖惩并举，进一步强化成果导向、效益导向，完善创新平台绩效评价和管理体系，建立有进有出、优胜劣汰的动态管理机制，有利于充分调动和发挥方方面面的积极性、主动性和创造性，倒逼园区提高自主创新能力和科技服务能力。

（二）提高效能，着力优化县域营商环境

营商环境是一个地方政治生态、经济生态、社会生态的综合反映，既是重要软实力，也是核心竞争力。水深则鱼悦，城强则贾兴。哪里营商环境好，哪里就会形成强大的人流、物流、资金流和信息流。随着"要素红利""政策红利"逐渐让位于"创新红利""制度红利"，营商环境的内涵特征正在发生深刻变化。越来越多的地方把营商环境作为比拼关键点、抢夺制高点，更关注"企业感受"，更注重"市场环境"建

设。内乡近年的跨越发展正是得益于"顶格推进"打造的最优营商环境。如何在百舸争流、千帆竞发的区域竞争发展格局中挺立潮头？全力打造"审批最少、流程最优、体制最顺、机制最活、效率最高、服务最好"的一流营商环境是不二法宝。要进一步做好简政放权的"减法"、依法监管的"加法"和优化服务的"乘法"。要拓宽视野格局，让市场主体集聚更主动。在坚持现有好做法的同时，对标北上广等发达地区，既从长远发展和工作全局谋划，也从基础工作和点滴小事做起，严格落实营商环境工作推进、评价和奖惩机制，找准改革突破口，打好集成"组合拳"，以一流营商环境创造集聚资源要素的强磁场，塑造争先出彩的新优势。要提高政府效能，让市场主体办事更便利。以审批最少、流程最优、体制最顺、机制最活、效率最高、服务最好为目标，持续深化"放管服"改革，加大放的力度，当好企业金牌"店小二"，构建"亲而有度、清而有为"的政商关系，在政务流程再造、数据归集共享等方面进行系统性重构，以内部流转效能提升来增强市场主体感受。要降低经营成本，让市场主体竞争更有力。扎实开展"万人助万企"活动，围绕企业全生命周期加强服务，助力企业解决当前实际困难和长远发展问题，把稳定企业资金链作为优先目标，多措并举增加融资供给，降低融资成本。深入开展对标优化和核心指标提升攻坚行动，进一步降低要素成本，努力推进营商环境水平进入全省第一方阵，让"低成本内乡"成为创新创业的新优势。

（三）聚焦资源，着力打造高能级的创新平台

当前全球创新的一个重要趋势，就是创新资源要素加剧向重大创新平台汇聚，实现力量集中、任务集中、投入集中、产出集中。高能级创新平台是汇聚创新领军人才、高端人才的主要阵地，是增强科技创新能力、推动高质量发展的重要支撑。河南省第十一次党代会把创

新摆在发展的逻辑起点、现代化河南建设的核心位置，提出打造一流创新生态、建设国家创新高地的目标。尽管目前内乡县各类产业创新平台数量不少，但整体层级不高、创新实力不强。推动内乡县域经济"成高原"，必须乘势而上，积极构建高能级创新平台体系，高效聚集创新资源，持续催生创新动能，为高质量发展打好基础。要围绕主导产业发展，强化区域科技合作，持续加大与国内外知名高校及科研院所的合作力度，共建校地合作创新平台，提升现有创新载体能级，进一步加大政策扶持和奖励力度，引进优质科创资源，服务县域产业发展，推动各类创新资源向企业集聚，有力激发创新动能。要在力促县域龙头企业做大做强的同时，培育和支持相关产业壮大升级，进一步完善县域产业体系和产业结构。深入推进科技企业"倍增"行动，构建科技企业"微成长、小升高、高壮大"的梯次培育机制，建立覆盖企业从初创、成长到壮大、上市各个发展阶段的支持体系，进一步加大企业建立企业研究院和研发中心等研发机构支持力度，引导和鼓励企业加大研发投入，夯实企业创新主体地位。快速推进产业综合体等专业化园区平台建设，实现"园区等项目"。改善电、气供给和金融服务等功能性要素保障；完善全生命周期、全要素保障的原创孵化、培育升级、引进注册、融合发展机制，推动产业链、创新链、价值链、生态链延展突破。

（四）创新模式，着力提升开放招商水平

产业梯度转移、空间梯度开发、开放梯度推进是经济发展的一般规律，也是后发地区经济赶超跨越的重要机遇。一个产业从产生到成熟再到退出市场，存在一个生命周期，在该周期中产业会发生转移或者移位。构建新发展格局将推动产业链、供应链的结构性、空间性重组。近年，内乡县充分运用市场化手段，探索创新实施四大招商模式，狠抓项目谋超越，取得了积极进展。面对日趋激烈的区域竞争，要在

提升开放招商水平上谋求新突破，努力把优质的资本、项目、企业和新兴的业态、模式、技术引进来，为县域经济高质量建设集聚新动能、新活力。要把提升开放招商水平与构建产业生态、引进人才智力、优化营商环境、建设项目工程、服务本地企业等结合起来，对标先进找差距，创新模式提质量，立足产业增效益。一要明确方向。发挥龙头企业"链主"作用，定方向，选目标，完善产业链招商图谱，精选产业链招商项目，深入推进集群招商、链条招商，延长"上下游"，补齐"前后端"，不断向价值链中高端迈进。二要创新模式。大胆突破行政招商的限制，充分激发企业招商活力，积极探索"市场运作、企业主体、政府服务"的以商招商模式，发挥龙头骨干企业优势，形成招商引资的连锁效应和集群效应。三要完善机制。树立开放招商"一盘棋"思想，健全开放招商体制，建立部门联动协作机制，形成各司其职、各尽其力、配合联动的开放招商长效机制。加大招商引资绩效评估力度，建立承接产业转移考核办法，把考核结果作为科学发展观考核评价体系的重要内容，推动对外开放工作实现更高水平、更大规模、更好效果。四要拓宽视野。树牢开放合作理念，聚焦京津冀、长三角、珠三角等发达区域，深化与这些地区政府、商会、企业和个体客商交流合作，找准切入点、结合点、交融点，把县域优势资源与这些地区的优势资本有效对接起来，实现招商引资效益最大化。五要招才引智。放大县域各类创新载体的人才集聚功能，优化招才引智政策供给，探索"人才回归、资金回流、企业回迁"的"归雁经济"模式，打造人才发展高地，为冲刺全国百强县提供坚实的人才智力支撑。

（五）强化贯通，着力凸显互动联动效应

新发展格局下县域经济的综合性、开放性、联动性特征更为明显，城乡融合、产城互动、"四化"协调的特征更为显著，推动县域经济高

质量发展必须把城乡贯通作为目标。强化多维互动联动效应，促进各类要素在城乡双向流动，走出一条城乡共建、共兴、共荣、共享的新型城镇化道路。要把县城这个引擎"做强"，把特色小镇和特色村庄这个节点"做实"，把乡村振兴这篇大文章"做优"，打造以县城为龙头、中心镇为节点、乡村为腹地的发展新格局。一是优化城乡空间结构布局。以编制和实施县域国土空间规划为契机，坚持"多规合一"，进一步推动国土空间基础信息平台和"一张图"实施监督信息系统开发，构建多维协同、多元融合的城乡空间结构布局。二是推进城乡一体化发展。把发展县域经济与推进乡村振兴紧密结合起来，坚持特色化发展，推进规模化聚集，实施专业化经营，推动城乡基础设施融通联结、公共服务均衡化配置。三是提升精细化管理水平。结合"互联网＋"模式，建设智能化社区，打造数字城管，以数字化手段促进城市管理的精细化。四是推进美丽乡村建设。运用"乡村美学""乡村运营"理念，实施"新乡建"行动，挖掘农村独有的休闲居住、研学教育、文化传承和生态自然等方面的价值，承接城市消费外溢，引导消费升级，促进农村生产、生活、生态、生意有机融合。五是加快新基建和县域数字化转型，推进数字化产业园区、大数据中心、物联网等新型基础设施建设，推动智慧场景应用，加快智慧城市建设，筑牢支撑长远发展"奠基石"。六是持续完善产业园区基础设施。以产业集聚区"二次创业"为契机，提升亩均产出效益，提升水、电、气、暖供给和金融服务等功能性要素保障水平，推进从"土地等项目"升级到"园区和厂房等项目"。

（六）抢抓机遇，着力加速产业转型升级

随着经济发展质量的提升和市场竞争格局的重塑，新工艺、新技术、新设备、新材料不断涌现，技术老化周期正变得愈来愈短。对于一座城市、一条产业、一家园区、一个企业而言，产业转型升级永远没有

终点，只要发展产业，就有产业升级转型的任务。当前，内乡产业多以传统产业、初级产业、上游产业为主，仍面临着扩能增量与提质增效的双重任务，迫切需要在加快推动产业转型升级，构建现代产业体系上取得突破。为此，要大力实施优势产业在地化全产业链集群发展战略，沿着"存量裂变、增量聚变"的路径，高位嫁接传统产业，积极培育新兴产业，前瞻布局未来产业。进一步发挥核心企业的"链长"功能，注重引进和培育一批细分领域头部企业和"专精特新"中小企业，持续优化供应链、完善产业链、提升价值链。在装备制造、绿色印刷包装新材料、农副产品深加工等领域做大做强一批"主新特"产业集群，推进智能化改造、绿色化改造、企业技术改造"三大改造"，加快新旧动能转换。加快建立"初创、哪吒、瞪羚、准独角兽、独角兽"企业梯队，量身定制"一企一策"，完善全生命周期、全要素保障的原创孵化、培育升级、引进注册、融合发展机制，推动产业链、创新链、生态链延展突破。进一步推动现代服务业同先进制造业、现代农业融合发展，着力培育新业态新模式，积极实施"文旅＋"行动，创新发展"三产"融合型旅游观光新业态。持续推进金融高地建设，大力拓展数字化普惠金融、供应链金融应用领域，打造县域政务、商务、金融和县城形象新地标。提升县域电商大数据平台运营水平，打造县域电商生态链。

（七）提升素质，着力增强领导干部治理能力

火车跑得快，全靠车头带。领导干部责任意识强不强、能力水平高不高，直接决定一个地区经济发展的质量高不高。推动县域经济"成高原"，形势在变，任务在变，工作思路举措也要不断创新，这就要求各级领导干部在锤炼综合能力与具体本领上下功夫，不断提升经济治理能力和水平。要主动对照高质量发展的要求找差距，提高学习研究能力、分析研判能力、运用市场机制能力、舆论引导能力，切实把短

板补起来，把本领提上去。一方面，要进一步提高把握经济发展形势能力，坚持从大势着眼、从趋势着力，深刻洞察经济运行之"形"，精准判断经济发展之"势"，精准对接宏观政策之"机"，因地制宜、科学谋划各项重点任务，充分发挥优势，加快补齐短板，积蓄发展潜能，努力做到危中寻机、开拓进取、开辟新局。另一方面，要进一步提高创新经济发展思路举措能力。通过学习、培训等方式，不断提高市场驾驭能力和科学决策水平，在创新招商模式、调整财政体制、优化营商环境、完善市场监管、保障公共服务等领域推出改革举措，为经济发展注入动力。尤其是要注重提升数字素养和数字治理水平，加强网络知识和数字经济的学习，坚持学思结合、知行合一，不断增强利用数字技术推动经济社会发展的能力，助推产业数字化转型、县域数字化转型。

（八）厚植"土壤"，着力培育高素质企业家队伍

企业家是企业发展壮大的重要战略性人才资源和推动县域经济高质量发展的核心力量，其素质高低和能力大小直接关系着一个企业的兴衰和区域经济发展。在加快构建以国内大循环为主体、国内国际双循环相互促进的新发展格局的背景下，打造一支总量大幅增加、结构明显优化、素质显著提高、作用充分发挥，拥有创新精神和开阔视野、掌握现代经营理念和科学管理技能的现代企业家队伍，是一项势在必行、特别紧迫的战略任务。要始终坚持内练素质、外造环境、示范引领，不断促进企业家成长发展，助推产业转型升级。要下大力营造依法保护企业家合法权益的法治环境，营造更为公平的市场环境，塑造更为良好的社会氛围，出台更为宽松的政策体系，厚培企业家健康成长的土壤；充分发挥优秀企业家的示范引领作用，加强正面激励引导，建立健全公职人员和企业家沟通交流机制，推行联系服务非公有制企业制

度，完善重点企业挂钩帮扶机制，用亲商、安商、护商增强企业发展信心，引导更多企业家成为亲清新型政商关系的模范；要在政治、事业、生活上关心和爱护企业家，赋予企业家更多参政议政、协商监督的机会，特别是对有贡献的企业家，要给舞台、给地位、给待遇，鼓励他们为建设内乡贡献更多力量。

组长：谷建全　郑　林
成员：任晓莉　高　昕　孙　禹
执笔：高　昕

一个头部企业 激活一域经济

—— 来自内乡县域经济高质量发展的调查

河南日报 特刊 | 03
组版编辑 李晋熙 李栎枌 美编 周鸿斌
2021年12月2日 星期四

慧眼看河南——县域经济何以成高原

□本报记者 阙爱民 孟向东 刁良梓

网语云：站对了风口，猪都会飞起来。

把握风的方向，内乡县已经"飞"起来了。

省委书记楼阳生在谈到大力推进新发展格局下县域经济"成高原"时，把内乡"头部带动型"县域经济发展模式当作了示范案例。

数据显示，牧原集团2020年营收近600亿元，利润超300亿元，总市值一度超过4000亿元。在牧原"头部"带动下，内乡县规模以上工业企业已达96家，年产值超10亿元企业9家，年纳税超亿元企业3家，上市挂牌企业（含全资或控股子公司）达8家。

这个位于河南省西南部的传统农区、曾经的"宛西洼地"，逐步变成"县域高原"，走出一条农区工业化突围新路。

牧原是如何成为头部企业的？内乡与牧原又是如何互融互促、成就一方发展的呢？初冬时节，河南日报县域经济调研组走进内乡，一探究竟。

一种模式　开创一片经济蓝海

一个企业　带动一域经济走出洼地

一种环境　形成投资兴业"超强磁场"

专家点评

新型工业化是县域经济高质量发展重要选择

图① 中（中国）以（以色列）高效农业科创新合作示范园。⑥6
图② 内乡县域一隅。⑥6
图③ 牧原食品加工车间。⑥6
图④ 内乡制造业蓬勃生长。⑥6

河南报业全媒体记者 李栎子 摄

本版图片除署名外均为本报资料图片

扫码看视频

总策划：董 林 刘雅鸣
策　划：孙德中
专　家：谷建全 郑 林 任晓莉 高 朋
　　　　孙 禺
统　筹：阙爱民 宋华茹

以"冷"产业点燃发展"火炬"

——民权县域经济发展调研报告

河南日报县域经济调研组

　　"十三五"时期，民权县突出"中国冷谷"品牌，强化制冷产业改革开放创新，集聚国内外知名的新型制冷设备龙头企业，构建了"制造＋研发＋检验检测＋跨境电商＋保税物流"特色产业链，形成以百亿级产业集群发展壮大推动县域经济高质量发展"民权模式"。瞄准打造"商丘西部区域性中心城市"战略定位，民权县加快推动制冷装备产业集群由空间集聚向系统化集聚转变、由模仿创新向自主创新转变、由单一化向智能化复合化转变、由引进为主向"外引内培"转变，打造精品高端制冷产业集群，培育企业"雁阵"梯队，提升基础设施和要素市场支撑能力，加速集聚人口、人才，全面夯实制冷产业链供应链稳定性，加快形成推动县域经济隆起"成高原"的持久动能。

民权县位于河南省东部，是豫东平原农业县，有"中国冷谷"之称，总面积 1238 平方公里，总人口 102.5 万人。"十三五"以来，民权县突出特色产业集群培育，经济综合实力稳步提升，城乡融合发展更加协调，生态环境质量日益改善，城乡居民获得感、幸福感、安全感明显提升。"十三五"末，全县生产总值、财政总收入分别达到 275.5 亿元、14.5 亿元，年均增长分别为 8.2%、13.1%，县域经济高质量发展走在了豫东区域前列。

一、打造百亿产业集群，加快"中国冷谷"建设步伐

瞄准"中国冷谷"战略目标，强化创新引领，优化空间布局，构建产业生态，提升营商环境，制冷首位产业发展规模持续壮大，特色产业集群的核心竞争力和辐射带动力明显提升，实现以主导产业发展壮大推动县域经济高质量发展，以百亿级产业集群构建带动城乡居民共同富裕。

（一）优化空间布局，壮大制冷产业发展规模

制冷产业是民权县大力培育的首位产业。一方面优化制冷产业空间布局。依托制冷产业基础和人才优势，民权县在产业集聚区内规划建设占地 11.5 平方公里的制冷产业专业园区，大力发展新型制冷设备、家用制冷设备制造。截至目前，制冷产业专业园区建成 9.2 平方公里，入驻 112 家制冷企业（其中制冷整机装备企业 47 家、制冷配件企业 65 家），形成了以冰熊冷藏汽车、香雪海家电科技、万宝集团、阿诗丹顿电气、澳柯玛电器、松川专用汽车等为龙头的制冷产业集群。另一方面打造制冷产业商标集群。大力实施商标战略，精准策划制冷企业商标品牌，大力培育本地"冰熊""兆邦""松川""科美瑞""奥爱斯""凌

雪"等一大批制冷产业商标品牌，擦亮了民权"中国制冷产业基地"的金字招牌。2020年，民权县制冷产业集群产值超过100亿元，冰箱冰柜年生产能力达1800万台，产能占全国的1/10；冷藏保温车年产能达2.5万辆，国内市场占有率在50%以上，跻身全国五大制冷产业基地，成为国家火炬民权制冷特色产业基地、全国制冷设备产业知名品牌创建示范区、国家级出口制冷机电产品质量安全示范区、中国轻工业特色区域和产业集群创新升级示范区，制冷设备获批国家生态原产地产品保护产品。

民权县制冷企业生产的冷藏车（薛皓　摄）

（二）强化制冷产业延链补链强链，构建一流产业生态

准确把握新一轮科技革命和产业变革方向，强化制冷装备产业链式整合和横向联合，发展"整机＋配套""原材料＋制成品"等优势特色产业链模式，持续创新产业发展生态，加快推动制冷产业由量的扩充向提质增效转变，由"民权制造"向"民权创造"转变。

1. 推动制冷产业"向上生长"

围绕制冷产业链上游的材料、模块、机械加工及零部件环节，集聚了正邦铝业、天利成铝模、爱德时代等知名企业，从电池制造到铝材料、通用零部件加工、塑料制品、包装制品等，基本实现了制冷产业发展所需的160多个零部件全配套，业已形成以冷藏汽车、冷柜、冰箱为主导产品的制冷全产业链。

2. 推动"制冷＋服务"一体化发展

围绕制冷产业积极发展服务型制造，探索开展了制冷工业设计服务、定制化服务，完成35家企业"两化"融合管理体系对标，规模以上企业"上云"率在60%以上。建设中西部地区首个国家级制冷检验机构——国家冷冻冷藏设备质量监督检验中心及县特色商业区、梦蝶会展中心等，围绕制冷产业大力发展商务金融、检验检测、会展服务等生产性服务业，先后举办六届河南·民权制冷装备博览会，民权制冷产业指数成为全国制冷产品价格"晴雨表"。

3. 积极培育战略性新兴产业

围绕制冷产业智能化、高端化、绿色化发展需求，从战略上谋划建设了光电科技产业园等，积极发展电子信息、智能产业、新材料新能源和生态环保等战略性新兴产业，推动产业链、创新链、供应链、价值链深度融合。截至目前，形成以永耀缘成为龙头的电子信息产业集群，以宏星华、天利、新活新材料等为龙头的高端铝材料产业集群，以利盈环保为龙头的生态环保产业集群。

（三）强化制冷产业改革开放创新，全力发展外向型经济

围绕壮大制冷装备产业集群，民权县积极促进"政产学研用"紧密结合，强化政策扶持，培育企业雁阵，优化创新创业生态，鼓励企业技术创新、生产和经营模式创新、产业业态创新，推进资源高度聚集、

产业链垂直整合、国内外市场有机融合、相关各方合作共赢,不断增强制冷产业发展内生动力。

1. 深入推进"放管服"改革,增强政策扶持力度

持续推进简政放权,压减行政职权 35%。着力开展"一网通办"前提下"最多跑一次"改革,深入推进"互联网 + 政务服务"的服务管理新模式,积极推进"万人助万企"活动。出台了系列人才引进优惠政策,组建"民权博士团",实施弹性和柔性人才工作机制,高薪吸引制冷专业科技人才。探索了专利权质押贷款,设立了企业应急周转基金等,畅通制冷企业发展金融"血脉"。

2. 培育企业雁阵,打造创新产业化"苗圃"

聚焦制冷产业集群创新发展需求,深入实施新型研发机构培育计划,鼓励企业建立工程技术研究中心、技术开发测试中心等,积极开展发明创造和科技创新,持续强化产业技术供给。"十三五"时期,民权县的高新技术企业数量、驰(著)名商标数量均位居全市第 1 位,形成一批具有核心竞争力的知识产权企业。澳柯玛电器研发的物联网智能冰箱填补国内空白,在制冷产业成功申报 56 项国家发明专利、584项实用新型专利和 2000 余项外观专利。

3. 结盟大院大所和龙头企业,全力破解制冷"卡脖子"技术

民权县加大与北京大学、浙江大学、江南大学等高校及意大利Plastoblok、美国大丹 CCI 等国内外龙头制冷企业的合作,建设中国持续发展研究中心河南(民权)研究基地、双创综合体、国家级科技孵化器、制冷院士工作站、博士后研发基地等,引进技术创新科研分支机构或科研成果转化项目,推动"企业 + 高校""院校 + 政府"联合创新,破解制冷产业发展存在的技术瓶颈。截至目前,冰熊冷藏车全套引进冷藏车的保温厢体和抗衰老、标准型冷藏车整体挂车、大型冷藏车专用机组等技术,成功申建国家冷冻冷藏设备质量监督检验中心(河南),

极大提升了民权制冷产品的市场竞争能力。

4. 推动制冷产业"走出去"

民权通航机场即将建成使用。规划建设了通航产业园、保税物流中心等，创新建立以公共仓为基础的中小微企业跨境电商阳光通关模式，支持制冷企业积极发展保税加工、保税物流、跨境电商等。

民权制冷企业生产流水线（薛皓　摄）

（四）强化招大引强、招先引新，瞄准主导产业开展精准招商

民权县强化"项目为王"理念，把招商引资作为"一号工程""一把手工程"，制定制冷产业链图谱和招商清单，开展产业链招商、驻点招商、以商招商，有针对性地招引龙头企业、研发人才和技术工人，先后招引香雪海、万宝集团等一大批大项目落地。

1. 组建招商专班，"一把手"挂帅带头招商

成立了由党政主要领导任组长的产业大招商工作领导小组和招商专班，对招引的制冷产业大项目，县委书记、县长牵头挂帅，全程参与，

县四家班子成员一抓到底，明确各乡镇、县直单位、财政供给人员和企业的招商目标，实现了由引资到选资的转变。

2. 开展驻地招商，靶向发力精准招商

瞄准制冷企业集中的浙江、广东等省份开展驻地招商，实行专门招商团队"敲门"招商，重点招引科技含量高、产业带动性强的大项目好项目。

3. 建立"四个一"贴身服务机制，以诚招商、以情护商，确保项目落地

成立高规格项目建设指挥部，对招商项目实行联审联批，提供"一个项目、一名领导、一套人马、一包到底"的贴身服务，促进项目早入驻、早开工、早建设、早投产、早见效益。香雪海项目实现了一个月完成用地报批、600 亩项目用地征收清障和企业整体搬迁，诞生了民权县第一家"百日企业"，创造了全国同行业工程建设史上的奇迹。

（五）以主导产业壮大推动"三城"建设，全力打造区域性中心城市

"十三五"以来，民权县坚持以人为核心的新型城镇化，抓好乡村振兴示范城、全域生态文明城和美丽幸福宜居城建设，全力推动区域、城乡融合发展。

1. 把主导产业发展与城镇建设紧密结合，加速吸引农业人口向城镇转移

充分发挥民权县产业集聚区平台核心载体作用，大力发展制冷和食品产业，培育形成了一大批产业工人，吸引农业人口转移到民权县城务工并在城市落户，推动以产兴城、以城促产。截至目前，县产业集聚区从业人员超过 6 万人。围绕进城务工人员生活需求，县城区持续深入推进百城建设提质工程，提升建设质量和城市品质，打造绿地系

统、公园广场等开敞空间，形成便捷的生态休闲圈、生活服务圈。规划建设了孙六镇循环经济产业园、北关返乡创业园、人和省级美丽小镇、龙塘现代农业产业园等，提升乡镇特色产业支撑和辐射带动能力。

2. 把主导产业发展与乡村振兴紧密结合，加速推动农业农村现代化

民权县是农业大县，是国家级生态原产地产品保护示范区、黄河故道有机农业示范区，民权葡萄、花生、河蟹、莲藕等特色优势农产品在国内外享有很高声誉。近年，民权县加快推动农业"接二连三"发展，建设王巢国际葡萄酒堡、冰熊制冷工业旅游等一批重大项目，打造集"种植基地—酿酒—品牌"于一体的基地型食品产业集群，培育了农工、农旅、农贸、农文等新型业态模式，形成全环节提升、全链条增值、全产业融合的农村产业新体系。

3. 把主导产业发展与生态环境紧密结合，打造生态文明共同富裕的"民权样板"

规划建设了黄河故道生态走廊，深入实施"九河五湖三湿地"工程，大力发展林业、文化旅游、康养等产业，沿黄河故道构筑起了占地面积6.9万亩的"绿色长城"，民权林场名列亚洲十大平原人工防护林之一，森林覆盖率达79.7%，成功打造"河南塞罕坝"。申甘林带获得国家生态公园、中国森林体验基地称号。民权黄河故道湿地被认定为国际重要湿地，填补了河南省该领域的空白。

二、找准发展瓶颈短板，形成推动县域经济隆起"成高原"的持久动能

民权县制冷装备产业集群形成相当规模，"中国冷谷"建设取得重要成就。但与珠三角、长三角、环渤海及合肥等制冷产业基地相比，

民权县制冷产业"大而不强""全而不优",在产业布局、产业创新、产业融合、企业培育、产业配套等方面仍存在一定差距,主要表现为"五个转型升级"。

(一)制冷装备产业集群亟须由空间集聚向系统化集聚转型升级

产业集群的核心是通过在一定空间范围高度集聚某一类型的企业,推动企业错位发展、上下链接、竞争合作,提高产业规模、经济效益和市场竞争力。民权县制冷装备产业集群仅是生产同类产品企业在空间上的简单扎堆、同业竞争,仍属于"块状经济"发展,尚未形成系统化专业化的产业链条集聚,制冷产品大多处于产业链初端、价值链低端,企业盈利能力不强,行业风险相对较高,尚不是真正意义上的专业化产业集群。尽管目前民权县制冷装备产业产值超过百亿规模,但产业分布相对狭窄,主要集中在进入门槛较低、技术含量较低、附加值较低的制冷产业,制冷产业上游原材料、下游销售市场"两头在外",产品的竞争力主要靠低成本低价格维持,尚未真正形成特色集聚、交互关联、错位发展、竞争合作的制冷产业系统化集聚。

(二)制冷装备产业创新亟须由模仿创新向自主创新转型升级

民权县制冷装备产业以简单的模仿复制为主,制冷产品主要集中在家用制冷终端和商用制冷终端产品,冰箱、冰柜、冷藏车、小型压缩机等家用、小型商用制冷产品产能过剩,工业、科研制冷终端产品刚刚起步,大型制冷机组等配套产品少,原创性、颠覆性、变革性技术成果不多,产品整体上处于价值链末端,低档次、低附加值特征明显。制冷产业核心基础零部件/元器件、关键基础材料、先进基础工艺、工业软件等关键核心技术对外依存度高,"场景化的产品设计+差异化的核心技术"协同创新尚未形成，亟须加大制冷新业态、新模式、新产品研发力度，推动原创、优势制冷技术产业化发展，持续提升"中国冷谷"的品牌知名度和市场竞争力。

（三）制冷装备产业发展亟须由单一化向智能化复合化服务化方向转型升级

制冷装备全产业链涉及研发、制造、设计、物流、金融、商务等全生命周期过程，行业门类多，产品品种多，产业链复杂。目前民权制冷装备产业绝大部分集中在生产加工环节，与新一代信息技术、现代服务业融合发展程度较低。一方面亟待构建制冷工业互联网应用生态。随着新一代信息技术与制造业的加速融合，智能制造、工业互联网等快速发展，对制冷行业支撑服务提出更高要求。但民权县制冷产业智能制造、个性化定制刚刚起步，工业数据采集利用和工业 APP 建设水平较低，亟待提升利用信息技术改造传统生产方式和工艺流程的水平，构建"产品＋内容＋生态"全链式智能生态服务体系。另一方面亟待构建"两业"融合发展生态。尽管制冷产业与会展服务、研发设计、物流服务等已经形成一定的联动发展态势，但整体上制冷企业仍然存在"重硬件轻软件、重制造轻服务、重规模轻质量、重批量化生产轻个性化定制"的观念，导致无法集成现代供应链管理、整体解决方案服务、总集成总承包服务、产品全生命周期管理等服务推动制冷装备产业增值发展。

（四）制冷装备企业培育亟须由引进为主向"外引内培"方向转型升级

民权县制冷产业的发展主要依靠招商引资，产业"外植性"较高，对区域经济发展的忠诚度较低。随着中西部地区城市招商引资力度加大，外部植入企业将向竞争优势更突出、营商环境更优化的区域转移，对县域经济发展形不成忠诚度。"重引轻培"，一方面导致龙头企业少、市场竞争能力弱。民权县制冷装备产业起步较早，但制冷规模以上企业仅有香雪海、澳柯玛、冰熊等企业，全县没有一家年营业收入超百亿元的领军型企业，缺乏引领制冷行业发展的头部企业、标杆企业，尚未形成民权制冷技术标准和行业规则。另一方面未能形成具有民权特色的企业家精神。制造业发展的主体是企业，企业的灵魂是企业家。叫响"中国冷谷"品牌，离不开企业家精神和企业家们的共同努力。民权县本土企业发展严重不足，企业家也缺乏长远发展规划和战略谋划，实体经济发展内生增长动力不足。亟须激发民权本土制冷企业家的责任担当和创新创业意识，推动企业发展战略与县域经济高质量发展高度契合，用企业家精神引导企业战略方向，敢为人先，率先发展，以制造业高水平发展提升县域经济发展水平。

（五）制冷装备产业发展观念亟须由保守向包容开放方向转型升级

民权县农业人口多，县域经济发展底子薄。对人才、资金、财政等要素保障能力不足。一是人才保障支撑能力不足。民权县制冷产业需要的高端人才均为外部引进，县内职业学校培养的仅是一批初级产业工人。外来引进人才受生活习惯、人才待遇等因素影响，存在"引不进、待不久、留不住"状态。民权县科技领军人才、复合型人才、高级技工人才紧缺，制冷人才队伍在规模、结构和能力水平上都难以满足制冷装备产业发展需求。二是资金保障能力有限。民权县企业融资渠道较为单一，大部分开发建设资金来源于银行借款，企业资金使用成本过高，全县存贷比刚刚过50%，企业发展面临着融资难融资贵的瓶颈。三是物流运输保障能力较低。民权县运输多依赖汽车运输，运输费用较高，运输效率较低，亟待提升交通运输能力和建设现代物流体系。

三、明确发展战略路径，开启以制冷装备产业集群高质量支撑县域经济高质量发展新征程

"十四五"时期，民权县迈入打造"商丘西部区域性中心城市"的新发展阶段，制冷产业集群对县域经济的支撑作用日益明显。需要坚持问题导向和目标导向相统一、集中攻坚和久久为功相结合，保持定力，精准发力，加快培育壮大制冷产业集群，全力叫响"中国冷谷"品牌，提升产业竞争力和辐射带动能力，以产业高质量推动县域经济高质量发展。

（一）转变观念，创新机制，全力优化制冷产业发展营商环境

弘扬新时代民权精神，围绕制冷产业"补短板、强长项"，成立高规格领导机构，持续创新体制机制，破解产业发展瓶颈，夯实制冷产业基石支撑，助力民权县打造"全国百强县"，在县域经济高质量发展上走在前列。

1. 成立高规格的促进产业转型升级领导机构

成立民权县产业转型升级领导小组，由县委主要领导任组长，县政府主要领导和县委、县政府分管领导任副组长，相关部门主要负责人为成员，瞄准制冷装备壮大、绿色食品转型、战略性新兴产业和现代服务业培育，建立健全工作协调机制，完善目标考核体系，形成各部门推动产业转型升级的强大合力，构建"1142+X"[1]的现代产业体系，为民权县新旧动力平稳接续、县域经济高质量发展提供强有力的战略支撑。

---

[1] "1142+X"指的是发展壮大制冷产业；提质升级绿色食品产业；培育发展四大战略性新兴产业；谋划发展通航、保税物流产业；加快发展 X 个现代服务业。

2. 创新要素支撑模式

突出 "敢为、有为、善为"，进一步创新土地、投融资、人才等要素保障支撑模式，切实加强破解产业转型升级难点堵点的制度供给。抢抓开发区建设机遇，优化县高新区规划范围和建设用地规模，建立工业用地退出机制，推行 "零地技改"，破解企业 "用地难" 瓶颈；设立民权县制冷产业转型升级引导资金，建立产业转型升级 "白名单"，促进河南省新兴产业投资引导基金和其他相关产业类基金在民权落地投资，开展银企融资对接洽谈，支持制冷企业加快推进新技术产业化规模化应用，破解企业 "融资难" 瓶颈；创新人才引进政策，加大人才引进和培养力度，打造一批领军人才和一支具有较强创新能力的高素质人才队伍，破解企业 "用工难" 瓶颈。

3. 强化宣传推介

结合 "万人助万企" 活动开展，加强对制冷等产业转型升级、新兴产业培育等典型做法、先进经验的宣传报道，让 "中国冷谷" 品牌深入人心，唱响全球。

（二）延伸链条，拓展领域，打造精品高端制冷产业集群

坚持 "适度超前" "规划留白" 原则，编制 "中国冷谷" 战略规划、空间规划和产业规划，明确民权制冷产业发展蓝图、产业图谱和建设时序，预留远景发展余地和弹性，高标准高质量推进冷谷建设，全力打造全国一流的现代化制冷基地。

1. 提升价值链，推动制冷产品多样化高端化发展

主动迎合消费需求多样化的市场变化，持续推进新产品研发和产业化生产，持续壮大家用、商用制冷终端产品，积极开发新能源冷藏专用车制冷特种柜、异型柜及制冷器械，突破发展海运、陆运冷藏制冷集装箱，1 吨以下的小型冰箱，新能源冷藏专用车，保温配

运车等冷链物流产品，开拓工业、医用、科研等制冷终端产品，积极发展个性化定制和规模化生产，增加中高档产品供给，推动制冷设备由标准柜向特种柜、异型柜转变，实现由家用、商用制冷向工业、医用、科研等专业制冷拓展，由单一制冷家电向多样化轻型智能家电延伸，由量的扩充向质的提升转变。

2. 拉长产业链，推动制冷产业本地化配套化发展

围绕制冷终端产业发展，大力发展制冷配套产业和制冷材料产业，打造上下游关联、产品互补、功能互补的制冷全产业链，让制冷产业大起来强起来响起来。重点开发和生产大型制冷压缩机、制冷机组、地源热泵等核心制冷设备，推动制冷控制系统、制冷组件模块化发展。鼓励永耀缘成等电子信息企业研发生产制冷电子元件、制冷设备芯片等，鼓励宏星华等铝新材料企业研发散配件、电器件、车底盘需要的精密铝管、精密铝材、精度复合铝箔等，鼓励凯芯源等智能产业企业研发制冷机器人、制冷智能设备等，支持新能源冷藏车、新型家电、智能家电、温度传感器、智慧物联、新型包装材料等关联产业发展，增强对"中国冷谷"原材料及配件供应支撑能力。

3. 发展循环链，推动制冷产业智能化绿色化发展

推动制冷产业与新一代信息技术、现代服务业紧密融合发展，培育融合发展新业态新模式。一要推动制冷产业智能化发展。支持制冷装备企业深化新一代信息技术、人工智能等应用，建设智能工厂、工业互联网平台、共享生产平台等，利用信息技术改造研发、设计、生产、制造、经营、管理、服务流程，提供产品生命周期管理、智能化解决方案和柔性化生产服务，建设数字化、网络化、智能化制造和服务体系，实现企业生产研制信息化、管理方式网络化、决策支持智能化、经营管理实时化、动作过程规范化。二要推动制冷产业服务化发展。借鉴海尔经验，鼓励冰熊等本土制冷企业深挖历史文化底蕴，建设冰熊文

化广场、冰熊学校、展览馆等，开发集生产展示、观光体验、教育科普等于一体的工业旅游产品，厚植民权工业文化。支持电子商务、研发设计等企业通过委托制造、品牌授权等方式向制冷制造环节拓展，深化研发、生产、流通、消费等环节关联。三要推动制冷产业绿色化发展。综合考虑"双碳"影响和资源效率，鼓励制冷企业大力发展循环经济，构建从废弃物到再生资源的循环链，发展制冷产品再回收再制造再利用，不断提高企业节能降耗水平，建设绿色低碳产业集群。

（三）创新引领，科技赋能，提升产业链供应链稳定性和竞争力

依托制冷企业技术研发中心、博士后流动站、重点实验室等，持续推进政产学研合作，加强与大院大所合作，共同开展制冷共性技术、关键技术和前沿技术研发，完善"中国冷谷"研发创新体系，打造全国一流的制冷产业技术研发基地。

1. 设立民权县制冷产业技术研究院

联合高校、科研院所组建民权县产业技术研究院。研究院坚持"生产一代、研制一代、储备一代"的新产品开发思想，前瞻性开展新发展格局构建需求、消费者消费升级需求等研究，认真把握市场脉搏，挖掘用户潜在需求，提高制冷产品的个性化需求水平、工业设计水平、智能控制水平，实现"性能争第一，外观创一流，功能有卖点，技术领先同行"。

2. 搭建县公共创新平台

以政府为主导成立县级科创中心，提供技术研究、开发与推广、产业孵化、人才培训、信息交流等服务，加快推动高水平科研成果和项目在民权转化落地。深化产学研合作交流机制，搭建技术交流与合作的对接平台，支持骨干企业申报企业技术中心、工程技术中心和博士后工作站、院士工作站，支持民权县高新区申报国家级高新区和中国（河南）自由贸易试验区民权开放创新联动区。

3. 发展壮大民权制冷学院

支持民权制冷学院成立专门的专家团队，持续跟踪研究制冷产业发展动态和国家政策导向，向县委县政府定期不定期提出政策建议。支持民权制冷学院与国内知名科研院所和高校科研团队建立合作关系，全程参与民权县制冷企业技术中心、工程技术中心建设，对民权县制冷产业技术难题进行集中攻关。支持民权制冷学院与企业深度开展校企联合，围绕企业需求开展定制化培训，培育一批高水平的技术工人，为民权制冷产业发展打造一支新时代产业工人队伍。

4. 加大企业科技创新力度

引导制冷企业以市场需求为导向，大力提高企业自主创新能力，加快研究开发并投产一批有自主知识产权、有较高产品附加值、有市场竞争力的新产品，提高企业原始创新、集成创新和引进消化吸收再创新水平。鼓励制冷企业重视传统产品二次创新，充分运用高新技术改造传统产品，提高研发设计水平，提高制冷技术、工艺、款式、性能、品种、品牌、包装等水平，提升产品市场占有率和盈利空间。

5. 加大企业品牌建设力度

鼓励企业走品牌经营之路，瞄准"专、精、新、特"方向，推行国际标准和行业先进标准，提高发明专利数量和比重，掌握更多优质知识产权，努力在制冷装备产业上实现变"企业制造"为"企业创造"，变"引进标准"为"输出标准"。

（四）外引内培，精耕细作，培育可持续发展的企业"雁阵"梯队

企业家精神是推动产业创新的驱动力。将培育和激发企业家精神放在"中国冷谷"建设的核心位置，强化企业的产业主体地位，通过招大引强龙头企业、发展壮大存量企业和孵化培育创新企业，构建产业主体生态网络，推动产业提质增效发展。

1. 培养彰显民权特色的企业家精神

高起点谋划，高标准推进民权商学院（民权企业家学院）建设，开通"万人助万企"线上服务平台，开展企业家大讲堂、上市企业经验推介等活动，建立民权县高级经营管理人才俱乐部、企业家联谊会等综合性平台，让优秀企业家言传身教，培育"敢想敢干、勇于创新、勇立潮头"的民权企业家精神。大力实施"薪火相传"工程，高度重视"新一代企业家"的培养，建立"新一代企业家"数据库，为本土企业家成长提供支持。

2. "招大引强"国内外制冷龙头企业

制定"民权县招商引资重点产业指导目录"和招大引强路线图，重点瞄准珠三角、长三角、京津冀、粤港澳大湾区等地区开展精准定向招商，承接世界500强、国内500强、行业20强、上市公司等国内外制冷龙头企业和知名品牌企业入驻。开展亲情招商，鼓励、引导、推动广大民权外出在制冷领域成功人士回乡投资创业，实现产业、资本、市场渠道、人才和科技回归。

3. 培育可持续发展的企业梯队

坚持政府主导与市场运作相结合，实行政策精准投放策略，支持制冷企业培育"单打冠军"、"独角兽"企业和高成长性科技"小巨人"，形成一批创新能力强、市场辐射能力大、可持续发展的重点企业梯队。

4. 加快推动企业上市

完善上市后备企业库，建立精准扶持体系，加强对制冷龙头企业上市辅导，鼓励企业在创业板、新三板上市，利用资本市场融资发展。加大企业上市宣传动员，采取多种形式广泛宣传支持企业上市的优惠政策、服务措施。

5. 拓展制冷产业营销网络

积极申建中国（河南）自由贸易试验区民权开放创新联动区和保税

物流中心，加强与"陆上""海上"丝绸之路联动发展，推动公铁、铁海联运，建设以制冷为特色的加工贸易梯度转移承接地建设，打造豫东贸易双循环重要节点。鼓励有条件的企业赴资源丰富地区建基地，拓展上游原材料市场。建设跨境电商产业园、制冷商品销售市场和物流基地，鼓励万宝、香雪海、嘉祥袋业等企业"走出去"，建设海外基地、海外仓和海外工厂，推动制冷产品、技术、原材料和零部件出口，打造民权出口品牌。

（五）经营园区，筑巢引凤，提升基础设施和要素市场支撑能力

围绕制冷产业发展需求，进一步优化空间布局，强化基础设施建设，创新性布局要素市场，全力为制冷产业发展壮大做好服务。

1. 高标准规划建设先进制造业开发区

抢抓全省开发区建设机遇，积极争取建设民权县先进制造业开发区，按照"节约、集约、高效、挖潜"的总体要求，突出培育壮大制冷产业和重点企业，鼓励大企业、大项目及产业关联度大的配套优势产业向开发区集聚发展。围绕制冷产业原材料、零部件需求，积极发展电子信息、智能产业、新材料新能源、节能环保等战略性新兴产业，形成产业集聚态势，促使先进制造业开发区尽快向新兴产业区转型。

2. 推动开发区"二次创业"

按照"以用为先、依法处置、分类处理、集约利用"原则，加大对原高新区闲置和低效利用土地的清理和处置力度，鼓励园区和企业整合、盘活存量土地，实现"腾笼换鸟"。推进中小企业与大企业实现产业对接和配套协作，提升专业化分工协作和产业集群发展水平。

3. 适时启动民权国际陆港和铁路专用线建设

国际陆港是将与外运有关的机构内迁到内陆地区，以铁路、公路为陆港到海港之间的中转线，是按照国际运输法规设立的对外开放的

国际商港，可以满足内陆地区货物的跨境运输需求。民权县距离连云港港口刚好 500 公里，陇海铁路穿境而过，拥有保税物流中心布局的优势，适合在陇海铁路沿线建设中距离国际陆港并建设铁路专用线。建设民权国际陆港有助于完善民权交通运输设施，形成较大的规模交通线路网络，扩大民权县区位交通优势，积极参与国际劳动分工协作，为制冷产业集聚和扩大辐射范围提供支撑。

4. 建设民权县域生产要素市场

转变政府经济管理职能，深化行政审批制度改革，切实把政府经济管理职能转到主要为市场主体服务和创造良好发展环境中去。围绕金融、劳动力、技术、房产、土地、电力等生产要素供给，试点市场化交易模式。

（六）产城融合，提升城市能级，以豫东区域中心城市建设促进人口、人才集聚

树立精明增长理念，全力推进撤县设市，合理确定城市规模、人口密度、空间结构，以优势资源的强集聚助推高品质城市建设，以城市能级提升促进人口、人才集聚。

1. 加快推进"六城"建设

坚持规划引领，着力建设高质量新型制冷装备城、高水平乡村振兴示范城、高标准全域生态文明城、高能级交通物流枢纽城、高层次黄河故道文旅城、高品质美丽幸福宜居城，做大做强制冷产业，做实做牢乡村振兴，做美做优全域生态文明，做广做强交通物流，做特做新黄河文化旅游，推动全域美丽幸福宜居宜业发展，强力支撑商丘西部区域性中心城市打造。

2. 提升中心城区发展能级

加快推进以人为核心的新型城镇化，统筹城市规划、建设和管理，

大幅拓展中心城区发展空间,持续推动城区道路、停车场、给排水、燃气、热力和海绵城市等基础设施扩容提质,推动中小学校、文化场馆、商业设施、养老设施等公共服务设施均衡配置,加强新型基础设施建设,不断增强中心城区承载力和辐射力,大规模吸引集聚全县及周边县(市)人口。

3. 优化城市更新管理

统筹推进城市更新,全面实施城区水系连通、绿地生态空间、景观小品营造等工程,丰富休闲、游览、健身等功能。建设城市综合管理服务平台,全域推进城市标准化、智能化、精细化管理,全面提升城区亮化、美化、绿化、净化、序化水平。

4. 完善城市生活配套

同步打造安居硬环境和乐业软环境,完善外来人口本地化、转移人口市民化配套政策,让外来人口在民权享受体面的生活,打造一座适宜安居乐业的品质之城。

组长:程传兴　陈益民

成员:李晓沛　赵志亮　盛宇飞

执笔:李晓沛　赵志亮

慧眼看河南——县域经济何以成高原

河南日报
特刊 | 03
2021年11月29日 星期一
组版编辑 蒋超 赵都郡 美编 单莉伟

冷谷不冷

——来自民权县域经济高质量发展的调查

民权县梦蝶会展中心 薛皓 摄

□本报记者 周爱民 李凤虎
河南报业全媒体记者 刘梦珂
本报通讯员 张增峰

一条条大道宽阔平直，两旁的花木葱郁斑斓，一座座标准化厂房整齐有序，墙壁上"香雪海""澳柯玛""万宝"巨大的品牌标识耀眼夺目；一所所国家级实验室里，组织创业数据从这里传输出去……

走进民权县高新技术产业开发区，有这样几个事实让人惊叹：在这16年方公里的土地上，聚集了全国知名制冷品牌企业22家；全国每10台冰箱蒸发器中，必有一台来自民权；全国销售前10的制冷企业，民权就有4家；大江南北的冷链物流线上，每10台冷藏车有6台产自民权；民权制冷产业指数，已成为全国制冷产品价格的"晴雨表"。

曾是传统农区的民权县，用"冷"产业，激发机械装备制造产业集群式发展，成为立县富民的支柱，并在全国制冷产业链条上占据了重要一环。

他们的秘诀在哪里？

因势利导 点燃制冷产业之火

澳柯玛专用冷藏车、万宝集团电器、香雪海冷链……走进一家家制冷装备制造企业，一排排不同规格的专用冷藏车，正在做最后的检测。车间里冷清的情绪一扫而空，全自动机械化生产线上，工人们忙有序……随处可见的火热生产场景，让记者不禁为这里的勃勃生机赞叹。

"现在我们已聚集制冷企业112家，其中，制冷整机企业47家，制冷配件企业65家……"民权县高新区管委会常务副主任徐耀军自豪地介绍。

民权制冷起源于"冰熊"集团。

但真正的品牌知名度却并不占有率，以这里廉政实流通700亩，是河北省上、新中国成立初期建设的防护林——申甘林带，它在林海中，到处林立，时光走回1985年，改革开放的大潮风起云涌，在废弃的老机械厂基础上，几个技术工人一合计，民权第一个制冷企业——廉价低温设备厂成立了，历经多次变化，改革、蜕变，上市。开辟我们国家制冷史之类的火热制冷版图之一。中国第三大制冷家电设备制造商，曾经在国内冷藏车市场占据70%的份额，结盟品牌崛起的上市公司之一……

随着改革开放的逐步深入，受体制、机制、经营管理等多种因素的制约，"冰熊"的辉煌没能延续，雄霸浙江一家制冷公司收购，退成为民权人心中一个久远的痛。

改革推进到2008年，河南省政府提出，在全省118个县（市）区

真诚相待 让主导产业羽翼渐丰

营造良好的营商环境，才能确保企业发展行稳致远。

香雪海集团正是看到了民权县优良的营商环境，主要看好的是营商的诚意与实际风貌的魅力。短短一刹时间，占了2土地就抢救活了眼皮子地点，明确打包，一打到底，半年投产的项目诠释了"民权速度"。

"民权什么会这么快，就是对
"民权县是主要导向高质量发展企业向科是管控、优化营商环境就越来越发力产，提升竞争力工、已有企业的智降诚，才能吸引企业向展，服务对，方面积极性和创造性也就越强。此大、保证配壮生。"民权县工商
代理招商、资源招商、以商招商、家新设备与配件生产项目招商地，都是民权招商部分优势和特色。

此外，民权的节会、展会等都成化也就了了解色。民权已成立集

创新驱动 为民权产业强筋壮骨

"郡县治，天下安。"进入新时代，民强周环绕发展格局下，高质量发展是县域经济创新的时代所求。

如何推动县域经济提质升级？民权县凭借"四个转变"将在2015年，民权就建立了"四个转变""四个突破"，"四个转变"即由家用向工业转、由电机制造向全方位管控监控转、由服的"克向商显降晓转变。

着力攻克的"两个突破"，第一是制冷机制生产突破瓶，第二是小型压缩机；再生大型制冷机组，移动机成制热，在民权大学合作战略工程是双创级等，着大双创级会，运冷藏制冷装备向向精延伸，生1吨以下的小型冰箱、保温配送车、基至专用货厢，满足个性化需求。

转型升级是民权的国家级装备技术创新。

在民权国家级制冷冷链装备 质量管控检验中心，功夫这闻、大数据、人工智能与制造业深度融合，推动5G+工业互联网融合为主，为制冷产业赋能。

统计显示，目前民权县已实现科技成转化率直374项，这于每天国家级冷冲标准冷藏设备检测中心，已为民权制冷产业质量最发展提供了优质服务和科技支撑。

为加快民权的转型，推进产业集聚区"二次创业"，民权县积极引领企业向科技智能化，并积极壮大多个冷电装配士专家工作站，河南省制冷产业创新联盟士着眼于北京大学工学研究发展研究中心引进河河南民权研究基地，引进了中科院制冷研究所专家作为龙头企业技术创新和人才的专业人才，强化企业技术创新的"五链融合"。

总策划：童 林 刘雅鸣
策 划：孙德中
专 家：程得玉 陈敏民
统 筹：周雪琪 宋华彪
张晨翔 盛平飞

2019年7月，省委、省政府发文批准，以技术中心城市建设，商丘划归国家级冷冲标准技术创建，民权县发改委相关负责人指出，近几年，品牌民权产业，环境务为智汇为了完善配套设施，制冷产业带头大产业园有利于推动区域制冷产业高质量发展向各加速前行，从这里可辐射到全国。

不仅如此，民权县还积极加大力度融合，大数据、人工智能与制造业深度融合，推动5G+工业互联网融合为主，为制冷产业赋能。

截至目前，民权县已形成以永城建成为龙头的电子信息产业集群，以安徽牛、天利等为主的高端机械制造产业集群，以制冷保为龙头的生态环保产业集群。

上，几个技术工人一合计，民权第一个制冷企业——廉价低温设备厂成立了，历经多次变化，改革、蜕变，上市，开辟我们国家制冷史之类的火热制冷版图之一。

民权县制冷是多方调研考察的，结合自身产业发展基础和优势，决定把制冷装备制造，作为工业转型为主导产业，并围绕制冷产业开展全产业链招商，在全省118个县（市）区谋划布局中脱颖而出的。

正所谓"栽下梧桐树引得凤来栖"，这样，一个"冰熊"倒下了，上百个"冰熊"式民权又重新站了起来。

制冷产业的厚实底蕴，带动民权县产业集群区围依托众多省级高新的机械装备制造和以葡萄酒为主的食品加工两大产业链，有保留在这方土地上的制冷基地。其次，民权具有悠久的，香雪海民权制冷产业。

电器集团里有60%~70%的工人品民权最人马，再者，香雪海由国家产业转移号召，也有内地投规物的资助吸收，也有内地。

随着陆续启动，过去很多外向型企业，也开始看好民权。中型机械国中制造展现向前直言，"牌了民权良好中地各种就地直言，打造好民权，从这里可辐射到全国。"

为全力提升开放水平，打好优化营商环境的攻坚战。今年6月10日，民权与第20万台冰冷链集聚集试合冰机项目启动，于当8月24日，河南民权通用航空机场的6架飞机首次试飞成功，这标志着民权良好的营商时代，也必将推动产制冷设备链、绿色食品等产业高质量"走出去"。

"民权最近5年引进力项目165个项目中，民权投资方入通航时代，产权所需的零配件在民权实现了全配套，主导产业集能就已基本形成。

阿诺丹顿热水器生产车间里 薛皓 摄

"雁归经济":
传统农区工业化的现实路径

——鹿邑县域经济发展调研报告

河南日报县域经济调研组

　　作为黄淮平原传统农业县份，鹿邑县面对县域经济发展缺资金、少人才、短技术、没渠道的根本制约，以及外面投资不愿来、外来人才留不住的现实困境，抓住新一轮东部地区产业升级、产业区域转移机遇，深入实施"凤还巢"工程，引导一大批熟悉市场需求、掌握生产技能、具有经营经验的外出务工人员返乡创业建业，把昔日的"劳务输出"大县变成"雁归经济"的热土，推动了工业化突破性发展。但"雁归经济"作为区域转移产业，低端低效的结构性特征明显。需要聚焦"雁归经济"升级提质，强长项，补短板，育新能，在提升县域经济开放度、提升产业竞争力、提升发展协同性、提升新型城镇化引领力等方面着力下功夫，推动县域经济持续发展隆起"成高原"。

鹿邑县是黄淮地区传统平原农业县，长期以来工业化、城镇化发展滞后，是河南省经济发展的低洼地、凹陷地。如何在这一地下无矿产资源，区位无临海临边临城优势，历史上缺乏工商业传统和人文环境，产业上缺少技术、资金、管理和市场网络等要素支撑的区域加快工业化进程，实现经济崛起区域振兴，一直是河南省区域经济发展中面临的一个难点问题和重点课题。鹿邑县位于豫皖两省交界处，县域面积 1238 平方公里，户籍人口 138 万，在外务工经商人员近 30 万人，隶属黄淮四市之一的周口市，东与安徽亳州、西与太康和淮阳县、南与郸城县、北与商丘市毗邻接壤，处于中原城市群经济区划边缘，是国家功能区规划中的农业区域和粮食生产核心区，在黄淮平原农区中具有典型性和代表性。近年，鹿邑县抓住新一轮东部沿海地区产业升级、产业区域转移的机遇，深入实施"凤还巢"工程，通过政策推动、乡情感动、项目带动，引导一大批熟悉市场需求、掌握生产技能、具有经营经验的外出务工人员返乡投资创业，把昔日的"劳务输出"大县变成了"雁归经济"的热土，培育出了百亿级化妆刷特色产业集群，形成了百亿级火锅食材全链条食品加工产业集群，走出了一条输出打工者、引回创业者、带动就业者的县域经济发展路子，创造了欠发达地区无中生有培育壮大主导产业的鹿邑速度，推动了工业化突破性发展，实现了农业大县向工业大县的跃迁，一举成为河南省工业经济前 30 强县。鹿邑县域经济的发展对河南省传统农业县突破发展具有重要的启示和借鉴意义。

一、鹿邑县"雁归经济"形成的背景与过程

鹿邑的工业化起步于 20 世纪 80 年代，在国家大力鼓励乡镇企业发展的政策环境下，立足当地丰富粮食资源的食品加工业、秸秆资源

的草编手工业、山羊资源的皮革加工及尾毛加工业在鹿邑逐渐发展起来，形成了"水草皮毛"（鹿邑大曲和宋河粮液酒、草编、皮革、尾毛）四大产业，带动了县域经济和农民收入的快速增长，奠定了县域工业发展基础。其中，食品中的鹿邑大曲和宋河粮液酒、皮革中的赛潮牌皮鞋在当时商品短缺的省内市场拥有很高的知名度；尾毛产业也由最初的清洗出售发展到梳理清洗加工，规模越来越大，尾毛加工生产销售量最高时占到全国的 80% 以上，"世界尾毛看中国、中国尾毛看鹿邑"，这里成为在国际国内市场都有较大影响力的初级加工基地。

然而，作为内陆传统农业县，受视野、理念限制，更受技术、管理、资金以及市场渠道等制约，鹿邑县传统工业特别是食品和皮革两大主导产业没有在快速发展时期借势向外拓展，向上下游延伸，走出去做大做强，依然是单打独斗、分散发展，停留在低端的加工层次上。进入 20 世纪 90 年代中期以后，随着我国沿海外向型经济和城市经济的快速发展，短缺经济时代结束，这些县域内生型传统工业的市场竞争优势逐渐丧失。受外部市场的冲击，食品和皮革加工业效益下降，不少企业被淘汰出局，一些企业成为僵尸，当年知名的赛潮皮鞋销声匿迹，宋河粮液的市场份额被不断挤压，县域经济发展逐渐落伍。尽管县里不断积极想方设法招商引资，扩充工业规模，但成效不大。从县里前几个五年规划可以看出，县域主导产业一直在调整变动，产业门类少、体量小、专业化生产程度不高等问题突出。

但鹿邑的尾毛加工业却意外走上了外向型发展之路，并成为之后返乡投资创业"雁归经济"的主导产业和引领产业。20 世纪 80 年代初，鹿邑县及其周边农村几乎家家户户养羊，附近农户开始将生产皮革废弃的尾毛搜集起来，进行初步清洗、贩卖，补贴家用。其间，一个到天津走亲戚的农户，发现收购的尾毛大多在天津进行再次梳理并出口，他按照产品出口要求，留心学习了梳理技术，回到家乡建起全县第一家尾毛加工作坊，产品直接销售给出口贸易企业，提高了加工附加值和经济收入。在他的示范带动下，县里从事尾毛加工出口的农户越来越多，规模越来越大，逐步成为尾毛出口的初加工基地。20世纪90年代初，随着经济全球化和加工贸易的兴起，承接从日韩转移过来的化妆刷加工企业在深圳、东莞、天津等城市形成了集聚，一批在家从事尾毛初加工和经销的鹿邑人开始走出鹿邑，到东莞、深圳、天津以及义乌、宁波等城市"借水养鱼"，陆续创办尾毛化妆刷加工企业700多家。其中，在河北、天津、浙江、广东从事尾毛化妆刷生产的企业老板，60%是鹿邑籍人，他们带出和培养了一大批鹿邑籍外出从事化妆刷生产的熟练工，许多打工者成为掌握核心技术的企业家，带动了鹿邑县域内的尾毛加工作坊1000多家，使尾毛加工产业不断发展壮大，形成鹿邑县的特色产业优势。

2015年，鹿邑县委县政府经过广泛调研和深入讨论，形成了抢抓发达地区产业转型升级带来的本轮产业转移大潮机遇，实施"凤还巢"工程，把招商引资的重点聚焦到外出创业成功人士身上，特别是充分利用尾毛加工资源和人才优势，吸引鹿邑籍在外化妆刷企业人员返乡创业。成立了鹿邑县尾毛产业发展办公室，有针对性地出台实施了一系列"栽植梧桐树"的政策和措施，鼓励引导"凤还巢"。从外部环境看，这一时期我国经济进入了发展"新常态"，沿海经济腾笼换鸟、转型升级加快，一些劳动密集型产业发展门槛和成本上升。在"外推内拉"作用下，外出创业企业家返乡建业意愿不断增强，返乡投资企业越来越多，并形成了"老乡带老乡""老乡引老外"的带动联动效应，不仅鹿邑籍老板返乡建厂，也引来韩国企业合作办厂。目前，全县化妆刷等系列产品生产企业已有310家，形成了从单一尾毛加工到尾毛、尼龙毛、口管、铝皮、木柄、塑胶柄、化妆包等各环节加工的产业链条，

县域经济何以 "成高原"

化妆刷企业正一产业的投资人既有鹿邑籍人士，还有来自韩国的客商
（鹿邑县委宣传部供图）

带动相关产业经营主体达 1000 多家，吸引全国专业化尾毛产业技术工人 18000 多人，吸纳本地就业 5 万多人，年产拉丝 3 万吨、洗染产品 2 万吨、各类化妆刷 1.5 亿套，年销售额突破 100 亿元，产品远销美国、日韩、欧盟、中东等 30 多个国家和地区，与欧莱雅、香奈儿、雅诗兰黛、宝洁、雅芳等 10 多个国际品牌建立了长期合作关系，成为在全国具有一定影响力的特色产业集群和"中国化妆刷之乡"。

随着化妆刷产业集群快速发展，"雁归效应"加快释放和显现。截至目前，全县引回返乡创业建业者累计 9 万余人，创办各类经济实体数量 3.5 万个，带动就业 19.5 万人，成为推进县域经济发展的重要引擎和主要力量。一是带动了羊绒和羊毛衫织造快速发展，形成了溢丰、鹿骏、豪凯、丰兰科技、广仁等 5 个大的专业纺织园区，电脑织机 7000 多台，年产各类针织服装 6000 万件，年出口额超过 10 亿元，年销售额 40 多亿元，成为河南最大、在北方有一定影响力的羊毛衫加工基地，成为珠三角、长三角等地产业转移的重要承接地。二是引来了食品、鞋帽产业的投资发展。在食品行业创立澄明食品的鹿邑籍人士杨明超依托锅圈食汇供应链，投资 20 亿元，建设占地 600 亩的澄明食品工业园，规划建设产值超过 150 亿元的食品工业产业链。深圳月步文化科技有限公司董事长佟杰 2019 年返乡创办多走路智造鞋业，年生产成品鞋 3500 万双，年销售额 40 亿元。三是引来了更多的国家和省级政策投入支持。在省直管县基础上，鹿邑县近年先后被确立为全国第二批区域类双创示范基地、河南省第一批践行县域治理"三起来"示范县等，享受国家支持创新创业四个优先的激励优惠政策以及省重点建设项目、产业政策、政府投资、资金扶持等方面的重点支持，发展政策环境更加宽松。四是出现了激发经济存量活力和潜力的"鲶鱼效应"。倒逼现有 16 家"僵尸企业"加快改革改造，盘活资源；推动宋河酒业创新解困，"老树发新芽"；示范带动了乡镇因地制宜建设现代农业产业园，形成了任集西芹、宋河小辣椒、杨湖口蒲公英、郑家集中药材等特色基地。

随着"雁归经济"快速发展壮大，鹿邑县初步形成了以"宋河"系列酒为主导的食品"一瓶酒"、以化妆刷产业集群为支撑的化妆"一把刷"、以羊毛衫生产为重点的纺织"一件衣"、以多走路健步鞋业为主体的走路"一双鞋"、以澄明食品工业园为依托的火锅"一袋料"、以辅仁药业为龙头的健康"一剂药"六大产业集群，重新构建起了特色鲜明、充满活力和发展张力的县域工业体系，推动经济总量"十三五"期间先后迈上 300 亿元、400 亿元台阶，进入全省县域工业 30 强县行列，在中部地区县域经济百强榜位置由 2018 年的第 84 位提升到 2020年的第 60 位。

二、发展"雁归经济"带动县域经济突破发展的做法与成效

鹿邑县抓牢在外务工创业人力资源优势，深入实施"凤还巢"工程，搭建服务平台，创新服务举措，提升营商环境，优化发展空间，推动人才返乡、鹿商回归、以商招商，发展壮大县域经济取得了明显成效。

（一）乡情感动，政策推动，助推"雁归经济"发展

发展县域经济，传统农业县的鹿邑面临着缺资金、少人才、短

技术、没渠道的制约，也面对着外面投资不愿来、外来人才留不住的现实困境。但鹿邑县作为传统劳务大县，有近40万常年在外的务工经商人员，其中不少是创业成功的企业家。这些经过了市场的洗礼、掌握了一定技术、有了一定资本积累和市场渠道的昔日外出务工经商者，既是一个文化根脉在家乡、乡情乡愁割不断的特殊群体，更是县域发展的短缺要素和先进生产力。2015年以来，鹿邑县委县政府将返乡创业作为县域经济再出发的突破口，持续实施"凤还巢"工程，多策并施，有效吸引了在外人员返乡创业。

1. 搭建服务平台

搭建了线上"鹿E家"和线下"鹿邑村"两个服务载体，打好"情感牌"，把"老乡聚起来、产业引回来、人才用起来"。线上"鹿E家"返乡创业大数据平台将在外务工人员信息纳入"鹿E家"统计平台，绘制清晰的老乡网络图，了解分布在全国各地的鹿邑外出务工人员动态，掌握外出人员投资意向，准确提供相应服务。同时上线时政新闻热点、家乡发展动态、招聘服务资源、政策法规咨询等板块，经常推出创业政策、创业环境和创业项目，为企业和返乡农民工提供"一站式"全方位服务，推动"鹿邑人"返乡创业发展。线下"鹿邑村"，是由知名企业人士在外出人员相对集中的上海、北京、天津以及深圳等大中城市自发筹建，凝聚鹿邑在外人脉的活动场所，"村民"是在外的工农商学兵各个阶层人员，通过经常性的联谊活动，加深乡情友情，成为献计献策、投资投智家乡发展的重要渠道。

2. 加大政策支持

有针对性地制订了一系列支持扶持政策，出台了加快工业经济高质量发展25条意见和支持农民工返乡创业110条实施意见，涵盖了载体建设、主体培育、外出返乡人员创业扶持、人才创业、产业及技术创新、科技金融和"双创"服务等方面，支持外出务工人员返乡创业。

优化土地配置，"量体裁衣"满足中小企业用地需求；每年拿出 5000 万元作为返乡创业发展基金，解决企业融资难题。提供创业开业补贴、新建厂房补贴和房租补贴，落实定向减税和普遍性降税政策等。在一系列政策措施推动下，"归巢雁"越来越多，"雁归经济"方兴未艾。据统计，截至 2021 年年底，全县返乡创业累计 9 万余人，累计创办各类经济实体 3.5 万个，带动就业 19.5 万人。鹿邑成为返乡创业"雁归经济"发展的热土，被国家确定为"第二批国家级区域类双创示范基地"和"全国农民工返乡创业示范县"。

（二）因势利导，加强引导，推动特色产业成群成势

尾毛加工是鹿邑具有发展基础的传统产业，化妆刷原材料市场上95% 的动物毛、85% 左右的人造纤维毛产自鹿邑，尾毛产业从业人员本县 8 万多人、在外 3 万多人，居全国之最，在河北、天津、浙江、广东等尾毛化妆刷主产地的企业老板 60% 是鹿邑籍人。鹿邑发展毛刷美妆产业内外条件兼备，具有比较优势。鹿邑在招引返乡创业建业的产业目录上，将尾毛加工作为主导产业重点培育，形成了全国重要的毛刷美妆产业基地，并以此为支点，撬动了羊毛衫、食品、鞋帽产业的投资发展。

1. 引导产业集群发展

本着"小企业、大产业，小个体、大群体，小尾毛、大市场"的发展理念，采取"区中园"的模式，在产业集聚区规划建设了占地1500 亩的化妆刷产业园，重点打造化妆刷创业小镇、化妆刷创业街区、化妆刷产业孵化园等化妆刷产业培育平台，引导化妆刷企业向园区集聚。目前，全县化妆刷等系列产品生产企业 135 家，2/3 入驻园区，形成了化妆刷生产所需的尾毛、口管、铝皮、木柄、拉丝、箱包等配套完整的产业链，年销售额突破 100 亿元，成为在全国具

有一定影响力的特色产业集群。化妆刷产业的集群发展带动了羊绒和羊毛衫织造快速发展，目前，羊毛衫工业园里的5个专业纺织园区，年产各类针织服装6000万件，年出口额超过10亿元，年销售额40多亿元，也成为河南最大、在北方有一定影响力的羊毛衫加工基地。

2. 培育产业龙头企业

以鼓励企业"创新、研发、专利"为突破口，积极引导企业和高校科研院所联合开发新技术、新材料产品和新设备，提升企业自主创新能力和产品附加值。引导有实力的中俊美妆和正一产业等企业做大做强，形成雁阵效应，以大企业带动小企业发展，小企业为大企业提供支撑，实现了良性循环。目前已培育了4家高新企业，15家企业在中原股权交易中心成功挂牌。

3. 促进产业补链强链

聚焦优结构增动能、谋长远补短板，近年鹿邑通过加大招商力度和鼓励企业发展美妆产业，提升化妆刷基础配套产品的生产能力。建立完善了供销电商物流园、邮政物流园2个大型物流配送中心，配套建设了电商人才孵化基地、新视角专业电商培训学校，注册开通了全国唯一的化妆刷销售专业网站——中国化妆刷网，服务企业拓展市场。制定并发布实施了化妆刷省级地方标准，填补了我国此类产品地方标准空白。筹建了省级化妆刷质检中心，引导企业打造自有品牌，为化妆刷产业提质增效提供了强有力支撑。目前，平均每天都有五六个新产品被研发出来，经测试推向市场，现注册有自主品牌60多个，申报各类技术专利92项，初步实现了鹿邑化妆刷由代工生产到自主品牌营销的转变。小产业发展成了大集群，小产品造就了"中国化妆刷之乡"的大名号。

（三）提升载体，优化布局，促进产业集群提质升级

近年，鹿邑县建园区，调存量，优布局，加强基础建设，提升载体能级，推动产业集群不断升级提质。

1. 推进"区中园"建设

抓住新一轮国土空间规划编制机遇，梳理产业园区的结构和布局，在县产业集聚区重点谋划尾毛化妆刷、食品、纺织服装、物流园等7个"区中园"，支持龙头企业以区中园等形式实行整体性开发运营，进一步集聚产业，聚拢产业链企业。

2. 培育新兴战略产业

在推动传统产业转型升级的同时，结合鹿邑实际，加快对智能机械制造、5G、芯片、环保新材料、生物医药等新兴产业集群培育。规划建设工业创客小镇，委托浙江典伦科技有限公司运营，打造集"孵化器、加速器、产业化"为一体的科创魅力小镇，培育未来发展的创新动力。目前已签约了视氪盲人眼镜等创新型企业7家，省级研发平台2个。

3. 腾笼换鸟，盘活资源

按照"政府引导、企业主导、平台介入、依法处置"的思路，对闲置低效利用的厂房进行分类建档，采取协议转让、招商重组、租赁经营等方式，盘活闲置资源，唤醒沉睡土地，激活休克企业，培育和引进新兴产业。县产业集聚区通过多种模式处置、盘活停产半停产项目17个，激活低效用地1374亩，引进了澄明食品工业园、中俊化妆等15个重点优质项目。澄明食品工业园通过出资收购闲置厂房，省去了征土地、建厂房等环节，开工建设仅5个月就实现了正式投产，目前已入驻澄明食品、和一肉业等7家企业，短短一年多的时间，就初步形成了火锅食材加工产业集群。

澄明食品工业园为鹿邑带来了7家产业链关联企业（鹿邑县委宣传部供图）

4. 加强基础设施建设

加快实施"千企上云、百企上链"和"三大改造"工程，激励引导企业开展生产线智能化改造、智能工厂（车间）建设、企业上云等行动，加快企业的智能化升级改造步伐，推进数字化产业园区建设，通过数字赋能提升平台能级。2021年，县产业集聚区成为周口市唯一一家省级智能园区。

（四）创新机制，完善服务，打造"雁归经济"优良环境

鹿邑把优化营商环境、提高服务质量、完善政策体系作为大力发展"雁归经济"的重要抓手，着力转变政府职能，打造服务型政府，提高行政效能，形成营商环境新生态。

1. 创新工作机制

成立了以县委书记为组长、县长为常务副组长的招商引资返乡创业工作领导小组，成立了化妆刷项目落地集中攻坚指挥部、服务企业专班、优化营商环境工作专班、招商引资和营商环境服务中心、尾毛

产业发展服务中心 5 支专班和队伍，县主要领导为第一责任人，统一目标，各司其职，全方位服务企业发展和项目建设，以强有力的组织推进，确保创新创业扶持政策可操作、能落地、见实效，掀起了在外人员返乡创业热潮。

2. 完善行政服务

构建服务体系，打造服务平台，完成了统一受理平台系统、窗口互动系统、政务数据可视化系统建设，为落地企业提供全程代办服务。推进"四办"改革，通过推进数据共享、快递服务等方式，推进审批事项"网上办"；发布行政许可类即办件 1006 项，对于符合法定受理条件、申报材料齐全的简单事项，实现"马上办"；对于材料齐全的承诺件，在承诺时限内办结，审批结果直接快递给申请人，做到审批事项"一次办"；把户籍、残联、民政、人社、市场监督管理（工商和食药）、卫生健康、退役军人事务、自然资源、农业、林业、司法等部门行政审批服务事项引进乡镇便民服务中心，最大限度实现"就近办"，不断优化行政服务方式，提升行政服务效率。

3. 加强要素保障

聚焦企业需求，组建要素保障工作专班，加强要素统筹调度。开展企业分类综合评价，推进低效用地整治，在新一轮国土空间总体规划方案中安排腾退 2300 公顷土地，用于保障县乡两级产业园建设。每年组织开展大型招聘会、春风行动等，帮助解决企业用工难题。搭建产投、综合投等投融资平台，产业集聚区探索实施"管委会＋公司"开发运营模式，积极争取省级农民工返乡创业投资基金 1000 万元，破解资金瓶颈。设立人才发展专项资金 100 万元。与郑州大学对接，合作共建职业技术学院，培养新型职业农民。以"环境好"体现"制度优"，以"硬措施"托底"软实力"，形成让投资商在鹿邑扎下根来、安心发展的营商环境。

（五）以文塑城，特色立城，构筑有根有魂魅力空间

鹿邑作为"老子故里"，具有悠久的历史、深厚的文化底蕴、独特的文化氛围。鹿邑人的文化认同、自信自豪是"雁归经济"发展的重要精神动力。鹿邑县近年实施"产业兴城、文化立县"发展战略，让外出打工者、返乡创业者触得到文明、望得见田园、记得住乡愁，打造有根有魂魅力城市取得了一定成效。

1. 打造老子文化名片

围绕擦亮"老子故里、道家之源、道教祖庭、李姓之根"四张文化名片，建设太清宫、明道宫、老子学院等老子文化地标，研学推广老子文化，"鹿邑老子祭典"成功申报为国家级非物质文化遗产。挖掘和利用老子文化资源，建设十里长廊老子文化街区、老子文化产业园、老子全球论坛老君爷庙会、老子主题互联网平台以及老子文旅商品研发交易平台等，形成了老子文化产业集群。

2. 推进"三城"建设

发挥水资源优势，以引江济淮工程（鹿邑段）为抓手，构建全域水系连通格局，形成黄河、淮河、长江三水交融，"九河绕真源，五湖润鹿邑"的生态水系景观带。以百城建设提质和城市更新改造为重点，完善城市功能，丰富城市内涵，推进滨水绿城、宜居新城、文旅名城建设，提升城市颜值和格调品位。

3. 推进特色产业发展组团

结合产业区域发展实际，统筹推进老子文化与旅游发展、城镇建设、美丽乡村、产业发展、休闲养老等融合联动发展，引领周边乡镇聚城组团发展，构建城区经济中心和文化旅游组团、时尚产业组团、食品产业组团、中医药产业组团、现代农业组团"一中心、五组团"空间格局，吸引更多创新产业要素进入集聚。

三、鹿邑县"雁归经济"的发展特征与约束

鹿邑以"雁归经济"为突破，培植县域工业基础，在追赶发展中取得了突出成就，实现了县域经济快速增长，主要经济指标在全省县域位次不断前移。但还应看到，这些成就是在较低的发展起点和产业基础上实现的，"雁归经济"作为区域转移产业，结构的低端低效特征明显，发展不足与转型压力交互叠加，提质升级任务繁重，给县域经济持续发展隆起"成高原"带来了新课题、新约束和新挑战。

（一）产业层级不高，经济转型提质面临创新动能乏力的制约

以"雁归经济"为支撑的鹿邑县域经济，一方面体量不大，正处于培育生成的初级发展阶段，产业规模小，目前最大的美妆时尚产业集群总产值刚过百亿元，食品和纺织服装产业规模均不足 30 亿元，发展不充分仍然是最突出的矛盾。另一方面，作为后发地区先进生产力的"雁归经济"，多数也是先进地区经济转型升级中退出的产业，其产业发展的初级性、结构的低端性、价值的低效性特征明显，转型提质任务压力很大。突出表现在：

1. 产业结构

主导产业层次不高，六大产业集群都集中在轻工领域，多是立足原料和劳动力优势的劳动密集型传统产业，进入门槛低，技术含量低，行业竞争激烈，市场风险较大。

2. 组织结构

同类产品企业空间上以简单扎堆的"小企业、大群体"产业集群为主，企业小而不精，产业专而不深，全县规模以上工业企业只占工业企业总数的 6% 左右，产值超亿元企业只有 6 家，最大规模 1.81

亿元，缺乏龙头带动，更没有链主型的领军企业，距离错位发展、交互关联、上下链接、竞争合作的专业化产业集群有着较大距离。

3. 产品结构

主要是依托大品牌企业和沿海营销渠道，进行贴牌代工，缺乏知名自主品牌，缺少自主销售渠道和定价主动权，附加价值不高，盈利能力不强，财税贡献不大，县产业聚集区亩均税收远低于省工业用地亩均税收 15 万元标准。

4. 动能结构

创新动能不足，企业缺乏创新研发平台，政府缺少公共技术平台。全县只有 3 个研发平台，设立技术研发平台的企业只有辅仁药业和护理佳 2 家，高新技术企业只有 13 家，产业技术装备水平和科技研发能力低，核心技术与装备主要依赖于对外供给，产业发展以简单模仿追随复制为主，推动传统产业延链强链、新兴产业培育发展的创新资源严重匮乏，已成为鹿邑产业升级提质、避免"低端技术锁定"的最大制约。

（二）配套能力不强，产业集群发展面临产业生态不优的掣肘

产业集群是众多具有竞争与合作关系的企业以及相关机构在一定的空间范围内聚集而形成的经济群落。产业集群连接着产业链上下游左右岸的生产、制造、供应、服务，涉及研发、设计、制造、营销、物流、培训以及信息、金融、商务等全生命周期过程，需要产业链自身、生产性服务、非生产性服务以及基础设施等各个环节协同配套，从而降低生产成本、营销成本、运输成本、学习成本、信息成本、交易成本等。因此，健全完善的全链条产业配套和服务支撑体系，是产业集群发展的主要"生态系统"和关键竞争力，是营商环境的重要组成部分。鹿邑县历史上缺乏工商业传统，工业化起

步晚，产业基础薄弱，在产业集群发展中存在着产业配套条件不足的重大缺陷。

1. 产业门类少

产业主要集中在依托本地农业资源的传统轻工业领域，机械加工装备制造业基本空白，区域内包装产业、物流产业、商业服务业等产业缺乏有机联系，围绕产业服务的职业技术教育、研发产业、中介服务、信息咨询服务、金融保险等服务产业发展滞后，流通、物流、资金、信息和交易等成本较高，抵消了县域企业在土地、资源、劳动力等成本方面的优势。

2. 基础设施落后

基础设施老旧破损、容量不足问题突出，5G 网络、工业互联网、一体化融合基础设施等现代信息基础设施建设滞后，尤其与美妆时尚产业快速便捷应用互联网的需求不相适应。产城融合程度还较低，产业集聚区商贸物流、酒店、学校、医院等生产生活类配套服务设施短缺。由于不临铁路，多依赖汽车运输，物流运输成本高，亟待提升交通运输能力和建设现代物流体系。

3. 交易平台缺乏

虽然毛刷美妆已形成了年销售额超百亿的专业集群，但产品多通过物流渠道进入沿海地区销售渠道，没有像浙江一样依托产业集群建设相应的专业市场、有影响的展销场所和区域电商交易平台，形成以市场带产业，以产业促市场，打造区域品牌、提升区域影响力的有力举措，产业集群的整体竞争能力还较差。

（三）市场发育不足，"雁归经济"壮大面临要素供给紧张的瓶颈

鹿邑县"三农"比重大，"一产"比重目前仍高达 17.1%，县域经济实

力不强，财政保障能力不高，要素市场相对发育缓慢，资金、人才、土地等要素供给紧张。

1. 资金保障能力差

2020 年鹿邑财政收入 15.93 亿元，人均不足全省平均水平的 80%，还是一个典型的财政穷县。一般预算支出为 60.74 亿元，主要靠财政转移支付吃饭，发展产业基金和引导奖励 "双创" 和产业升级的资金十分有限。企业融资主要依赖银行贷款。2020 年，全县金融机构存款余额 380.79 亿元，金融机构贷款余额 164.29 亿元。由于县域还没有大型股份制银行分支机构，金融市场不发达不活跃，普惠性金融发展落后，中小企业融资难融资贵问题突出。

2. 人才支撑能力差

历史上鹿邑县缺乏工商业传统，当地人普遍缺乏做工技能和经商意识。尽管鹿邑是个人口大县，但劳动力技能素质整体不高，科技创新平台少、人才少，科技领军人才、复合型人才、高级技工人才极为紧缺，在以 "创意制胜、设计为王" 的时尚美妆行业，创意设计人才严重匮乏，符合产业发展的工匠以及电商、直播等人才十分短缺，成为产业升级提质的一大制约因素。干部队伍也存在着农业县向工业县转型中，视野、观念、管理、技能等素质不适应的突出问题。

3. 建设土地紧张

作为粮食生产核心区，永久基本农田占比高，后备资源匮乏，土地保障有限，保护基本农田和保障建设用地矛盾突出。

（四）城镇化水平低，区域特色彰显亟待做好优化发展环境文章

适应创业创新发展新要求，建设有特色鲜明的产业形态、有和谐宜居生活环境、有彰显特色的传统文化、有便捷完善的设施服务、有

充满活力的体制机制，"产城人文"一体发展，生产、生活和生态"三生"融合的城市空间，吸引高端要素特别是高技能人才进入，是推进特色产业集群转型升级和产业链提升的一个重要趋势。但长期以来，鹿邑县城镇化滞后于工业化，城市集聚、辐射、带动产业发展的主动力不足，以城带乡、产城融合发展格局还未形成。近年，鹿邑加快推进新型城镇化，彰显老子文化，打造经济强镇和特色小镇，城乡面貌发生了巨大变化。但一方面鹿邑城镇化的着重点还主要在城区，乡镇发展不充分，城镇（乡）间空间、产业一体布局融合发展的格局没有形成，支撑工业化的发展空间没有打开。另一方面，拓展发展空间的理念还停留在生存空间而不是创新空间的打造上，文化标识不突出，全域旅游格局未形成，产业集聚区创新主题不鲜明，缺少文化景观和体验场景，"产、城、人、文"割裂发展的问题还较突出，难以满足现代人既要在市场大潮中激情创新又要在优美环境中诗意生活的追求，对聚合高端要素特别是聚集创新人才缺乏吸引力。

四、放大"雁归效应"，推动县域经济"成高原"的思考与建议

当前，"雁归经济"带动鹿邑县域经济已从数量快速扩张阶段进入了扩量提质并重发展阶段。在新发展阶段新发展台阶上，鹿邑县需要进一步明晰发展方位，厘清发展思路，处理好"上规模与促转型、引进来与走出去、专业化与协同性、工业化与城镇化"的关系，聚焦"雁归经济"升级提质，强长项，补短板，育新能，进一步提升县域经济开放度，提升产业竞争力，提升发展协同性，提升新型城镇化引领力，放大"雁归经济"效应，实现县域经济高质量发展。

（一）明晰发展方位，处理好四个关系

2020 年，鹿邑县经济总量迈上了 400 亿元新台阶，工业经济进入了全省前 30 强方阵。但应看到，鹿邑县工业化水平不高，经济总量较小、发展基础薄弱、产业体系脆弱的突出矛盾尚未根本缓解，作为追赶型的传统农业县的地位没有改变，新发展阶段转型发展任务繁重的阶段性特征十分突出。一是经济体量不大。地区生产总值只有禹州市的一半。二是人均水平较低。人均 GDP 6393 美元，仅为全省平均水平的 80%，人均财政收入不足全省平均水平的 80%。三是经济结构不优。三次产业结构比为 17.1 ∶ 39.8 ∶ 43.1，农业比重高出全省平均水平 7.4 个百分点。四是城镇化水平低。常住人口城镇化率只有 40%，低于全省平均水平 15.4 个百分点。县域经济还处于工业化中期阶段，整体滞后于全省进入工业化中后期的发展阶段，工业化的任务还很艰巨，城镇化的道路还很漫长，突出矛盾仍是发展不足。

立足发展实际，新阶段推动鹿邑县域经济高质量发展，必须抓住关键点，找准均衡点，处理好四个关系。

1. 处理好"上规模"与"促转型"的关系

解决发展不充分、提升县域经济地位的根本办法，还是要快速发展，做大蛋糕。作为曾经的劳务输出大县，外出劳动力返乡双创的潜力巨大；作为人均发展水平较低的区域，鹿邑的潜在增长率高于全省平均水平，数量型增长的空间还很大。但随着新发展阶段发展环境的变化，在既定产业层次上，依靠传统要素投入进行"摊大饼"式发展已不可持续，必须找到并践行"以质促量"的途径，在增长中加快转型升级，在提质中增强发展持续性，推动县域经济速度规模和质量效益相统一、总量增长和结构优化相协调发展。

2. 处理好"引进来"与"走出去"的关系

开放是鹿邑"引凤筑巢"带动县域经济快速增长的关键一招，更高水平的开放依然是鹿邑提升发展水平的强大引擎。前一时期，鹿邑以开放引返乡，做大了县域产业基础。下一阶段提升产业素质，要求更高端资源要素进入，这些仅依赖老乡资源是不够的，必须在更大范围内以更高层级的开放寻求合作。在积极引进来的同时，更要主动走出去，拓展县域经济发展新空间。在拉长产业链实现外来产业本地化发展的同时，更要强化各环节与外部的合作联系，谨防"雁归经济""大而全""小而全"的"内卷化"，重蹈之前县域企业的覆辙。

3. 处理好"专业化"与"协同性"的关系

以产业集群的形式进入全球产业链细分领域，形成专业化生产和区域特色优势，既是产业发展趋势，也是欠发达地区快速融入外部产业体系的有效途径。但专业化发展，不是简单的同类产品和市场主体的扎堆，而是建立在高度分工协作基础上的，有高效配套协作服务做支撑。鹿邑县产业集群要实现稳定健康发展，必须做好"加减法"，在不断优化和细化生产环节的同时，链接更多的资源，增强上、下游服务的合作配套，提升产业集群发展水平。

4. 处理好工业化与城镇化的关系

鹿邑县工业化阶段还落后于全省平均水平，加快工业化仍是发展的主要任务。城镇化是工业化的载体。城镇化水平低，乡村发展不充分，既是鹿邑的发展短板也是巨大的潜力。要做大产业集群加快工业化，"以产兴城"；要优化布局提升功能，加快城镇化进程，拓展工业化新空间，"以城促产"；要顺应创新发展趋势，"产城人文"融合一体推进，形成引领县域经济高质量发展的强劲动力。

（二）提升对外开放水平，拓展合作创新发展新空间

围绕促进产业升级和集聚创新资源两大主题，在继续做大和深化"雁归经济"的同时，以更加积极的姿态，主动走出去，寻求新的开放合作空间，广泛链接、深度对接外部先进生产力，以开放解决发展要素支撑不足的问题，提升发展水平。

1. 推动招商主体从"老乡引老乡"转向"引老乡老外"并举

继续创新线上线下招商引资措施，鼓励在外创业成功人士返乡建业，做大县域产业规模。重点加强以商招商、产业链招商，总结推广"引入在业界有一定影响的澄明食品—吸引锅圈供应链主要食材配套企业落户—快速形成火锅食材产业集群"的招商经验模式，围绕产业链条补缺和延伸，以商招商、老乡引老外。

2. 推动开放重点从"引进来"为主转向"引进来走出去"并举

把握承接产业转移的阶段性变化，以及县域经济具有一定规模基础的实际，把引进优质要素、优化提升产业结构摆在更加突出的位置。针对传统农业县发展环境对高端人才和要素难招来、留不住的实际，考虑交通物流、土地支撑、市场渠道、基础设施的短板，按照"不求所在，但求所有"的原则，积极走出去，在外来项目资金来源比较集中的区域，谋划布局产业园区、孵化中心等反向飞地，在交通物流发达的枢纽地区和中心城市合作共建仓储物流设施，鼓励产业集聚区与省内外先进集聚区（开发区）探索异地合作共建园区，通过加入产业联盟、行业协会、商会等多种形式加强业内联系合作，构建多领域多环节多层级的合作协作关系，利用外部资源解决本地高端要素供给不足的突出矛盾。着眼于对接外部创新要素和先进生产力，深化与时尚美妆大品牌企业之间的合作，特别是拓展日韩等时尚产业发达国家的营销渠道，不断汲取先进理念与创新要素，紧跟世界潮流不掉队，推动产业集群不断提档升级。

3. 推动开放领域从"投资创业"转向"创业创新"并举

立足县域创新资源短缺的实际，采取富有弹性、更加柔性的合作发展政策，做好"联""接""借"文章，走开放协同创新之路。实施产业技术创新联盟工程，鼓励企业与大院大所、强校强企创新合作，建立产业创新联盟，以联合创新融入全国全省的创新网络。实施对接科技资源活动计划，建立对省内外科研院所、省级以上重点实验室、省级以上工程技术研究中心、新型研发机构等四类机构走访联系制度，形成长期对接服务机制，主动寻求创新智力技术支撑，推进开放式创新、定向委托式创新。实施飞地科研成果育成平台建设行动，支持有条件的企业在科技创新领先地区设立机构，共建技术转移中心及创新合作中心，形成"外部成果创新—本地转化利用"的开放创新局面，充分利用外部创新资源，促进鹿邑创新发展。

（三）提升协作配套水平，打造产业集群发展新生态

在鹿邑这样发展基础薄弱的欠发达地区，提升产业集群协作配套能力，提升发展的稳定性和竞争力，需要长短兼顾、内外结合，抓住四个关键环节，多层次多举措着力。

1. 抓龙头企业带动

完善支持政策，创造发展条件，营造发展环境，加大支持服务力度，不断培育壮大本地龙头企业，积极引进建链关键企业，密切联系外部"链主型"企业，发挥"龙头""链长"作用功能，推动产业链前后延展。围绕龙头企业产业链供应链，完善产业链招商图谱，精选产业链招商项目，深入推进集群招商、链条招商，延长"上下游"，补齐"前后端"，带动县域供应链、产业链、创新链、价值链延伸拓展，实现扭住龙头企业"一个点"，连接产业链上"一条线"，激活产业集群"一大片"，以龙头带配套的良性发展。

2. 抓地区协作建设

走出传统发展模式，打破县域发展界限，加强区域间产业链供应链开放合作，在更大空间范围构筑产业融合发展生态体系。抓住中央预算内资金优先支持区域一体化创新创业服务平台建设的机遇，建设豫皖县市协作示范区，推进基础设施互联互通，谋划建设许昌—亳州城际铁路在县城北设站，连通郑合高铁与商合杭高铁，打通融入长三角新通道。积极申建豫皖（鹿亳）产业合作园，共同承接长三角产业转移，变区划边缘为区域枢纽和开放前沿。充分利用河南省工业门类齐全的优势，围绕产业集群发展态势和需求，研究绘制产业链供应链协作产业地图，出台政策，创新机制，搭建平台，推动企业与条件较好的中心城市、省内制造业基地的互动与合作，加强与交通枢纽城市仓储、物流企业合作建立多式联运、便捷物流网络，密切与商丘、周口区域性中心城市及其周边县份产业链、供应链对接合作，提升产业配套协同程度。

3. 抓基础设施提升

抢抓新基建机遇，实施信息基础设施提升、融合基础设施提速、云数据服务平台建设三大工程，加快推进数字化产业园区、大数据中心、物联网等新型基础设施建设，强化先导性、支撑性基础设施和基础能力建设，为县域经济高质量发展提供新平台、新支撑。以产业集聚区"二次创业"为契机，完善产业园区基础设施，加快标准化厂房、人才公寓和相应基础设施建设，提升水、电、气、暖供给和金融服务等功能性要素保障水平，提升亩均产出效益。谋划建设集展览展示、咨询发布、信息交流、贸易洽谈、电子商务等多种功能于一体的毛刷美妆专业市场，发挥专业市场服务中枢作用，促进毛刷美妆以及毛衫产品的品牌孵化、催化、输出，塑造区域品牌，扩大市场影响。

4. 抓商业模式创新

鹿邑"雁归经济"形成毛刷美妆产业是典型的快时尚产业，产业不仅高度依赖知识、创新，更依赖社会网络。要顺应产业发展趋势，充分运用移动互联平台和现代科技手段，建设电商园区、创意文化园区，引进培育电商龙头企业，大力发展跨境电商、网上交易、直播带货等新业态新模式，营造场景扩大影响。学习借鉴小米手机初创时的经验，利用网络平台对开发产品的功能品质、外观设计等面向消费者征集意见，在不断与网民互动中改进产品设计和功能，激发消费者的参与感并进一步圈粉，在利用社会资源进行产品创意设计的同时，建立和拥有自己的营销渠道，吸引投资者和相关人才合作，创立自己的品牌和产品的市场地位。

（四）提升要素保障水平，塑造高质量发展新优势

充分利用全国第二批区域类双创示范基地、河南第一批践行县域治理"三起来"示范县，以及周口市委市政府支持鹿邑打造区域性中等城市等中央和省市赋予先行先试政策，创新人才、投融资、土地等要素保障支撑模式，固强补短，形成县域经济高质量发展的有力支撑。

1. 强化人才支撑

实施引进创新引领型人才工程，围绕主导产业和经济社会发展，编制紧缺技术人才目录和工匠技师地图，创新人才引进政策，加大柔性引才力度，引导企业以聘请顾问、兼职挂职、技术（专利）入股、合作经营、利润分成等多种方式引才引智，引进培育一批具有重大技术突破和较强产业化能力的领军型、高层次、紧缺型创新创业人才。打造全省重要的现代教育培训示范基地，积极探索创新发展模式，加强老子学院建设，聚焦优势产业集群建设特色职业教育培训园区，注重

技能培训的适用性，推进企业实质性参与办学，加强职业技能教育，打造"技能鹿邑"，强化发展的人力要素支撑。

2. 创新投融资模式

用好全国第二批区域类双创示范基地支持创新创业支撑平台建设的政策，加快搭建数字化金融服务平台。学习借鉴内乡县的经验，鼓励产业链龙头企业联合金融机构共建产融合作的特色产业金融数字化服务平台，开展"银企对接"增强金融服务产业链的主动性。学习兰考县发展普惠金融的做法，建设金融信用大数据平台，运用大数据技术打通部门和区域间的数字壁垒，使信用信息数据成为金融链的重要支撑。用好对双创示范基地内符合条件的创新创业项目，优先推介与国家新兴产业创业投资引导基金、国家级战略性新兴产业发展基金、国家中小企业发展基金对接等激励政策，争取重点工程和重大项目。建立"四投一担两发展"投融资平台，设立科创基金、股权投资基金，为科技小微企业和创客解决初创资金。促进河南省新兴产业投资引导基金和其他相关产业类基金投资，争取大型股份制银行在鹿邑设置分支机构，多层次拓展企业融资。

3. 统筹建设用地

科学编制国土空间规划，按照打造 2025 年常住人口 50 万人的中等城市规模，为工业化、城镇化发展预留建设用地。统筹城乡发展，优化产业空间布局，合理使用土地。鼓励产业项目异地协作，借地生金。实施亩均效益评价行动，提升土地使用效益。通过"租让结合、联合竞买"等新型土地供应方式，辅以"产业基金＋标准厂房"招商方式，用好用活保障产业发展政策。对农村集体经营性建设用地入市实行先行先试，盘活农村存量建设用地，多层次多举措提升土地承载力，支撑县域经济高质量发展。

（五）提升城镇发展水平，形成城乡一体发展新格局

按照"十四五"末城市化率 50% 的规划目标，鹿邑县城镇化发展有着巨大潜力。要立足对接长三角最前沿省际沿边城市的区位条件，充分发挥老子文化资源优势，依托特色鲜明的产业集群，充分融合产业功能、旅游功能、文化功能、社区功能，将城区、景区、社区、村庄纳入总体，全域打造，形成"生产、生活、生态"融合、"产城人文"四位一体的特色魅力城市，以特色城市兴特色产业发展，以特色产业促特色城市建设，构筑支撑县域高质量发展的新空间。

1. 叫响老子文化名城

打造文化地标，建设全景式、多功能的城市会客厅，打造元典文化核心区，布局开放型、多场景的文化展示区，形成综合性、体验式展示平台、服务窗口和主客共享的交互空间，作为城市总体布局中重要的门户和区域性地标，全景展示城市风貌，述说老子故事，成为彰显老子文化、了解鹿邑历史、叫响城市品牌的主要载体，塑造城市文化形象。

2. 优化城乡空间布局

把城镇与乡村贯通起来，推动城乡规划、产业发展、生态建设、公共服务、基础设施一体化，构建以县城为龙头、中心镇为节点、乡村为腹地的县域发展体系。全面提升中心城区发展能级，打造核心引擎；推动周边乡镇聚城组团发展，强化多极支撑；促进乡村"一村一品""一乡一特"发展，建设美丽乡村；在城区、产业集聚区和乡村之间，建设一批返乡微型创业园，使乡级成为产业孵化器，县级成为产业加速器。形成分工有序、布局合理、功能完善、结构协调的县域发展空间结构，有序引导人口流动和产业布局，增强产业承载能力。

3. 打造特色魅力县城

重视产城文旅的融合性，突出文化和产业特色，合理布局公共空间、生产空间、商业空间与居住空间，统筹推进特色城区、特色小镇和园区建设，塑造成为空间形态集约紧凑、空间结构错落有致、城市功能多元融合、历史人文丰富多彩，兼具乡村生态风貌和城市功能内涵，"产、城、人、文"四位一体的宜居宜业新空间，吸引更多的创新创业者集聚发展，加快成为豫东沿边地区副中心城市，提升鹿邑对豫东沿边地区的辐射力、带动力和影响力。

组长：谷建全　郑　林

成员：郜俊玲　盛宇飞

执笔：郜俊玲

慧眼看河南——县域经济何以成高原

河南日报
特刊|03
2021年12月23日 星期四
组版编辑 高昂 李晓屋 美编 王伟宾

□本报记者 方化祎 尹红杰 李昊

每当夜幕降临，小雨的直播间便进入一天中最热闹的时段。"国际大牌代工厂！教你低价囤好货！"盯着屏幕上密密麻麻的信息，她眯了眯发干的嘴唇，声音又高了几分。

3个月前，小雨成了公司签约的一名主播，负责在线上推销化妆品、面膜、口红等产品，工作地点在鹿邑县产业集聚区中俊产业园内。每天面对镜头超过10个小时，能达成数十笔订单，她的成绩在新人中相当不错。

此前，她并不了解美妆产业，"只买过几种瑞子货，不清楚是在哪儿生产的"。如今，每次开播，她都会公一句话挂在嘴边——"我现在所在的是中国化妆的之乡鹿邑，这里聚集了150多家化妆品企业，每年生产的化妆品占全国出口量的80%，也是许多大牌产品的实际生产地。"

"第一次了解到这些信息的时候，我很惊讶也很自豪，感觉出门几年，家乡竟从农业县变成时尚之城了！"小雨感叹，"就像是一阵风吹过，一个庞大的产业集群就这么出现了。"

专家点评

凤回鹿转

——来自鹿邑县域经济高质量发展的调查

引凤归巢

重塑一个产业

这叙重塑了鹿邑产业面貌的劲风叫返乡经济。

鹿邑县城带来变化的突破口是化妆品产业。

鹿邑县的化妆品企业主要分为两种，一种是在当地地基步发展起来的，另一种则是招商引资而"回流"，"凤归巢"工程从浙招引等地招回来的，以后看到多。

几次外出考察后，尾毛加工这个游产业——化妆刷产业成了地方政府关注的重点。"一把化妆刷的尾毛用料只有15克左右，售价却1万到几千不等，一个国际大牌会注重每只户尾，一只进口货是裂市的几倍，附加值就更高了。与此同时，随着美妆消费群体的扩大，产业整体给予的普及和消费需求的扩大，产业蓝海即将应应会产业链...

方向定了，可贫金和技术从哪儿来？有一群人进入了政府的视野。

早在90年代初，为了进一步扩大尾毛市场，许多鹿邑赶自该走向人旧到散步乡外出"淘金"。他们的足迹遍布深圳、义乌、宁波、天津等地，有一部分人通过加国外化妆品企业做代加工，逐渐延续产业链条，掌握了生产化妆刷的"核心技术"。

梁庆之便是其中之一。他带领几十名老乡别深圳开展尾毛加工，依托家乡丰厚的廉价劳动力和肥的资源，2000年成立了化妆刷生产公司，拥近10多年的磨合，从当地的行业王大者为龙头企业，带动当地乡外出加工企业外2000多户，还通卷该三丰鸡、三鹿等国际知名品牌的合作伙伴。

在亲畏政策的吸引下，梁庆之等人怀着报效家乡的热情回到家乡，为传统产业带来了先进的生产技术和逐渐成熟的渠道资源，鹿邑的化妆刷产业迅速崛起。仅一年多时间，83家化妆刷企业相继落户鹿邑，形成了尾毛、口管、毛刷、木柄、拉丝、配包等配套完整的产业链。

群凤还巢

唤回八方游子

劝说老乡返乡创业，要做的事情很多。

为了增进感情交流、方便老乡打理相关事，鹿邑县成立了"线上""鹿e家"和线下"鹿邑村"两个返乡创业中心，截至目前，平台累计注册用户已逾15万余人，累累解难，点宣、江苏、浙江等十多个省、直隔诉市，鹿邑在外的38万人中，有一半通过这种方式让家乡多了解、更清楚鹿邑了一些。

对于招回两家化妆刷创业的鹿邑，政府悉心诊意付出的深厚感情。房产证、让企业能速搭资产建厂房，政府还投入大额资金……鹿邑县制定的化妆刷地方标准，填补了国内此类产品生产标准的空白。

更关键的是，通过对化妆刷这一样本产业的扶持，鹿邑嗅到了返乡经济高质量发展的突破点，向外界释放了一亲管性环猛致力，老子指出科起了一股返乡创业热潮，"鹿邑县多干记率称引

王喜军是吴鹿邑人，也是鹿邑磨砺食品有限公司的"长"，当时他随时随地的老板——鹿邑人杨明赵亲到这里，曾理工厂的迅速壮大。

在乡情感召、政府呼召下，隔细供应乡，规划打造了鹿邑县设研食品工业园，建了工厂厂区厂仅用了几个月的时间，带动一大批乡乡创出投资鹿邑厂家。短短一年多时间，一批水、大家旺食品、丸来丸去食品、玫珠等产业相继落户鹿邑，推动鹿邑食品工业迅猛发展。

立根返乡经济，鹿邑县探索出了"输出打工人，引回创业者，带回就业者"的"双创"典型模式，由"输出一人、致富一家"向"返乡一人、带富一方"转变，2018年年初，鹿邑入选全国创新创业双创示范基地。

凤舞九天

创出一种模式

现在，到鹿邑投资的人中，不仅有不少外乡人，甚至还有了外国人。鹿邑县产业集聚区里有一家企业——河南正一产业有限公司，它的主要投资人有两位——鹿邑人赵成和一位葡国籍客商。

"走得海高，心必系家乡发展。在鹿邑县资招致政策的感召下，2016年，赵应成等带回那从巴国黄乡创业，2018年，他把制鞋厂的作所业生产线巴过来，合作创办了河南正一产业有限公司。

"入驻以后，政府帮我们调水电，办理土地使用证、房产证，让企业渡难关度过的，"牵应成说，"政府还投入人们大笔资金帮我们建厂房招了3000吨的污水处理设备了。"

鹿邑县发展完齐求高新质量，主任李浩表示，近年来，随着产业链越来越完善，鹿邑人在家门口厂就有元多一个，别日本商做随身的经贸，卖到300多元一个。

"鹿邑的营传统产"主要有三条通道——直播带货、产业链电商加工链等模式，别日本商从随身的销售相当可观，别一元多一个，别日本商从随身身后卖300多元一个。

目前，鹿邑县返乡创业者累计总10万人，累计创办各类经济实体3.5万个，带动就业195万人。

"对资素匮乏的地方来说，最重要的资源就是人，鹿邑的发展，关键在于把人请回来干了，"李顺说，"我们坚持把'鹿邑制造'和乡情感召结合，探索出一条市场资源和产业集聚赋投外出乡工的这股人，他们积累了财富和经验，回来为家乡的发展作出极大贡献。"

"邑"鸣惊人

领跑一域经济

高大上的展厅，繁忙的生产线，忙碌的带货直播间……记者在鹿邑化妆刷产业园采访时发现，随着化妆刷产业兴起，越来越多美妆企业都充满机遇。

但无论是县级产业、还是乡村振兴，产业都面临着一些问题。

这里企业很小，但自主品牌不多。随大部分是通过国内外品牌代加工模式低端生产代工维、利润薄度，比如，邹平部从鹿邑车间出厂时才一元多一个，别日本商做随身的经贸。

"鹿邑急需从量不可与产业的一大短板。化妆刷企业扣客销售商品，核心美妆产业企业非翔销售额最高的1亿元左右，大部分企业管理能欠，在产工艺差不齐、研发、技术、营销、品牌等方面都需要提升许多。

在化妆刷原料补市后，鹿邑掌握着绝对的话语权，95%的动物毛、85%左右的人造补毛毛化的品生、鹿邑切工、这个市场的规模在120亿美元左右，随着鹿邑涌上，但鹿邑的潜能还远没有释放出来。所有的一切，归结为一句话，人才不足、创新乏力。

好在鹿邑制的出路已有端倪。记者来访当时发现，一个造型别做的工业科织小镇正在加紧建设。浙江大学硅诸博士、鹿邑人于红晶和他的团队在鱼镇这一种碰撞，人工服坞备等多企会于一体的创新创业服务基地，吸引鹿邑在外兴创业创新的态服。

乡村振兴的基础是产业，产业发展的核心在人才。鹿邑通过化妆刷产业这一突破口，吃开了产业兴旺的一片天地，从原来年人才东南"归雁还巢"，10万大军回归鹿邑创业，一条农业大县的乡村振兴之路加速成形。

"凤回鹿转，一个升级版的'中国化妆刷之都'正一步步从理想走向现实。③6

化妆刷生产车间。⑨6
鹿邑县委宣传部供图

中俊产业园内正在直播的带货主播。⑨6
本报记者 李昊 摄

实施全域旅游，推动富民增收城乡融合

——栾川县域经济发展调研报告

河南日报县域经济调研组

地处伏牛山腹地的栾川县，以"两山"理论为指导，立足于旅游资源和产业基础优势，抢抓国家级全域旅游示范区的创建机遇，积极探索全域旅游带动县域经济发展的体制机制，精心打造全域旅游品牌，整体推进全域统筹规划、全域协调管理、全域配置资源、全域共建共享、全域开展"旅游＋"和"＋旅游"活动，实现了城市乡村景区化、景区发展全域化、旅居福地品质化，形成了全域旅游带动乡村振兴、促进城市繁荣、强化产业融合、推动富民增收的发展格局，走出了一条全域旅游带动型的特色发展之路。近年，栾川县先后获得国家首批中国旅游强县、国家首批全域旅游示范区、国家旅游业改革创新先行区、国家"两山"理论实践创新基地、国家级生态县和全国休闲农业与乡村旅游示范县等一批国家级荣誉称号，把全域旅游打造成了县域经济的增长点、共同富裕的支撑点和绿色发展的金色名片，在创新发展中取得了新成效，在高质量提升中创造了新业绩，为县域经济"成高原"树立了新标杆、提供了新经验、打开了新视域。

栾川地处伏牛山腹地，既是生态旅游和矿产资源大县，也是国家级贫困县和秦巴山区连片扶贫开发重点县。近年，栾川以创建国家级全域旅游示范区为抓手，坚持生态为基、旅游引领、产业融合、乡村振兴、扶贫富民的发展理念，高水平编制全域旅游带动县域经济发展的规划，积极探索全域旅游带动县域经济发展的体制机制，精心打造全域旅游品牌，整体推进全域统筹规划、全域协调管理、全域资源配置、全域共建共享、全域开展"旅游+"和"+旅游"活动，形成了以全域旅游发展带动乡村振兴、促进城市繁荣、推动产业融合、实现富民增收的县域经济发展模式，走出了一条"绿水青山就是金山银山"的栾川道路。先后获得国家首批中国旅游强县、国家首批全域旅游示范区、国家旅游业改革创新先行区、国家"两山"理论实践创新基地、国家级生态县和全国休闲农业与乡村旅游示范县等一批荣誉称号。在未遭受突发性疫情影响的 2019 年，全县接待游客 1638.1 万人次，实现旅游总收入 96.3 亿元，旅游业增加值占 GDP 比重达16.5%。栾川在国家级全域旅游示范县的创建活动中走在了全省前列，在推进县域经济"成高原"的高质量发展中创造了新成就，为全域旅游带动县域经济发展的典型模式提供了可以学习、可资借鉴的诸多经验和有益启示。

一、实施全域旅游带动县域经济发展战略的条件和机遇

栾川实施全域旅游带动县域经济发展战略，既是基于自身所具有的得天独厚的资源优势和旅游产业多年发展所创造积累的条件，更得益于栾川人勇立潮头、敢占先机的创新精神和抢抓机遇的能力。

（一）实施全域旅游带动县域经济发展战略的优势条件

栾川实施全域旅游带动县域经济发展战略的优势，主要表现为地处伏牛山区的区位优势和丰富的青山绿水自然禀赋，以及栾川人几十年来深耕于旅游业形成的基础设施、旅游品牌和市场认同度等良好基础。

1. 全域旅游带动县域经济发展战略的资源优势

（1）优质旅游资源富集。栾川总面积 2477 平方公里，环境空气优良天数常年保持在 310 天以上，域内冬无严寒、夏无酷暑，气候具有"一山有四季、十里不同天，山下开桃花、山上飘雪花"的特点，是世界十大乡村度假胜地、国家生态森林城市、国家园林县城、国家卫生城和中国人居环境最佳范例。在全国 8 大类 31 个亚类 155 种旅游资源类型中，栾川就有 8 大类 26 个亚类 84 种类型，分别占全国的 100%、83.9% 和 54.2%。全县拥有国家 5A 级景区 2 家，4A 级景区 7 家，3A 级景区 5 家，乡村景点 35 个。

（2）矿产资源和动植物资源丰富。栾川金属及非金属矿产有 50 多种，钨钼储量大、品位高，属于世界级特大型有色金属矿床。主要树种有桦栎树、华山松、杉木等，经济林木主要有核桃、山茱萸、山楂、漆树等。中药材主要有连翘、柴胡、金银花、天麻等 1000 多种，被誉为豫西天然药库，是河南中药材的重要生产基地之一。食用菌有木耳、猴头、香菇、拳菜等 10 多种，珍稀野生动物有豹、獐、水獭、红腹锦鸡等 20 多种。

2. 实施全域旅游带动县域经济发展战略的基础条件

（1）全域旅游起步早、发展快，县域旅游基础设施相对完善，一批高端景区和景点被成功打造。基于 20 多年的深耕和发展，栾川旅游产业先后创建了"栾川模式""全景栾川""奇境栾川"的全域旅游品牌，打造了一批国内著名的旅游景区景点。道路交通条件大幅度提升，景区管理进一步规范，旅游设施进一步完善，从业人员素质整体提高。为发展全域旅游业积累了经验、培养了人才、培育了市场，为实施全域旅游带动县域经济发展战略奠定了基础。

（2）拥有国家全域旅游示范区的有利条件。2020 年栾川被列入第二批国家全域旅游示范区，获得了示范区"八项优先"政策。即优先纳入中央和地方预算内投资支持对象；优先支持旅游基础设施建设；优先纳入旅游投资优选项目名录；优先纳入国家旅游宣传推广重点活动；优先纳入国家旅游改革创新试点示范领域；优先支持 A 级景区等国家重点旅游品牌创建；优先安排旅游人才培训；优先列入国家旅游局重点联系区域。这为栾川实施全域旅游带动战略创造了许多有利的政策条件。

（3）发展全域旅游是栾川人民的民心所向。栾川 15 个乡镇中 13 个有旅游景区，其中 45 个村庄的主导产业是乡村旅游业，全县约有 16 万人从事与旅游相关的劳动或服务活动。群众吃的是旅游饭，发的是旅游财，念的是旅游经，盼的是旅游好，全县上下对于发展全域旅游存在着较高的共识度。打造以核心景区为主体、以乡村旅游为支撑、以全域旅游为纽带的新型旅游体系，可以获得广泛的群众支持；把栾川建设成集研学旅行、休闲旅游、汤泉疗养于一体的旅游目的地，具有较高的社会认同度和群众基础。

（二）实施全域旅游带动县域经济发展战略的机遇

实施全域旅游带动县域经济发展战略，既是栾川按照经济发展规律、按照国民收入增长对旅游业发展影响规律做出的判断，也是栾川抢抓国家和省市重大部署和战略转型机遇的决策选择。

1. 国家发展战略转型的机遇

新的时期、新的发展理念、新的国家发展格局和"两山"理论的全面贯彻落实，为旅游产业发展搭建了广阔平台。国家"十四五"时期战略规划的实施，"五位一体""四个全面"总体布局的形成，以及"一带一路"建设的持续推进，加快了跨区域、跨国界的政策融合和设施互通，为旅游融合发展带来难得机遇。黄河流域生态保护和高质量发展与中部地区崛起等国家重大战略的区域叠加，为栾川发挥全域旅游优势、加快城乡融合发展提供了重要机遇。尤其是国家生态产品价值评价体系的建立，生态保护补偿机制的完善，进一步凸显了栾川"九山半水半分田"的生态优势。自 2018 年全域旅游年开始，全域旅游纳入了国家顶层设计的范围，推动了传统旅游业的快速转变。近年，围绕着全域统筹规划、全域资源整合、全域要素配置、全域共建共享的目标，全国各地深入开展"旅游+"活动，不断衍生出旅游业与城镇化融合、与乡村振兴融合、与脱贫攻坚融合、与城乡基础设施建设融合、与文化康养业融合等新产品、新业态、新供给，为栾川实施全域旅游带动县域经济发展战略提供了经验和发展机遇。

2. 国民经济转型升级的机遇

国民经济发展的规模、质量和效率，国民人均收入水平的提高，特别是创新、协调、绿色、开放、共享发展理念的深入人心，给旅游业转型升级、提质增效、创新产品和服务、增加有效供给提供了机遇。研究表明，人均年收入达到 3500—4000 美元，旅游消费将会从观光旅游向休闲度假旅游转换，进入大众旅游时代。我国人均年国民收入已经突破 1 万美元大关，高于中等发达国家 9074 美元的水平。随着经济转型提级和居民收入水平的增加，旅游进入人民群众的日常生活，成为基本的大众化消费，自助游、自驾游、家庭游成为主要出游方式。人民群众休闲度假需求快速增长，既对基础设施、公共服务、生态环境提出新期望，又对个性化旅游产品、特色化旅游供给和人性化服务质量提出新要求，中高端化旅游需求的规模快速提升。随着城乡居民收入的稳步增长、消费结构的加速升级、人民群众健康水平的大幅提升，开辟了旅游业发展的新领域；随着带薪休假制度的落实和假日制度的完善，随着航空、高铁、高速公路等快速发展，全国性的旅游消费必将快速释放，拓展了全域旅游产业发展的新空间。旅游业需求端的变化，既推动着旅游业供给侧结构性改革，也为旅游产业转型升级创造了机会。

3. 省级层面的战略规划和政策实施的机遇

中原城市群等"三区一群"的战略部署，为旅游产业发展提供了新机遇。河南高标准建设"四个强省、一个高地、一个家园"的战略谋划，省委省政府"加快推动县域经济成高原"的战略部署，为实施全域旅游带动战略提供了基本的遵循，为实现"强县和富民统一起来、改革和发展结合起来、城镇和乡村贯通起来"指明了方向。同时，随着各项支持性政策措施的相继出台，县域经济的放权赋能改革不断深化，更多经济社会管理权限赋予县级政府，尤其是县级财政制度改革等措施的实施，给栾川全域旅游推进、全域产业融合创造了条件。郑洛西高质量发展合作带的谋划以及洛阳副中心城市都市圈的规划建设，河南省"十四五"规划以及"十四五"旅游业发展专项规划的制定实施，为栾川实施全域旅游带动县域经济发展战略谋划了新途径。从省级层面打造伏牛山养生度假旅游产业集群的规划实施，将伏牛山旅游区打造成"以山水休闲、养生度假为特色的国际知名、国内一流旅游区"的措施落实，保护伏牛山旅游区生态系统完整性、生物多样性和地质构造独特的政策落地，规划建设伏牛山旅游通道的项目快速推进，以及支持伏牛山区域发展温泉养生、康体健身、休闲度假、漂流滑雪、野营探险等特色旅游产品的政策落地，为栾川实施全域旅游带动战略提供了新机遇。

老君山雪景（潘跃运　摄）

二、实施全域旅游带动县域经济发展战略的实践与成效

栾川立足资源禀赋优势，抓住国家经济转型升级和重大宏观决策部署及其省市重要规划调整的机遇，坚持以新发展理念引领高质量发展，坚持以全域旅游发展带动县域经济融合发展，积极探索，勇于实践，取得了显著成效。

（一）实施全域旅游带动县域经济发展战略的实践

栾川实施全域旅游带动县域经济发展战略的实践，可以集中概括为：实施"一个战略"、明确"两个准则"、突出"三个带动"、落实"四项举措"、强化"五项保障"、创新"六个亮点"。

1. 实施"一个战略"

所谓实施"一个战略"，就是实施全域旅游带动县域经济发展战略。

根据资源优势、有利条件和发展机遇，栾川确定实施全域旅游带动县域经济发展的战略。旅游业是栾川的传统优势产业，也是吸纳就业人数最多、县域经济带动性最强的产业，旅游产业是栾川社会经济发展不可或缺的支撑和基础。据测算，旅游业每增加一个单位的消费，就可以带来3—4个单位的经济增长；旅游业每增加一个直接就业人员，就可以带动或增加旅游相关产业7—8人的就业；旅游收入每增加1元，就可能带动关联产业增加收入4—5元。基于传统旅游业的发展基础、资源优势和带动作用，栾川以国家全域旅游示范区创建活动为契机，抢抓旅游业转型升级的机遇，积极利用旅游业融合力强、带动范围广的特点，选择了以旅游业带动县域经济的发展路径。明确以全域生态旅游为抓手，推动传统产业的技术改造和结构调整，推动县域经济的绿色发展和智能化发展。通过超前谋划、科学规划、抢抓机遇，积极开展以全域旅游推动县域经济发展的创新探索。

2. 明确"两个准则"

所谓明确"两个准则"，就是明确生态绿色的发展准则和规划先行的工作准则。

一是明确生态绿色的发展准则。坚持生态发展、绿色发展的理念，明确生态绿色的发展准则，推动县域经济的高质量发展和可持续发展。先后出台了《关于加快推进生态文明建设的决定》《栾川县生态旅游开发与生态资源保护衔接工作体制机制》，强化对自然生态系统的保护和生态环境的修复，大力开展全域水系、全域国土绿化和生态景观廊道建设。成立由县委书记任主任的城乡建设规划委员会，严把项目立项关，构建生态发展、绿色发展的全过程监督体系。

二是明确规划先行的工作准则。确立先规划设计、后开发建设的工作准则，规范全域的建设程序和开发行为。坚持没有规划不准上项目、不通过论证的规划不准实施、不经审批的项目不准动工。强化规划就是强化规矩和法治意识，做到规划一经确定，就必须一张蓝图绘到底，防止盲目开发和低水平重复。加强旅游业规划与经济社会规划的衔接，做到与脱贫攻坚、产业发展、城乡发展、环境保护、基础设施建设等规划协调兼容。加强与周边区域的融合联动，实现优势互补、资源共享、发展互助，构建全域旅游新思维。转换"单一景区建设"的规划定式，以全域旅游的理念指导规划编制，以更加开阔的视域布局旅游业的发展，优化资源要素配置，提高全域旅游的质量和效率。

3. 突出"三个带动"

所谓突出"三个带动"，就是突出以全域旅游带动富民增收、带动乡村振兴、带动县域经济发展。

一是突出以全域旅游带动富民增收。旅游业具有带动性强、就业门槛低的特点，有利于村民依靠"种风景"赚钱，通过劳动致富，增强自主造血功能。特别是一些青山绿水资源、野生动植物资源、自然生态资源丰富的贫困村，只要乡村旅游业延伸到该区域，就可以通过农事采摘体验、花卉欣赏、垂钓休闲、民宿度假等活动，增加村民收入，带动脱贫致富。目前，贫困人口的人均纯收入由 3603.7 元增长至 13169.7 元，3160 多个贫困户完成易地扶贫搬迁，获得了"全国易地扶贫搬迁成效明显县"荣誉称号。把山区道路等旅游设施建设与脱贫攻坚结合起来，实现了通村道路硬化、客运班车通行、动力电进村等贫困村全覆盖，农村居民的生产生活环境明显改善，贫困居民的生活质量明显提升。

二是突出以全域旅游带动乡村振兴。栾川将全域旅游与乡村振兴结合起来，加强旅游、农业、扶贫等政策的衔接，在旅游项目策划、旅游商品研发、旅游服务提升和旅游营销推广等方面，为乡村旅游业提供必要的指导、支持和服务。因地制宜、突出特色，注重自然环境、乡土特色、历史风貌保护和传承，打造望得见山、看得见水、记得住乡愁的乡村旅游产品。基于旅游基础设施是全域旅游发展的基本条件这一事实，从旅游基础设施项目与乡村基础和公共服务设施的需求高度重合的现状出发，县乡两级按照干净、整洁、便利、规范的标准，提升乡村旅游的餐饮、住宿和卫生条件，改善乡村道路通行条件，实现旅游基础设施和配套服务体系与乡村振兴的共建共享。通过乡村旅游人才培养以及村民餐饮、导游、手工制作等技能培训，提高村民特别是贫困群众的脱贫致富能力。扶持了 1687 家农家宾馆，建设了 27 个扶贫基地，打造了"栾川印象"区域农产品品牌，开发了 8 大系列150 余款栾川特色旅游推广产品，培育了 1 家国家级、38 家省市级农业龙头企业，发展了 12 个沟域经济示范带，有力助推了乡村振兴。

三是突出以全域旅游带动县域经济发展。发展全域旅游业就是发展栾川劳动密集型产业，发展全域旅游业就为县域经济奠定了就业基础，发展全域旅游业就为栾川县域经济发展夯实了产业基础和支撑。据有关测算，拥有 30 多万人的栾川县，从事旅游业及其相关行业的从业人员，或者说通过旅游服务获取收入的居民竟然高达半数，旅游业已经成为大批城乡居民家庭特别是景区景点周边的农村家庭的主要收入来源。

通过发展全域旅游，进一步优化生态环境、人文环境和营商环境。围绕着"向上向善旅居福地新栾川、打造伊水栾山养生城"的建设目标，强化绿色意识、环保意识、生态意识，增加居民的幸福指数和获得感。广泛持久地开展"栾川人爱护栾川山水、栾川人维护栾川形象"的群众性活动，形成了人人美化栾川形象、人人维护栾川形象、人人宣传栾川形象的县域文化氛围，将人文环境打造成了与生态环境并驾齐驱、美美与共的旅游亮点。

新南铁路小镇（栾川县委宣传部供图）

通过发展全域旅游，进一步优化了县域发展的"硬环境"。近年，累计投资 100 多亿元，建设了尧栾、栾西、栾卢、渑栾 4 条高速公路和石张线、重渡沟至鸭石的旅游公路，建成了河南首家高铁无轨站；景区厕所全部创 A，旅游重点村水冲式厕所覆盖率达到 100%；深化城乡行政执法、交通运管体制及卫生计生、食品药品行政执法等体制改革，全面优化旅游行业管理和行政执法环境。

通过发展全域旅游，催生旅游新业态，推进传统产业改造和新兴产业的绿色发展。继续擦亮栾川旅游这张发展金名片，持续为"两山"理论绿色发展示范区、全域旅游示范区的荣誉称号增光添彩，加快形成了以康养产业园、城市综合体特色商圈、特色风情小镇为载体的新型旅游业态。在为传统采矿业和加工制造业创造良好生态环境的同时，加大对传统产业的污染防治、技术改造、信息化智能化嫁接的力度，加快推进全国重要的钨钼氟新材料的生产加工产业基地建设，推进县域产业的绿色发展。

4. 落实"四项举措"

所谓落实"四项举措"，就是落实生态立县、旅游富县、产业强县、创新兴县四项战略举措。

一是落实生态立县。坚持绿色发展，打造生态栾川，推进生产、生活、生态深度融合。立足省级重点生态功能区、洛阳南部生态涵养区的定位，积极融入黄河流域生态保护和高质量发展战略，加大生态环境保护和修复力度，以"绿水青山"培养"金山银山"，用"金山银山"反哺"绿水青山"，推进产业生态化、生态产业化进程。构建旅游开发与生态资源保护相衔接的体制机制，强化对自然生态系统的保护和生态环境的修复，大力开展全域水系治理、全域国土绿化和全域生态景观廊道建设，努力将山水林田湖草一体化治理和生态系统修复工程打造成为国家级"绿色矿业发展示范区"，走出一条生态环境更优、山水财富更旺、人与自然和谐共生的县域经济发展之路。

二是落实旅游富县。以发展为民、为民发展为指导，以国家全域旅游示范区的创建活动为抓手，提高区位优势和资源优势的利用效率，提升县域经济的硬实力、软实力和吸引力，增加县域经济的发展收益和人民群众的收入红利。通过旅游与文化、康养、度假、研学的深度融合，加快康养旅游、度假旅游、养生旅游和健康养老等旅游业态的发展，拓宽城乡居民的就业渠道；通过培养健康产业集群和建设健康养老产业园，打造伏牛山旅游度假康养示范区和全国休闲康养度假基地；加快文旅富民的节奏，通过完善游栾川奇景、住栾川民居、品栾川味道、购"栾川印象"、讲栾川故事的全域旅游的活动，提高文化旅游在县域经济发展中的权重，为县域经济发展数量和质量的提升做出更大贡献；扩大旅游服务领域、扩展旅游服务项目、提升旅游服务质量，增加旅游全产业链条的收入规模。通过文化旅游产业的发展，把文旅富县的各项措施落到实处。

三是落实产业强县。以信息化、智能化等先进技术改造传统产业，延长和优化钨钼等传统优势产业的产业链条。以新材料、生物制药为重点，培育战略新兴产业集群。以全域旅游为依托，加快高效农业、特色农业的发展。通过产业链招商、新业态引进、技术资本人才等要素合作，扩大县域经济发展的开放度。通过创新主体的培育、创新产业的发展、创新活力的激发，形成创新驱动的发展新优势。通过全域旅游带动乡村振兴、城乡联动和产业融合，实现县域经济的联动发展。通过全域旅游、沟域经济、特色农业的发展，拓宽就业渠道，夯实产业强县的基础。通过旅游产业全链条拓展、全域化开发和全方位融合，打造旅游带产业、产业促就业、就业惠民生的旅游带动性发展样板。通过构筑开放带动中心、创新科技中心、农业现代化示范中心、幸福消费引领中心、公共服务保障中心这五个平台，促进产业的协同发展。通过现代产业体系的创建，把产业强县的各项措施落到实处。

四是落实创新兴县。通过落实创新驱动战略措施，推进科技创新、产业创新、业态创新、模式创新、市场创新、机制创新和管理创新，加大人才培养和引进的力度，增加科技创新的投入，打造大众创业福地和万众创新高地，充分调动全社会创业创新的积极性。目前，新增国家级高新技术企业 7 家，进入国家和省级科技型中小企业序列的企业已经分别达到 32 家和 57 家；建设市级以上研发平台 30 个，创建省级以上工程技术研究中心 6 个。高新技术产业增加值占规模以上工业增加值比重达到 60%，新兴产业产值占规模以上工业总产值比重达到 10%。通过创新驱动，把创新兴县的各项措施落到实处。

5. 强化"五项保障"

所谓强化"五项保障"，就是坚持规划引领、加强统筹协调、强化人才支撑、完善体制机制和严格考核监督。

一是坚持规划引领。以五年规划为主导、专项规划为支撑，形成定位明晰、功能互补、全域融合、统一协调的全域旅游带动县域经济发展的规划体系。重点是加强县域经济发展规划与全域旅游规划、土地利用规划、城乡规划的衔接，确保整体目标上一致、空间配置上协调、时间节点上有序，为实施旅游带动县域经济发展战略提供规划保障。围绕黄河流域生态保护和高质量发展，修编完善《栾川县全域旅游发展总体规划》，增强国民经济发展规划、土地利用规划、城市发展规划的相容性，提高多规合一的规划统筹度。2017年以来，县财政预算年单列1亿多元旅游发展专项资金和1500多万元旅游营销专项资金，重点支持旅游规划编制、项目建设和人才培训等，为实施全域旅游带动县域经济发展战略提供规划保障。

二是加强统筹协调。建立联席会议制度，成立了由县委书记任政委、县长任指挥长，全县15个乡镇、49个县直单位为成员的全域旅游带动县域经济发展指挥部，定期协调解决工作过程中遇到的重大问题。完善政府推进、部门合作、上下联动的工作机制，将工作任务和目标层层分解，明确责任部门、责任单位、责任人和时间节点，确保各项工作任务的落实，累计分解落实400余项建设任务。各乡镇设立乡村旅游办公室，专职专责推进全域旅游发展，为实施全域旅游带动县域经济发展战略提供组织保障。

三是强化人才支撑。制定激励政策，加快培养和引进各类高端人才的步伐，为全域旅游和县域经济发展提供人才保障。注重产业转型、全域旅游人才，特别是钨钼产业、现代农业、健康养生方面的领军人才的培养和引进。创新人才选拔、评价、考核和奖惩办法，提升人才的开发利用水平，为实施全域旅游带动县域经济发展战略提供人才保障。

四是完善体制机制。完善投融资体制机制，加强政府资金的统筹调度，集中财力保障重点领域、重点项目的支出，保证政府主导的重大项目的资金需求。近 3 年，财政资金撬动涉旅项目累计投资 116.8 亿元，占全县项目投资总额的 60% 以上。积极研究、充分利用国家及省市赋予栾川的优惠政策，及时调整、制定县域经济融合发展政策，鼓励并支持社会资金参与全域旅游和县域经济的重点项目建设，为实施全域旅游带动县域经济发展战略提供资金保障。

五是严格考核监督。建立科学的绩效考评机制、考评体系和具体的考核办法。强化对全域旅游和县域经济发展目标完成情况的综合评价考核，并将考核结果作为被考核对象的奖惩依据。加强监督检查，对工作中出现的新情况、新问题，及时研究和处置，为实施全域旅游带动县域经济发展战略提供过程监督保障。

6. 创新"六个亮点"

所谓创新"六个亮点"，就是社会资本制度创新、金融信贷制度创新、旅游用地制度创新、旅游营销机制创新、旅游扶贫模式创新和旅游治理体系创新六个亮点。

一是创新社会资本制度，为全域旅游注入新活力。创新社会资本准入制度，支持社会资本腾笼换鸟、转型升级，推进工业反哺旅游活动，引导县域民营企业家投资旅游业，已经吸引近 50 亿元县域社会资本支持旅游业发展；利用市场配置资源机制，加快了老君山、重渡沟、伏牛山滑雪乐园、抱犊寨、龙峪湾、伊水湾大酒店、伏牛山居温泉度假村等一大批亿元级的旅游项目落地和建成投用，为实施全域旅游带动县域经济发展战略注入了强劲活力。

二是创新金融信贷制度，支持全域旅游的新发展。加强政府与银行的衔接，搭建银企、银旅对接平台，制定实施《关于金融支持栾川全域旅游发展的实施意见》，强化金融扶持，通过设立信用村、开展旅游景区经营权质押和门票收费权质押融资，累计向旅游景区、农家宾馆等各类旅游经营主体发放贷款 15 亿元，有效缓解了旅游企业的融资矛盾，支持了全域旅游的新发展。

三是创新旅游用地制度，营造旅游项目规划建设的新环境。完善旅游用地的分类体系，为旅游用地出让提供依据。在编制国土空间规划时，预留不少于 10% 的旅游用地规模指标。激活宅基地的公共资源属性，在适当收取超占宅基地有偿使用费的基础上，引导超占宅基地分类退出，引导乡镇村组、农民群众有序参与乡村旅游业的建设发展，营造了旅游项目规划建设的新环境。

四是创新旅游营销机制，全域旅游营销取得新成效。策划推出"奇境栾川"旅游目的地形象品牌，实现由景点营销向目的地整体营销的转型。开展党政主导、全员上阵的旅游大营销活动，通过在主流媒体投放广告、"奇境栾川"的高铁冠名、高速免费活动等热点营销模式，推介栾川旅游、做大旅游品牌、开拓旅游市场。"全景栾川""奇境栾川""栾川印象"系列品牌形象，赢得了业界和市场的广泛认可和好评，全域旅游营销取得新成效。

五是创新旅游与扶贫融合方式，建立旅游扶贫的新模式。栾川首创的全区域营造旅游环境、全领域融合旅游要素、全产业强化旅游引领、全社会参与旅游发展、全民性共享旅游成果的全景栾川模式，高度契合国家全域旅游发展的理念。以乡村旅游为载体，对旅游扶贫新模式进行了探索。2014 年，全景栾川课题报告编入旅游专业研究生教材；2016 年，国家旅游局将栾川模式总结为"全域景区发展型"并在全国推广；2018 年，重渡沟脱贫模式入选世界旅游联盟的旅游减贫案例；2019 年，栾川县旅游产业扶贫的做法入选全国精准扶贫典型案例；2020 年 7 月 8 日，《人民日报》头版刊发《生态饭才是长久饭》，推出围绕生态保护发展乡村旅游、带领当地群众精准脱贫的栾川典型，建立了旅游扶贫的新模式。

六是创新行业管理，构建旅游治理新体系。着眼于秩序建设与全域安全，在国内率先成立了县级旅游警察大队，组建旅游联合执法大队、旅游巡回法庭、旅游工商分局，构建"1+3+N"旅游和社会管理的全域、全程融合的治理模式，完善旅游市场及安全管理体系，全面提升游客的便利度、舒适度、体验度和满意度。推行农家宾馆"十个一""四十四个有"经营的标准，创造了农家宾馆规范管理的栾川经验。大力发展民宿经济，成立全县民宿产业联盟，聘请国内知名民宿设计师、文化创意人才，组建民宿业创新发展智库。支持发展 104 家精品民宿，依托特色村落，发动村民对农村闲置校舍、厂房进行改造升值，开展民宿群落建设，鼓励本地人才返乡创业，活化利用闲置资产，构建旅游治理新体系。

重渡沟竹海（栾川县委宣传部供图）

（二）实施全域旅游带动县域经济发展战略取得的成效

栾川坚持以新发展理念引领高质量发展，坚持以全域旅游带动县域经济融合发展，发挥优势，抢抓机遇，勇于实践，成效显著。

1. 聚焦经济发展，提升了县域经济实力

2020 年年末，全县地区生产总值达到 273.28 亿元，人均生产总值达到 77000 元，两者均比 2010 年翻了一番多。一般公共预算收入达到 23.1 亿元，公共财政保障能力显著增强；高新技术产业增加值占规模以上工业增加值比重达 60%，规模以上工业增加值年均增长 9.3%，工业经济提速增效；脱贫攻坚任务顺利完成，乡村振兴战略全面推进；县域主要经济指标的增长速度高于全省平均水平，发展后劲明显增强；科技研发费用达 2.3 亿元，战略性新兴产业产值占规模以上工业总产值比重达 10%，钨钼氟新材料产业保持强劲发展态势，创新能力明显提高；现代中医药产业呈现出高成长的良好前景，君山制药、深山科技竞争力显著增强；沟域经济发展百花争妍，区域农产品品牌的市场影响力持续扩大；健康养老产业快速发展，电子商务、"文化 +"和"生态 +"等新业态蓬勃发展，围绕文旅创意设计、网商创业创新以及健康产业发展等创建了 3 家众创空间；全域旅游成了新的县域经济增长点。

2. 立足生态绿色发展，美化了城乡全域环境

"两山"理论深入人心，伏牛山生态功能核心区的建设加快，实现了蓝天、碧水、净土的高质量发展。坚持走产业生态化、生态产业化的发展之路，大力发展生态经济，森林覆盖率达到 82.7%，位居全国前列。"两降一升"指标全面完成。PM2.5 浓度下降 29%，PM10 浓度下降 36.6%。城镇污水集中处理率达到 98%，生活垃圾无害化处理率达到 95%，地表水环境质量达到Ⅲ类以上标准。加强大气污染防治，环

境空气质量优良率保持在 90% 以上；空气质量综合指数位居全省第一，2020 年优良天数达到 354 天，成为河南首批空气质量国家二级标准达标县。生态文明建设和美丽乡村建设等工作走在省市前列，赤土店镇成功创建国家级园林乡镇，潭头镇成为省级特色镇，国家级生态县和国家生态文明建设示范县的创建成果显著，连续五次蝉联国家卫生县城荣誉称号。

3. 推进全域旅游发展，实现了县域经济的全方位融合

发挥旅游产业关联带动作用，将旅游融入县域经济发展的各个领域和层面，旅游产业链不断延伸，新业态持续涌现，呈现旅游与城镇建设、乡村振兴等领域全方位融合发展的新局面。按照 5A 景区标准打造的县城，已经成为全域旅游的亮点；伊河水系和城市景观提升工程，激活了以"山城夜八点"为平台的县城夜经济；因地制宜改造和建设的山地公园、街心游园、休闲步道、特色街区，优化了宜业、宜居、宜乐、宜游的县城环境。全域旅游与乡镇建设全面融合，按照全域旅游的示范标准，打造了潭头汤泉水镇、秋扒荷花小镇、陶湾养生小镇、石庙滑雪小镇、白土牡丹小镇等一批特色旅游乡镇，初步形成了一镇一品的乡村旅游新格局。休闲农业、乡村旅游与精准扶贫融合工程顺利实施，推出了王府竹海、荷花小镇等一批乡村旅游新项目。全域旅游与高效农业深度融合，催生了以高山杂粮、食用菌、中药材、特色林果、苗木花卉和特色养殖六大产业带，打造了"栾川印象"优质农产品区域品牌。全域旅游与多业态的融合创新成效显著，以"游奇境栾川、品栾川味道、住栾川山居、购栾川印象、讲栾川故事"为支撑的全域旅游产业链基本形成，以冰雪体验、温泉度假、森林康养、红色教育、科考研学、避暑休闲、田园观光等为主导的旅游新业态健康发展。全域旅游与数字技术及其信息产业的深度融合，推进了线上消费和云消费的快速发展。全域旅游与文化的融合持续强化，挖掘展示了 101 项非遗项目，乡村文化遗产保护利用水平不断提高；实施文化进景区工程，成功举办了"中原非遗"进景区、《梨园春》进栾川等系列活动；豫剧《重渡沟》获国家文华奖和中宣部"五个一工程"奖，电影《伊水栾山》向世界展现了栾川的好山、好水、好人、好景。全域旅游与人文环境的融合获得社会的广泛支持，社会各界和人民群众的形象意识不断增强，旅游与人文社会环境的互动融合程度持续提高。

4. 突出创新发展，做大做强了特色支柱产业

促进新材料、生物医药、资源循环利用等新兴产业成长，将创新链与产业链精准对接，实现科技创新对旅游业、制造业和服务业的全覆盖，推进了现代产业跨越式发展。高新技术企业和创新机构位居全省县域前列，创建了钨钼氟新材料产业科技创新高地，科技进步对县域经济的贡献率大幅提升。新一代信息技术得到了广泛应用，建设数字政府和数字社会，推进了产业发展、基础设施、公共服务和生态环保的数字化、网络化、智能化、现代化。乡村特色产业不断发展壮大，213 个行政村集体经济年收入全部超过 5 万元，其中 70% 以上村超过 10 万元；培育形成一批农业新型经营主体，打造集中连片产业基地 27 个，发展农民合作社 997 家和家庭农场 20 家，培育市级以上龙头企业 37 家、农业产业化联合体 2 家，形成了城乡产业的发展新优势。

5. 深化体制改革，激活了县域经济发展动力

不动产登记改革走在全省前列，在全市率先完成城市管理行政执法体制改革，卫生计生、食品药品安全监管、交通运输行政执法和运管体制改革全面完成。产业聚集区体制机制改革扎实落地，发展活力进一步释放。集体林权制度等农业农村改革高效推进，成立了全省第一家林权交易服务中心，在全市率先完成了农村集体土地确权和农村土地承包经营权确权登记。改革开放步伐加快，实际利用省外境内资金 259.5 亿元，

年均增长 3.8%；不断扩大对外贸易，外贸进出口总额累计完成 2.5 亿元；深入开展对外合作交流，与北京昌平对口协作取得积极成效。充分发挥生态、旅游、工矿三大优势，加快了现代产业体系建设。

6. 培优育强旅游品牌，提升了栾川旅游的知名度和美誉度

"全景栾川"影响全国，"栾川模式"成为行业范例等等。这些品牌远远领先于全省，成功进入全国旅游名县第一方队，成为全省乃至全国旅游品牌打造、旅游业态培育、旅游项目营销的领跑者。近年策划的一系列特色营销活动，扩大了"奇境栾川"旅游目的地的品牌影响力。连续四年举办了"老家河南，栾川过年"活动，连续两年举办了"奇境栾川"迎新马拉松活动，持续多年打造了栾川冬季游品牌。以"奇境栾川"号冠名高铁，连续三年举办游栾川免高速通行费活动，惠及游客达 395 万人次，实现旅游综合收入 26.33 亿元，开启了"旅游 + 交通 + 扶贫"新模式。策划奇境栾川避暑券活动，成功推动了生态"凉"资源向旅游"热"经济的转变。

7. 坚持发展为民，促进了基础设施建设和社会事业的持续提升

坚持民生支出只升不降，保障民生支出占一般公共预算支出比重不低于 76%。居民人均可支配收入增加到 23142 元，年均增长 8%。新建、改扩建中小学校 28 所、幼儿园 8 所，义务教育入学率、巩固率均达到 100%。县医院及中医院医疗共同体挂牌运行，中医院综合病房楼和妇幼保健院综合业务楼建成投用，60 岁以上老人已经连续 4 年享受到免费体检优惠服务，医疗卫生服务水平大幅提升。城镇新增就业人数达到 30680 人，基本养老保险参保率在 90% 以上，城镇职工失业率被控制在 4% 以内，人均预期寿命超过 75 岁。在幼有所育、学有所教、劳有所得、壮有所用、病有所医、老有所养、住有所居、弱有所扶等方面不断取得新进展。粮食安全保障能力显著增强，民生物资储备更加充盈，保持了社会大局的和谐稳定和民生的不断改善。

三、实施全域旅游带动县域经济发展战略的特点与启示

栾川实施全域旅游带动县域经济发展战略，不仅创造了适合自己的典型做法和经验，也表现出了许多突出的特色和特点。同时，这些做法和特点，又为其他旅游带动型发展模式的实施，提供了有益的借鉴和启示。

（一）全域旅游带动县域经济发展模式的主要特点

从栾川的实践来看，全域旅游带动县域经济发展战略的主导是全域旅游，核心是全域融合，关键是全域统筹，抓手是全域"旅游+"。通过实施全域旅游带动战略，实现全域融合发展、全域统筹发展、全域协调发展和全域共建共享发展。

1. 以全域旅游带动全域经济融合发展

立足于空间上的全域性，即打破独立景点的思维定式，将独立景区建设转变为全域性、多角度的旅游融合开发，将城乡建设与旅游业发展结合起来，拓展县域基础设施的使用价值，提高旅游投入的资源效率。着眼于参与上的全员性，即贯彻全员参与的发展思路，构建全民知旅游、全民皆导游、全民树形象的特色鲜明的人文环境，真正将地域特色、地域文化做鲜活、做生动，提升游客的体验感、参与感和愉悦感。致力于产业上的全融性，即实施"旅游+"的发展模式，通过旅游与各类产业的融合，提升旅游业的核心竞争力，挖掘旅游业的附加值，带动区域多元产业的共同发展；通过旅游业的发展，提升地区品牌，改善产业环境，辅助产业招商；通过门票经济向社会经济的转变，促进旅游业从封闭的自循环向开放的"旅游+"转变、从旅游企业独建独享向社会共建共享转变、从景区内部管理向全面依法治理转变、从

单一景点建设向目的地综合服务转变、从粗放低效向精细高效方式转变，进而实现全域、全员、全产业的融合发展。

2. 以全域旅游统筹全域建设发展

从全面性、经济性、可操作性等层面统筹全域旅游发展，高效配置全社会各类发展资源及公共服务资源。以全域旅游引导全域的建设发展，实现社会资源及公共服务的高效配置。扎实推进文明城市创建工作，加快栾川博物馆建设和城区水系改造提升工程建设。打通断头路、扩宽卡脖路，建构城市交通大循环的快速通道。改造提升 32 个老旧社区和 52 条背街小巷，建设了一批停车场，新增停车位 3000 余个。优化城乡交通网络，建设 128.2 公里干线公路，实施 898 个 1400 公里的农村公路项目，荣获全省"四好农村路"示范县称号。加快推进"互联网 +"应用平台建设，实现 5G 网络县城和主要景区全覆盖。围绕黄河流域生态保护和高质量发展战略，修编完善《栾川县全域旅游发展总体规划》等 31 项旅游专项规划，同步编制全县 213 个行政村规划，形成总规、控规、项目设计相互衔接的全域旅游主导的全域建设体系。围绕全域旅游引导全域的建设发展，"十三五"期间实施重点项目 418 个，累计完成投资 665.4 亿元，为全域旅游带动县域建设提供项目支撑。

3. 以全域旅游推动全域协调发展

按照综合执法和综合产业发展需求，创新全域治理体系，提高全域治理能力，实现全域综合高效管理。围绕旅游实施综合改革，让资源要素分属多头管理的瓶颈和制约县域发展的体制障碍得以破除，充分发挥政府引领作用，充分发挥市场配置资源的决定性功能。以全域旅游推动全域协调管理为切入点，创新全域治理体系，提高区域治理能力，实现全域综合管理。实施旅游体制的综合改革，破除资源要素多头管理的藩篱，消除统筹协调发展的障碍，形成政府主导、市场起决定性作用的县域资源配置体系。构建"1+3+N"全域旅游治理模式，完善旅游市场及安全管理体系，全面提升游客的便利度、舒适度、体验度和满意度。推进农家宾馆的标准化经营，创造了农家宾馆管理的栾川经验。积极发展民宿经济，成立栾川民宿产业联盟。聘请国内知名民宿设计师、文化创意专家，组建民宿业创新发展智库。

4. 以全域旅游引领全域共享发展

全域开展"旅游+"和"+旅游"活动，促进旅游产业和相关产业的深度融合，催生新的生产力和竞争力。利用旅游业关联带动性大、融合力强的特性，为相关产业提供融合发展平台，培育新业态，增强新动能，提升旅游业的综合价值和发展水平。增强广大群众参与旅游业发展的积极性，争取尽快从局外人变为参与者和受益者，形成产品导向明确、产业集聚区功能完善、各类设施配套、项目创新性强、全民有序参与的县域经济社会发展新局面。以全域旅游带动全域共建共享，实现公共服务的城乡全覆盖，持续提升人民群众的获得感、幸福感、安全感。

（二）实施全域旅游带动县域经济发展战略的启示

栾川以全域旅游作为引领县域发展的主导手段，将生态资源优势转化为经济社会的发展优势，实现了城市乡村景区化、景区发展全域化、旅居福地品质化，走出了一条符合栾川实际的全域旅游带动脱贫攻坚、带动乡村振兴、带动县域经济发展的新路子，为实施全域旅游带动模式提供了诸多思考和启示。

1. 贯彻"两山"理论是实施旅游带动县域经济发展战略的前提

实施旅游带动型县域经济发展战略，其主导产业是旅游业，而旅游产业发展所依据的重要资源则是绿水青山，是清新的空气、自然的生态、淳朴的民风和历史文化。因此，旅游带动县域经济的发展模式，必须坚持全域旅游与全域绿色建设并举，必须坚持生态发展与县域经济同行。栾川的经验表明，只有始终如一地贯彻落实"两山"理论，全域旅游带动型县域经济发展才能行稳致远。

2. 立足要素优势是实施旅游带动县域经济发展战略的基础

实施旅游带动型县域经济发展战略，必须具备发展旅游业的区位优势和资源优势。栾川之所以选择旅游带动型县域经济发展模式，着眼点就在于其地处伏牛山腹地的自然禀赋优势。全县皆青山绿水，全域皆景区景点，存在着"靠山吃山"、因地制宜发展全域旅游业的基本条件。因此，实施旅游带动型县域经济发展战略是有条件的，或者说这种模式具有资源的硬约束性。栾川的经验表明，选择旅游带动型县域经济发展模式必须慎重，既不能脱离自然和人文资源的基础条件，更不能寄希望于通过牵强附会的景点臆造来支撑；否则，只会得到劳民伤财的结果。

3. 强化全方位融合是实施旅游带动县域经济发展战略的途径

实施旅游带动型县域经济发展战略，途径在于全方位融合，只有全方位融合才能带动整个县域经济发展。栾川通过国家全域旅游示范区的创建，通过实施"旅游+""+旅游"工程，加强旅游业发展与产业结构调整和产业升级的融合，提高旅游业发展与乡村振兴的融合，推进旅游业发展与脱贫攻坚的融合，加快旅游业发展与城乡基础设施建设的融合，强化旅游业发展与生态工程建设的融合，实现旅游业发展与现代农业的融合，进而带动县域经济的发展。栾川的经验表明，实施旅游带动型县域经济发展模式，必须走全方位融合发展的道路。

4. 坚持共建共享是实施旅游带动县域经济发展战略的关键

实施旅游带动型县域经济发展战略，关键在于共建共享，核心在于发展红利的社会合理分配。只有共享才能共建，才能凝聚以全域旅游带动县域经济发展的共识，提高全员参与的积极性、主动性。尤其是在景点景区的建设发展中，一定要处理好政府部门、旅游企业、乡村集体经济组织及其区域村民的利益关系，明确各自的权利和义务。栾川的全域旅游示范创建活动之所以得到当地群众的广泛支持和拥护，消除了因利益分配引发的断路堵门等损害旅游形象的行为，根本的经验就在于政府让利于民，就在于投资者、从业者和区域居民的合作共赢，就在于旅游业发展红利的社会共享。栾川的经验表明，只有相关利益主体都能够从旅游红利中获得属于自己的那一部分福利，才能赢得广大群众的支持和参与，才能减少和避免"此路是我开，此树是我栽"的矛盾冲突。

5. 支持脱贫攻坚是实施旅游带动县域经济发展战略的责任

全域旅游是脱贫攻坚的有效抓手，是贫困户脱贫增收的有效手段，由此，实施全域旅游带动县域经济发展战略，必须承担起支持当地群众脱贫致富的责任。只有充分发展乡村旅游，才能将全域旅游打造成为精准扶贫的主导产业。目前，栾川有近90%的乡镇拥有旅游景区，每个乡镇都有一个乡村旅游示范村和一条沟域经济示范带。精心打造的全国知名的区域农产品品牌——"栾川印象"，使山区土特资源转化为附加值更高的旅游商品，促进了农民群众特别是贫困人口的收入增加。只有以乡村旅游为载体，才能将全域旅游推向乡村振兴的主战场。栾川有61个村被列为全国乡村旅游扶贫重点村，占建档立卡贫困村的81%；有31个贫困村把乡村旅游作为扶贫主导产业，占贫困村的37%。栾川的经验表明，只有把富民增收作为义不容辞的义务，自觉承担脱贫攻坚的责任，才能将全域旅游发展融入区域群众的生产生活，才能充分体现实施全域旅游带动战略的意义和价值。

6. 创新体制机制是实施旅游带动县域经济发展战略的动力

实施旅游带动县域经济发展战略，必须创新体制机制，以提供发展动力。栾川不断解放思想，以大视野、大格局谋好县域经济"成高原"的大文章。围绕着党中央、国务院大政方针的贯彻落实和栾川实际，厘清了以高质量党建优化政治生态、以高质量发展打造最美自然生态的工作思路，破除因循守旧的惯性思维，坚持体制机制创新，坚持以改革开放促进工作、促进发展，为县域经济"成高原"提供动力。栾川的经验表明，只有不断深化改革，才能确保各项县域经济发展措施的落实，才能为实施旅游带动型县域经济发展战略提供不竭动力。

7. 转变工作作风是实施旅游带动县域经济发展战略的必要条件

实施旅游带动型县域经济发展战略，必须有各级各部门的作风建设和作风转变来助推。只有营造实干、苦干的干事创业氛围，培养创一流业绩、做一流贡献的意识，形成敢于担当、奋勇争先的工作作风，塑造向上向善的新面貌、新氛围、新习俗，才能助推县域经济发展。只有全面落实新时代党建总要求和组织路线，不断增强党组织的政治领导力、思想引领力、群众组织力和社会号召力，才能提升各级各部门的服务能力和方针政策的执行力。只有坚持依法执政、营造规范的行政执法和服务氛围、不断完善和规范市场秩序，才能营造公平竞争的市场环境。只有弘扬社会主义核心价值观，继续抓好党风政风建设，才能形成积极的、充满正能量的新公序良俗体系，才能营造风清气正、积极向上的干事创业环境。栾川的经验表明，没有工作作风的转变和干事创业的环境形成，就凝聚不了共识和强大的政策执行力，就不能为各项战略措施的落实提供必备条件。

四、新发展阶段实施全域旅游带动县域经济发展战略面临的问题与建议

栾川实施旅游带动县域经济发展战略，目标明确、路径清晰、措施具体，既有了一个良好的开端，也面临着一些具体的矛盾和问题。

根据本次调研的感受和体会，我们也提出几点工作建议，以供栾川化解矛盾、解决问题、加快县域发展时参考。

（一）新发展阶段实施全域旅游带动县域经济发展战略面临的矛盾和问题

习近平总书记指出："'十四五'时期是我国全面建成小康社会、实现第一个百年奋斗目标之后，乘势而上开启全面建设社会主义现代化国家新征程、向第二个百年奋斗目标进军的第一个五年，我国将进入新发展阶段。""进入新发展阶段"明确了我国发展的历史方位。新发展阶段是以"高质量"为发展主题的阶段、是以"共同富裕""全面发展"为重要导向的阶段、是以"安全发展"为发展底线的阶段、是以"系统观念"为基础方法的阶段、是中华民族伟大复兴征程实现新跨越的阶段。立足新发展阶段、贯彻新发展理念、构建新发展格局、推动高质量发展，栾川实施全域旅游带动县域经济发展战略面临着一些亟待解决的矛盾和问题。

1. 基础设施及公共服务体系薄弱

地处伏牛山腹地的栾川县，农村及多数乡镇都处在深山区，乡与乡、村与村、户与户之间距离远，离散度高。相对于平原地区而言，城乡基础设施和公共服务体系的人均需求量大、施工难度高、建设周期长、成本收益率低、投资风险可控性差，特别是公共资源投放和利用的营收闭环机制尚未形成，社会资本对城乡基础设施以及公共服务的投资强度受到较大影响。尽管近年政府不断提高投入强度，但城乡基础设施和公共服务体系建设与全域旅游及其县域经济"成高原"的矛盾依然突出，县域范围内的基础设施建设的压力依然较大。

2. 土地资源约束的矛盾突出

栾川县人均不足半亩地，境内沟壑纵横，土地属于极度稀缺资源。特别是随着乡村振兴和城镇化的推进，基础设施建设已经占用了大量有限的用地指标，留给全域旅游和县域经济发展的用地指标相对有限。土地资源的约束，势必而且已经给招商引资、项目落地及其县域经济发展带来较大影响。

3. 构建现代化产业体系的任务艰巨

钨钼等矿产资源的开采加工业虽然是栾川的传统优势主导产业，但由于长期以来企业研发投入偏低、与科研院所及其他科研机构的合作缺乏动力，导致并且积累了主导产业的产品升级换代慢、终端产品和售后服务环节薄弱、产业链条中高附加值环节缺失等问题。特别是在资源供给趋紧、环境污染约束力增大和有色金属市场波动等因素的影响下，传统资源型产业的收益不断走低，发展空间受到严重挤压。加之生物制药等县域新兴产业成长较慢、规模偏小，生产性和知识型的现代服务业发展动能偏低等问题的存在，建立一个支撑县域经济可持续发展的现代产业体系的任务依然艰巨。

4. 局部性资源过度开发和环境破坏所遗留的生态修复压力较大

矿产资源开发与区域环境容量的约束问题突出，维护生态红线的投入压力和工作压力有增无减。在采矿业的长期发展过程中，曾经遗留下诸多生态保护的历史旧账，造成一系列需要化解的生态风险。例如200多座尾矿库的存在及其风险处置，就给县域范围内的生态安全和公共安全带来不小的挑战。

5. 旅游景点景区建设与保护自然生态以及守护乡愁的矛盾

创建全域旅游示范县，无疑需要加快传统旅游景点及其设施改造提升的步伐，加大旅游新项目建设的投资强度。旅游设施、景点景区的新建和改扩建，通常是以现代化、标准化为特征，存在着去传统化和去乡村化的倾向性。然而，自然的山形地貌、传统的村落民居及地域性的民风民俗和生活日常，又是不可再生的旅游资源。如何处理好传统与现代的矛盾，也是全域旅游业发展不得不面对的现实问题。

6.现行管理体制与全域融合发展的矛盾

全域旅游带动下的县域经济发展，既是一个全域性的系统融合工程，也是一个全新的统筹发展命题。因此，栾川在各项工作的融合推进中，毫无疑问会与传统体制机制，特别是条块分割的体制机制存在矛盾，甚至还会是尖锐的冲突。

（二）实施旅游带动县域经济发展战略的建议

针对发展中存在的矛盾和问题，针对工作中存在的薄弱环节，提出以下八点工作建议：

1.加强与国家及省有关部门的项目规划和政策衔接

栾川拥有诸如国家全域旅游示范区等一大批含金量较高的特殊荣誉，要充分发挥这些来之不易的品牌优势，深入研究发掘荣誉背后的政策资源，主动对接获取项目和规划信息，力求将优惠政策用足用活，用出成效。

据此建议，一是要将这项工作列入日程，指定责任部门组成专班，负责相关政策的研究和对接工作。二是建立专报和例会制度，定期报告和研究解决政策衔接中遇到的问题，提高信息传递的时效性。三是鉴于伏牛山横跨3个市6个县、6个国家级自然保护区分散于境内的特点，积极主动衔接推进伏牛山全域旅游发展专项规划的编制，力求从省级层面统筹伏牛山全域旅游的发展，出台伏牛山全域旅游设施的建设规划和政策措施，规范、指导和支持伏牛山区域内县域旅游业的资源共享，融合发展，以缓解和解决全域旅游带动县域经济发展与基础设施及公共服务体系薄弱的矛盾。

2.加快智慧旅游大数据系统建设

加快智慧旅游大数据系统建设，积极推进智慧交通建设，推动大数据、互联网、人工智能、区块链、超级计算机等新技术与旅游业发展的结合。利用大数据系统、物联网等技术，建设智慧旅游数据系统，将目标群体、年龄分层、旅客来源、旅游时间等纳入智慧旅游数据分析体系，设计打造一批特色旅游线路，推出一批一日游、两日游、五日游或时间更长的深度游、康养游以及自驾游、组团游等精品线路，以满足不同游客群体的需求。

据此建议，加快智慧旅游建设，强化大数据、互联网、人工智能、区块链等新技术与旅游市场的融合度，以精准、及时地处理旅游过程中出现的问题。

3. 打造科技钼都和旅游钼都

依托钨钼的资源优势，打造新材料生产和研发的优势，围绕着拉长钨钼产业的产业链条，形成一个国内第一、国际领先的钨钼产品科研和生产的现代产业集群，做优做强钨钼新材料产业，捍卫钨钼产业、科研和质量标准的话语权，打造科技钼都。促进旅游业和钨钼产业的融合发展，积极开发钨钼开采、加工和科研过程所形成的特色产业旅游资源，打造旅游钼都，为"中国钼都"增光添彩。

据此建议，将"科技钼都"与"旅游钼都"建设结合起来，将国家级绿色矿业发展示范区建设与旅游景区景点发展相融合，将矿业生态修复工程、工矿业生产过程等纳入全域旅游的建设体系，既补齐科技创新的短板，又缓解矿产资源开发与区域环境容量的矛盾，降低生态红线的投入压力和工作压力。

4. 处理好旅游业现代化发展与传统村容村貌保护的关系

传统农耕文化的历史遗存是不可再生、不可替代的珍贵旅游资源。而现代旅游观念主导之下的传统村容村貌、风土人情和乡土文化的保护又处于从属地位，且通常是一个被动性的存在，"百村一貌""千景一面"将会对旅游业产生不可逆的影响。

据此建议，注意保护与开发关系的处理，注重旅游设施建设与原生态保护关系的处理，对于传统民居和村落多一些改造提升，少一些大拆大建，特别要避免急功近利的形象工程建设，以缓解旅游开发和设施建设与守护乡愁、守护传统文化的矛盾。

5. 进一步深化土地和投融资制度改革

实施旅游带动型县域经济发展战略，需要土地、资金等要素的支持。然而栾川实施全域旅游发展战略与资源供给之间的矛盾，特别是与土地资金供给的矛盾尤为突出。

据此建议，一是要眼睛向内，积极探索乡村建设用地、采矿修复区等土地使用权支持旅游设施建设的制度，通过制度改革开源节流，疏通要素流通渠道，提高县域存量及其增量资源要素的利用效率。建立分时序统筹、多主体参与的县域公共服务和基础设施建设的长效投入机制，通过缩短营利性项目的投资回报周期，增强县域社会资本的吸引力和各级政府融资的自主性。二是要眼睛向外，利用国家全域旅游示范区的有利条件，争取上级用地指标和金融信贷政策对全域旅游重点区域建设适度倾斜，进一步缓解土地及资金短缺的矛盾。

6. 进一步完善全域旅游治理体系

实施全域旅游带动县域经济发展战略，难点在于它的全域治理体系的构建。虽然栾川已经在全域系统管理方面积累了经验，但是在全域旅游治理体系建设方面依然需要加强。

据此建议，一是在总结栾川全域旅游共建共享经验的基础上，形成规范各相关利益主体权利和义务的制度，建立不同利益主体之间正式或非正式沟通机制，形成乡村旅游多元化利益主体的合作互利关系，从根本上解决景区景点发展建设与当地群众的矛盾，杜绝因为利益矛盾所引发的断路堵门等负面影响事件的发生。二是构建政府规划指导、社会投资经营、行业协会管理、村组社区参与、旅游合作组织规范、民宿民居专业户自我约束和专业行政队伍执法的城乡全域性管理网络。发挥村组社区和农户的自治优势，赋予原生态的乡村田舍、深山密林、清涧溪流及其村民日常生产生活以区域民俗文化的意义，使相关的村、户、人都有可能成为旅游产业的参与者和受益者。三是制定全域旅游的建设、管理、服务制度和突发事件的应急制度，不留制度死角，建立行有规、为有范的全域旅游制度体系，规范旅游企业、村组社区等旅游主体及其参与者的从业行为，以解决传统条块分割的管理体制与实施全域旅游带动战略的矛盾。

7. 实施"由好到精"的全域旅游提升工程

栾川全域旅游虽然已经有了一个好的开端、好的成效、好的基础，但是发展并不平衡、基础依然脆弱、市场竞争愈加激烈，还存在着较大的提升空间。因此，就需要实施以精品化意识、精细化管理、精诚化服务为特点的区域性旅游提升工程，即"由好到精"的区域性旅游提升工程，推动旅游产业的转型升级。

据此建议，研究旅游提升工程的意义和面临的问题，高质量编制"由好到精"的三年行动计划，将精品化创建意识、精细化管理意识、精诚化服务意识转化为具体的项目建设、明确的工作规范和清晰的服务流程。

8. 加大旅游从业人员的培训力度

未来旅游业发展的竞争，尤其是资源高度同质化的区域性竞争，一定程度上是旅游人才的竞争。因此，必须加快补齐人才短板，加大旅游从业人员的培训力度，夯实全域旅游发展的人才基础。

据此建议，一是创新从业者岗前、岗中的培训方式，创建县域网络旅游职业技能培训平台，针对不同的岗位和职业的需求，制作培训视频放在平台上，作为公共产品供群众浏览学习。二是在总结村民经验的基础上，鼓励和组织旅游从业者，特别是民宿民居经营者，利用每年休业期，到国内外旅游目的地短期工作或旅游体验，在旅游中感悟提升，在工作中学习培训。三是设立县域旅游职业技能培训基金，与相关院校建立旅游专业学历教育和职业培训关系，多渠道培养旅游专业人才。四是对顶级专家和高端人才的引进，实行一事一议、一人一策的办法，不拘一格用人才，为创新发展提供人才支撑。

组长：谷健全　郑　林

成员：王　镜　程晓林　孙　禹

执笔：郑　林　王　镜

慧眼看河南——县域经济何以**成高原**

河南日报 特刊 | 03
2021年12月16日 星期四
组版编辑 李西西 李雪皓
美编 周鸿斌

□本报记者 田宜龙 尹红杰 李宗宽 郭歌
河南报业全媒体记者 王雪娜

八百里伏牛山，鸟鸣虫唱兽奔，大自然的造化，赋予了栾川这座山城丰富矿藏、秀美山川。

然而，曾几何时，"四河三山两道川、九山半水半分田"的栾川，"靠山开矿"不仅让绿水青山"很受伤"，更是守着"金山银山"讨饭吃，成为偏僻、贫困、落后的代名词。

进入新时代，山还是那座山，川还是那道川，远离中心城市的栾川，举全县之力发展生态旅游，不仅一举摘掉了国家级贫困县的帽子，还一跃成为全国旅游强县，成为我省首个国家级生态县、国家"两山"理论实践创新基地。

生态、产业、民富、富、城强、城强。一个深山区人口小县，从乡村游到全域旅游，从"钼都"到"旅游强县"的美丽"蝶变"，其探索创立的贫困县依托旅游业带动县域经济高质量发展的"栾川模式"，更是成为全国关注的热点、推广的经验。

生态作画 钼都蝶变

——来自栾川县域经济高质量发展的调查

生态立县

钼都破茧蝶变

栾川地处伏牛山腹地，奇山秀水，险峰竞飞，森林覆盖率达80%以上，但在上世纪八九十年代，人们却看不上这些绿色，反而当成了"绿色累赘"，差得无缘产"巨绿迹虎"。那时候的人们总看重的是那下藏含着的钼钼铅钒钨等50多种矿产资源，无其被份垦垦铌世界第三，亚洲第一，被称"中国钼都"。

一时间，靠山吃山，"有水快流"，让小矿厂，小选厂载乱无序发展，毁了生态，毁了百姓不说，县域经济得不到长足发展，国家贫困县的帽子仍年年名落头上……世纪之交的2000年，栾川各级审视这一净态水，"碧蓝"变变，一方面强力推动炒矿业，另一方面加快产业转型，喊响全力打造"旅游强县"，开发全域生态。

一时间，栾川县兴起了旅游经济只开发热潮，重渠道，集打山地产了一个风景区风清景绝，似天工集雕、磅礴瑰炫，如出水芙蓉，俏俏诗人。

自此，以打造重、推广标志、市场化运作、产业化发展为核心的"栾川旅游模式"，开拓贫困山区依旅游资源启动乡村游热点。

"绿水青山就是金山银山"，贫州十八大以来，老县山，栾川坚持生态优先、致富生态建设和绿色产业发展，实施"生态立县、旅游富县、产业强县"战略，为我国旅游强县发展全域的绿色特色景建建。

这支持旅游业发展上，栾川展千不遗余力：财政预算每年拿出1亿元旅游发展专项资金。政府还主导集成立旅游投资公司，融资6亿元作为引导资金，全县近118多亿元社会资本投向旅游业，占全州社会投资总额的60%以上。

在栾川北部开辟的"重渠道到"的杨梅森湖接到老家老君山，投资开发旅游产业，接手老君山时，景区全额150万元债务，顺森林山。

"凉资源"变成"热经济"

你能想象吗？一个人口30万的小县城，1200多个农家宾馆一年间人50多万人的游客；在艳著麗家可竟天，仍佛一度之间有上万辆私家车开进栾川豪豪客，农家宾馆、民宿更是一席难求——这是什么栾川旅游创造的"大暑"？

"夏热冬令"曾被认为是生态旅游的大瓶颈，但栾川人从中看到了商机，海拔高、生态好、夏天平均气温21℃，无暑"应气气"。

近年来，随着人们消费水平的提高和私家车的快速增容，暑天到栾川避暑成为可能。

随着"凉"资源，时对自我革新者。2017年9月，栾川首次将旅游与交通、扶贫相结合，政府联合景区共同出资，举办了"自驾游栾川 高速全免费"活动。

役料到，这个在全国县城旅游城市的创新之中，一炮打响，高动全国！启动开放首日就有8000余辆私家车通过高速进入栾川，第一周就发放栾川旅游接待券24.15万人次，乡村旅游接待12.68万人次。

2018年暑期间，经过精心谋划，栾川打出了奇招栾川八条精品乡村游线路、十大免费景区本打、21℃清凉栾川五地打荣，景区分别设免门道水，农家乐特色免费等，引得车轮滚滚、旅客涌涌。

栾川香川天覆"凉"机，让"凉资源"变成"热经济"。

统计显示，栾川连续三届旅游高速免费活动，

"乡村游"变致富产业

隆冬时节，在栾川县陶湾镇西沟村，后着碧的沟厂河，千净的山路，一排白瓣蒙瓦，轮亏雅致的休闲民宿"元居旅台"，掩映在一片山氤氲之间中。

这里有条做得行节，分挂5个门瓣，这"西西"协心"张盒"花南"膳家庄"5个村庄命名，小园风格各异，别具韵味。

"虽然是食季一季季，客房也基本订满了这家民宿的负责人介绍，经过晚五做下预订同步复复预订，民宿生意火花。

再家宿场出一村，依山傍水的吉村建筑，灰色的房间，白白的土墙瓦飘的碧瓦篱墙玉米棒、红灯笼，构成了一幅美丽的农田画……这些被逐遍村村由去——乡村之一展水山庄，宣政时时宴宴住招相。

去这么叫产富客，这里的山湖茅，亦是生吃村村不同的景色，而且山里舒适宜美多、吃、住、娱乐、休闲瘴瘴方齐——。

"过去山里这山思、泥山泥，真是走着都多梦不到，这单十镇在家门口开商圈，卖农产品，让村过上客家富生活，别过前一辆小新车办家福生活，孩子十镇庄子村村发家服务门村不旋，并会会生村乐购瞧瞧起。

免富得窗路，养香其富增增，在老君山旅、为了带动当地农民脱贫脱贫，真扶贫给务村农民户内的家庭，采购寄每苍寄寄户好农家乐，让山村村80%以上的农民脱贫吃上了"旅游饭"了。

现如今的栾川，贫困山村变成了美丽乡村、山区，为了带动当地农民脱贫，真走定定扶贫赠城给乡村内的家庭，变成了富过村乡种旅农中区、让村村村了80%以上的农民脱贫吃上了"旅游饭"。

截至目前，全县创建5A级景区2个、4A级景区8个、发展旅游专业村51个、农家宾馆1797家、精品民宿104家，有31个旅游村、13万名群众从事旅游产业链服务业、增收致富，全县乡村旅游综合从人均收入从开发前的2000年的1690元增加至2020年的14021元。

"生态旅游是城乡兴，山里有水，我们坚持生态优先、富贫、优，和中华发"乡村兴村、美乡城、山区川山湖工村山坚、幅农民、乡村村美，川品类川品路县，不忘城就打着了"绿水青山"向"金山银山"的转变通道，更加坚了农民增收致富，坚定了走好共同富裕之路的信心。③7

专家点评

栾川的绿水美、栾川的青山美、栾川分域旅游带动美事探探其美、美服美景旅游产业强增强、扶贫路路上路；这么让美好生态的的一石"，栾川县在新发起推落脱城战略，通过全域生态保护与开发期机制积的进步，确定城形得循、游客都游景美全标。服务全域，服务一个绿色一一文化，创建"栾川模式"全景拓展，实现生态与绿色产业高度融合，样性打造出望了一个全域旅游高质量、美好国乡乡村城乡美。

栾川把绿水青山转换标着的"三鸟"，第一一通过全域旅游业发展增得了农民增收。全县农家宾馆1797家，精品民宿104家，有31个贫困村，13万名群众从事旅游业。农民人均纯收入从2000年的1690元，增加到2020年的14021元。第二一通过全域生态建设建造起了村乡乡村。栾川依托全域绿色生态旅游景点水村村乡乡乡，将全域城镇美环境改之一，加大农村污水处理，村庄村村村和户村城的村村，和环境整治的强力提级水平。其实施了村村乡乡村村村村道路乡村村村、村村村"加大建设水平。其规实了，设设村村乡生全全标标标小小村村、交交通村村村乡小，通过设农村村乡村村村乡路路与村乡乡乡道村乡村，建民村乡乡村设路，花花村村村到不的，连村村乡乡村村乡城的乡村建设水平，大地连设了村村乡村村乡村乡路路，村乡乡乡乡乡村，村村村大家致。第三一通过全域生态旅游激发活山区农村农业产业发展振兴。栾川打造了村村全全域全新产村乡路乡村乡通，一乡村乡乡路村乡村乡乡，村村村乡村乡乡乡乡村村设设村村乡乡村。

我觉觉栾川城市乡发发展发新乡探探探乡，相相道川一乡乡探川，走栾川道路路乡村乡乡全乡，可可提提乡乡乡。

（省委农办原副主任 郑林）

图① 老君山金顶夜色。③6
李红安 摄
图② 竹海野生动物园里大熊猫在雪地中撒欢。③7
竹海野生动物园供图
图③ 潘雪娇好者在伏牛山滑雪度假乐园滑雪。③6
图④ 栾川县三川镇大红村高山花海。③6
贾万权 摄

本报资料图片

总策划：董林 刘雅鸣
策划：孙德中
专家：郑林 王镇
统筹：阙爱民 宋华茹
视频拍摄 孙青

扫码看视频

县域发展"流通贸易型"经济的启示

——淮滨县域经济发展调研报告

河南日报县域经济调研组

淮滨县抢抓战略机遇，借力后发优势，突出优势再造，加速弯道超车，聚力做大产业、做优环境、做美县城、做强"三农"、做亮文化、做好生态六篇大文章，推动多维协同、内外联动、共享发展，因地制宜实践了"流通贸易型"县域经济发展模式。新发展格局下，提升全方位、多视角需求捕捉力；智能化、网络化持续创新力；市场化、全球化品牌影响力；供应链、价值链核心竞争力；基础性、先导性设施支撑力已成为"流通贸易型"县域经济发展必须面对的课题。这就亟待耦合产业升级与创新驱动、衔接上游生产和下游消费，贯通县域市场与区域市场、融入国内流通与国际供应，在更大范围、更宽领域、更深层次配置资源要素、参与产业分工、共享市场红利、拓展发展空间。

县域经济是国民经济的基本单元，其发展程度直接影响到整个国家经济社会发展。特别是对于河南这个接近 90% 的面积在县域，超过 70% 的人口在县域，超过 60% 的产值在县域的农业大省、人口大省，县域经济在全省发展大局中举足轻重，是全省经济社会持续健康发展的重要基础和主要动力来源，是推动城乡融合、畅通国内循环、实现区域经济高质量发展的关键支点和重要支撑。进入新发展阶段，县域经济发展面临的外部环境、内在支撑以及群众期盼、市场导向都在发生深刻变化。贯彻新发展理念、融入新发展格局，推动县域经济"成高原"，必须准确把握县域经济发展变化，更全面、更系统、更深刻地认识新形势下县域经济的地位和作用，因地制宜选择合适的路径和模式，进而才能形成各具特色、竞相发展的生动局面。

一、 "流通贸易型"县域经济发展模式的内涵与特征

县域经济发展模式是指在特定的时间与环境条件下，为实现特定的发展目标，通过配置内生或外生的生产要素创新生产关系，形成具有特色的经济发展路径，并表现出经济持续快速发展，对其他地区具有示范作用。县域经济发展是一个动态演化的过程，由于经济要素、发展环境、地理区位的不同，不同县域经济发展模式的演化路径也存在一定的差异，且随着外部条件和资源要素结构的改变，县域经济发展模式也不断进行调整和转换，进而在路径依赖和路径创造的相互博弈中实现螺旋上升与递进创新。县域经济发展模式作为一个多维的复杂系统，其形成与发展既离不开要素的驱动、政府与市场的作用，也离不开内生与外生的关系。

"流通贸易型"县域经济发展模式是依托区位交通优势，借助数字化、网络化和智能化等现代信息技术，顺应消费市场升级、物流通道

畅通、双循环格局构建等新趋势，通过延长、拓展传统流通贸易产业的链条、业态等，打造链式流通体系，扩大贸易范围领域，深化区域产业分工，以现代物流、口岸经济、通道经济为主要形式的县域经济发展模式，实质上是一种以现代流通贸易产业为先导的外向型经济发展模式。现代流通贸易产业是融土地、资本、信息、人才等各项生产要素，由物流网络、知识网络、金融网络、技术网络构建而成的。改革开放以来，我国传统流通贸易产业引入市场机制，形成多元化竞争格局的商贸流通体系，流通市场规模持续扩大，流通网络体系日益完善。近年，随着互联网和信息技术的广泛应用，商贸流通领域新业态、新模式不断涌现，呈现出信息化、网络化、集约化和智能化特征，成为经济新常态下推动消费增长的重要力量。"流通贸易型"县域经济发展模式正是在这样的背景下逐步发展形成的。

从形成条件看，特殊的地理交通区位是"流通贸易型"县域经济发展模式形成的必要条件。设施联通和贸易畅通相互关联，优越的地理区位、便捷的交通设施对于流通贸易产业的发展具有基础性、支撑性作用。发展现代物流、口岸经济、通道经济，离不开完善的交通网络体系和优越的地理区位条件。交通改变了流通的速度和成本，改变了区域间的资源配置，大交流必然促进大流通。但交通不等于流通，发达的交通不一定有高效的流通，两者既相互依赖、密不可分，又各有侧重，交通设施条件是"流通贸易型"县域经济发展模式形成的必要而非充分条件。

从发展路径看，流通贸易产业带动是"流通贸易型"县域经济发展模式高质量发展的基本路径。县域经济发展的本质是产业的规模壮大、结构优化、质量提升、效益增加。"流通贸易型"县域经济发展模式的主导产业是流通贸易业，当前，这一产业的内涵与外延正随着产业技术变革和需求市场升级不断丰富和拓展，数字赋能、多式联运、链式整合已经成为流通贸易产业的新趋势，以贸易流通为核心的立体化、融合化、系统化的产业生态、产业布局已经成为支撑"流通贸易型"县域经济发展模式的重要基础。

从演进方向看，深度开放、融合发展是"流通贸易型"县域经济发展模式高质量发展未来的取向。作为一种外向型经济发展模式，"流通贸易型"县域经济的发展离不开外部市场的牵引。随着新发展格局的构建，深入对接融入统一开放大市场既是"流通贸易型"县域经济发展的客观要求，也是未来发展趋向，也只有通过对外开放，与外部市场建立起利益联结紧密、产业分工合理、优势功能互补的深度合作关系，才能融入统一大市场、发展新格局，才能为县域经济高质量发展提供源源不断的动力。

二、淮滨"流通贸易型"县域经济发展模式的实践探索

淮滨抢抓淮河生态经济带发展、大别山革命老区振兴发展战略契机，围绕"滨淮福地·临港强县"发展定位，因地制宜实践"流通贸易型"县域经济发展模式，实现了"水患大县"的美丽蝶变、"洪水走廊"的成功突围，为河南省推动县域经济实现跨越式高质量发展做出了表率，也为同类地区县域经济高质量发展提供了借鉴。

（一）淮滨"流通贸易型"县域经济发展模式的实践举措

淮滨发挥比较优势和后发优势，聚力做大产业、做优环境、做美县城、做强"三农"、做亮文化、做好生态六篇大文章，闯出了一条后发地区县域经济发展弯道超车、跨越崛起的新路子。

1. 多措并举，在做大产业上聚焦发力

立足自身现实基础和资源禀赋，推动产业融合发展、链式发展、

集聚发展，以产业大发展支撑县域经济发展基础。一是完善产业链条。聚焦纺织服装全产业链，吸引龙头企业落户，打造纺织服装科技产业集群，抢占全国纺织服装科技高端市场。同时，依托弱筋小麦种植优势，发展食品加工业，延伸特色农业产业链。二是优化产业生态。围绕三大主导产业，配套完善基础服务设施和多个"园中园"项目，营造良好产业发展生态和外部环境。三是培育特色产业。把独特的资源禀赋、枢纽优势、临港优势等转变为现实生产力和发展竞争力，培育形成了船舶制造、纺织服装、食品加工等特色产业集群。四是发展新型业态。以智能服装、功能服装、生态旅游等为重点，推动传统产业转型升级，加快由"制造"向"智造"的跨越。五是打造产业平台。坚持建设服务与生产服务并重、项目配套与生活配套同步建设，加快产业集聚、培育产业集群，提升产业发展层次和水平。六是优化服务功能。坚持把科技创新服务作为产业发展提质增效的关键途径，通过智能化、技术化、绿色化"三大改造"，推动纺织服装企业转型升级，全方位服务企业产品创新和品质提升。七是做新组织方式。创新实施的"党建联盟＋产业联盟"双联盟促产业发展模式，依托 26 个特色产业，构建 26 个产业联盟，成立 26 个党建联盟，以党建为纽带，优化产业组织形态。

2. 内外兼修，在做优环境上聚焦用力

致力于打造政策最优、成本最低、服务最好、办事最快的营商环境，对入驻产业集聚区企业项目实施审批"代办制"，缴纳税费"一费制"，全程代办"保姆式"服务，实现企业与群众、企业与政府部门两个零接触。坚持"一个项目、一名领导、一套班子、一抓到底""四个一"工作机制，为企业提供全方位的优质服务。建立县、乡、村三级招工服务体系，随时帮助企业招工。对项目引荐人实施重奖，对重大投资项目实行"一事一议""一企一策"招商引资优惠政策，持续擦亮淮滨营商环境的金字品牌。与此同时，围绕建设"滨淮福地·临港强县"的建

设目标，着力打造"一座水城、百里河道、千亩湿地、万顷水域"水系生态，构建"城在林中、林在城中、人在绿中"的生态画卷，积极构筑宜居环境。该县聚焦林业生态保护和高质量发展重大国家战略，积极打造高标准、高质量生态廊道，全面启动森林特色小镇、森林乡村建设；扎实推进自然保护地整合优化、湿地生态保护修复、国家储备林项目建设、森林防火与有害生物防控等工作。一个天蓝水秀、岸绿景美、魅力独特、生态宜居的淮滨正徐徐展开画卷。同时，结合乡村振兴和产业振兴，推动城乡统筹和城乡融合，把淮滨乡村建设成淮滨人民的美好家园。

3. 规划引领，在做美县城上聚焦用力

围绕"水景生态园林城市"发展定位，按照"港产城"融合发展思路，强化规划引领，发挥水系优势，优化治理方式，不断提升城市品质，彰显城市特色。一是强化规划引领。结合国土空间规划编制，按照"多规合一原则"和"规划一张图、空间全覆盖、建设一盘棋"的总体要求，编制《淮滨县城乡总体规划（2017—2035）》和34项专项规划，形成多规合一国土空间规划"一张图"。二是发挥水系优势。围绕"一座水城、百里河道、千亩湿地、万顷水域"水系生态，谋划实施"四水同治"项目，构建"多源互补、丰枯调剂，蓄泄兼筹、引排得当，循环通畅、环境优美"的现代城市水系网络，打造25公里城市绿色水系，彰显"水在城中流，人在画中游"的水乡特色。三是擦亮城市底色。把"水""绿"作为城市底色，加快国土绿化，打造园林城市，建成带状公园9个、游园17个，呈现出"城在林中、林在城中、人在绿中"的生态画卷。县城绿化覆盖面积804万平方米，县城绿化覆盖率40%。四是树立经营理念。充分发挥市场机制和政府调控的协同作用，以经营理念加强城市精细化管理，围绕老城区提质增效、基础设施功能完善、公共基础设施配套、生态环境修复治理、住房品质提升等领域，谋划实施民生工程，提升县城建设品质，推动新型城镇化高质量发展。

梦里水乡，淮上江南（陈更生　摄）

4. 固基强本，在做强"三农"上聚焦用力

坚持把乡村振兴作为新时代做好"三农"工作的总抓手，紧紧围绕农业增效、农民增收和农村增美的目标，探索用现代工业理念、先进科技成果建设现代农业的新途径。一是统筹规划，有序调整农村产业布局，以农牧结合、农林结合、农旅融合、循环发展为导向，调整优化农业结构，坚持"一乡一业，一村一品"模式，逐步形成了弱筋小麦、芡实、猫爪草等特色产业，促进了粮食、经济作物种植结构协调发展，推动了农业由生产环节向产前、产后延伸。二是项目支撑，提高农业综合竞争力。积极争取资金，加大项目建设投资力度，建设了一批关系全局、具有较强辐射带动作用的重大涉农工程，启动一批引入社会资本、政府和社会资本合作的试点项目，先后谋划实施农村一、二、三产业融合发展项目33个，计划总投资95亿元。三是创新模式，让农民分享产业融合成果。围绕股份合作、订单合同、服务协作、流转聘用等利益联结模式，鼓励龙头企业建立与农户风险共担的利益共同体，让农户分享加工、销售环节收益，确保了农民增收、企业增益、

社会增效。四是引进乡贤，带动农村经济创新发展。把返乡入乡创业作为助力乡村振兴的重要抓手，助力乡村产业振兴。全县返乡创业人员8000余人，创办各类企业、专业合作社7007个，带动就业7万余人，实现从"输出一人、致富一家"打工效应向"一人创业、致富一方"创业效应转变，为县域经济社会持续快速发展注入强劲活力。

5. 文旅融合，在做亮文化上聚焦用力

把文化旅游业作为富民强县的朝阳产业和支柱产业，抢抓淮河生态经济带建设和大别山革命老区振兴发展机遇，坚持以"文"塑"旅"、以"旅"彰"文"，依托丰富的水景生态资源和历史文化资源，全力推动文化旅游业转型发展。淮滨县以全域旅游总体规划为基础，组建了兴淮文化旅游发展有限公司，实行统一布局、综合管理、市场运作、系统营销，推动旅游业一体化发展，初步打造形成了以淮河生态游为主体，历史文化游、城市工业游和乡村休闲游齐头并进的全域旅游发展新局面。目前，正在实施东西湖风景区升级改造、淮河文化主题公园、兔子湖康养区等项目建设，着力打造"三点一线"文化旅游带。同时，围绕"五百里水路一座城"以及域内诸多的文化遗产、旅游资源、生态要素等打造文旅特色品牌、创新文旅发展模式，依托信阳淮滨港、产业集聚区、造船园区、纺织园区、乌龙酒厂、弱筋小麦生产基地、好知艾产业园、构树产业等特色第一、第二产业，着力发展红色旅游、乡村旅游、康养旅游、体育旅游、工业旅游、会展旅游、商贸旅游，扩展旅游新业态，充分发挥"旅游+"的综合带动作用，促进文化旅游产业优势转型。淮滨县先后被评为"中国最美宜居宜业宜游名县""中国十佳生态旅游城市""中国绿色生态模范县""中国生态魅力县""中国建设最美乡村旅游示范名县"等。

6. 坚守底线，在做活生态上聚焦用力

在推进县域经济高质量发展中，积极践行"绿水青山就是金山银山"

理念，坚守发展和生态两条底线，坚持生态立县，厚植生态优势，打淮河牌，做水文章，推动绿色崛起，在发展产业、扩大就业、脱贫致富的同时，把住绿色门槛，守住生态红线，发展环境友好型产业，把生态资源优势转化为发展优势，在"赶"与"转"中努力实现好生态与好家园、好产业、好收入的良性循环，走出一条发展和保护协同共生的新路。一是坚持以小流域治理为突破口，实施"绿水青山"工程，扩大湿地面积，绿化河道荒滩。二是将"生态水景园林县城"建设、"乡村清洁"工程与生态创建工作相结合，统筹城乡生态环境建设，加强城乡绿化亮化美化，加大畜禽养殖污染整治，改善农村居住环境，治理道路施工扬尘，开展秸秆禁烧和综合利用，保证了城乡天蓝、水绿、景美。三是确立了食品加工和纺织服饰两大低污染、低耗能、低排放产业，开启了绿色发展模式，实现了经济指标逐年上升的同时绿色发展不掉队的目标。四是开展综合整治。综合开展大气污染防治、"四水同治"、河湖"四乱"清理、国土绿化提速行动等，建立县、乡、村三级网格管理体系，实现县、乡、村三级网格全覆盖，推动全域绿化，提升绿化品位，着力打造生态宜居城市。

（二）淮滨"流通贸易型"县域经济发展模式的实践成效

"十三五"以来，淮滨县域经济综合实力持续攀升，县域经济排名跨越提升，县域经济发展的态势、基础、结构、底色、动力、环境大为改观，县域经济发展的创新力、竞争力、影响力、集聚力和辐射力大幅提升。

1. 综合实力大幅跃升，县域经济发展态势越来越好

"十三五"末，淮滨全县生产总值为 228.34 亿元，年均增长 7.1%；公共财政预算收入达到 8.48 亿元，年均增长 15.6%；社会消费品零售总额 77.91 亿元，年均增长 8.2%；固定资产投资年均增长 15.2%；第

三产业比重从 2015 年的 32.2% 提高到 2020 年的 40.7%。"三产"结构比实现了由"二、三、一"向"三、二、一"的历史性转变；县域经济综合排名从"十一五"末的全省倒数第一跃升到 2020 年的全省第 40 位。

2. 发展基础愈加牢固，县域经济发展潜力越来越足

在经济实力大幅提升的同时，产业基础更加扎实，形成了纺织、食品、造船三大主导产业，其中纺织服装产业形成了完整的产业链条，15 平方公里的产业集聚区已建成并投入使用 10 平方公里，三年跨越62 个位次，晋升为二星级；临港经济联动效应初步显现，临港物流园区和铁路支线建设成效显著，对内已与下游 4 省 14 市签订战略协议，对外"信阳淮滨港—非洲路易港"豫非贸易直通港加速推进；交通优势持续增强，"公铁水一体化"立体交通网已经建成，京九铁路穿境而过，两条高速公路贯通东西南北，干线公路、农村公路四通八达，淮河航运通江达海。

3. 协调发展不断深化，县域经济发展结构越来越优

坚持"港产城"融合发展，改造老城区，提升建成区，建设新城区，科学推进村庄分类和布局优化，完善公共服务设施配套，引导人口适当向乡镇所在地、产业发展集聚区集中，依托信阳淮滨临港经济区、产业集聚区、商务中心区、重点乡镇，探索建立一批特色小镇、电商园区、创客空间等。以县城为龙头、中心镇为节点、乡村为腹地的城乡融合发展新格局正在加速形成，发展壮大一批产镇相融、宜居宜业的中心镇和特色小镇，美丽乡村建设力度持续加大，打造农村人居环境示范村 21 个。

4. 绿色发展加速推进，县域经济发展底色越来越亮

生态环境状况不断改善，绿色发展水平显著提升，大气环境质量持续改善，PM10、PM2.5 年均值分别位居全省第 9 位、第 6 位，空气质量六项因子浓度值达到国家二级标准，实现空气质量二级达标。水质量环境持续改善,国控断面水质均值达到Ⅲ类标准。大力发展绿色产业,确立了食品加工和纺织服饰两大低污染、低耗能、低排放产业,开启了绿色发展模式。节能减排连续两年在信阳市排名第一位。目前,全县湿地面积达到3400公顷,林地面积达到27.3万亩,森林覆盖率达15.98%,被评为"全国首批创建生态文明典范城市""全国平原绿化先进县""国家级生态示范县""省级卫生县城""省级园林县城"等称号。

5. 营商环境不断优化,县域经济发展氛围越来越浓

营造"亲""清"新型政商关系,聚焦打造政策最优、成本最低、服务最好、办事最快的营商环境,加快对外开放,产业集聚区实行入驻企业项目审批"代办制",缴纳税费"一费制",全程代办"保姆式"服务,实现企业与群众、企业与政府部门两个零接触。坚持"一个项目、一名领导、一套班子、一抓到底"的"四个一"工作机制,为企业提供全方位的优质服务。重大投资项目实行"一事一议""一企一策"招商引资优惠政策,把淮滨的营商环境打造成金字品牌,被评为省5A级最具投资价值营商环境集聚区金星奖。

6. 基层治理大为改善,县域经济发展动力越来越强

坚持以高质量党建引领县域经济高质量发展,实施基层党建"三年行动计划",开展党建"3458"工程,构建党建"大格局"。探索建立了"四责协同"机制,以"三个清单"明责知责、"四个链条"履责督责、"五种方法"考责问责,打造了完整的责任闭环,形成了同心划船、同向发力的工作局面。创新建立"标兵争创"晋升体系,大力实施"一晒一议八联评"活动,通过"三单四链五法",打造一个完整的责任闭环,全县上下形成人心齐、干劲足的浓厚氛围。充分发挥村党支部作用,夯实乡村治理"基石",调动各方力量,形成齐抓共管共治"矩阵",激发了干事创业激情。全县上下干事创业的劲头更足、攻坚克难的斗志更强、

担责担难担险的肩膀更硬。

三、淮滨"流通贸易型"县域经济发展模式的经验启示

淮滨在探索"流通贸易型"县域经济高质量发展模式的过程中，立足资源禀赋条件，抢抓国家战略机遇，借力后发优势，突出优势再造，加速弯道超车，推动多维协同、内外联动、共享发展，为同类区域县域经济高质量发展提供了可借鉴的经验。

1. 对接国家战略，抢抓发展机遇

淮滨县的发展实践证明，只有紧跟国家战略全局，自觉把县域经济发展放到全国大棋盘中谋划推动，才能在服务大局中加快发展。近年，淮滨主动对接淮河生态经济带发展规划、"一带一路"建设、乡村振兴战略等国家发展战略，在"起步晚、基础差、底子薄"的困局中，谋划实施淮河、洪河、闾河、白露河"四河联运"航道疏浚项目，打造"一港六区一廊道"战略布局，走出了"港产城"融合发展新路子，取得了令人瞩目的丰硕成果。随着新时代推动中部地区高质量发展、淮河生态经济带建设、大别山革命老区振兴发展规划等国家战略的深入实施，淮滨县域经济发展将迎来新的政策机遇、历史机遇和战略机遇。尤其在构建新发展格局中，巨大的内需市场、劳动力资源优势等，使淮滨县域经济在畅通双循环中的地位与作用进一步彰显。对接国家战略，抢抓历史机遇，在融入新发展格局中找准定位，彰显特色，主动转，加速转，在创新体制机制中激发活力，破解难题，县域经济定能"成高原"。淮滨县下一步要"问河借力"，跳出淮滨看淮滨，放眼全局开新局，在全省乃至"一带一路"大框架下进行谋划，紧紧抓住并用好"一带一路"建设、淮河生态经济带建设的历史性机遇，架构起临港发展的大桥梁大通道，依托港口发展临港产业，打造临港经济区，发展多式联运，

培育发展新动能，实现"港口—产业—城市"良性发展，打造河南省融入淮河生态经济带国家战略的重要示范区、融入"一带一路"国家战略的重要窗口、推动大别山革命老区经济高质量发展的新引擎。

2. 借力后发优势，实现弯道超车

后发优势理论认为，经济发展落后地区在处于经济绝对劣势地位的同时，又会获得一种经济发展的后发优势。只要后发地区能够有效地运用这种后发优势，就能够成功实现对发达地区的经济赶超。淮滨县作为一个内陆县，推动县域经济高质量发展面临着转型升级与跨越发展的双重任务，经济发展与生态保护的双重压力，改革发展与维护稳定的双重挑战。辩证看，短板既意味着差距，也意味着发展空间。新发展格局下，多重国家战略叠加为淮滨县域经济发展提供了新的战略机遇，依托信阳淮滨港打造通道优势，依托三产支柱产业打造转型

2021年1月4日，装满货物的货船从信阳港·淮滨中心港启航（刘宏冰　摄）

优势，依托生态资源打造文旅融合优势，都为淮滨县域发展潜能转化为现实增长的动力和后发优势提供了条件。推动淮滨县域经济高质量发展必须跳出惯性思维，打破路径依赖，在新的历史方位和时代坐标中开拓新视野，站位全国看县域，跳出县域谋县域，以新视野培育新发展优势，找到新发展路子。一是在做大总量与提高质量相结合中培育新优势。把扩量提质结合起来，坚持增量升级与存量优化并重，在优化结构中逐步扩大经济总量，保持稳定增长速度，为调结构、转方式提供回旋空间，提升县域经济综合实力。二是在传统产业与新兴产业相协同中培育新优势。顺应新一轮科技革命和产业变革，适应产业迭代加速、跨界融合的趋势，依托传统产业延伸拓展优势产业链，以新技术改造传统产业，以新经济催生新业态新模式，增强产业链根植性，培育产业新优势。三是在乡村振兴与新型城镇化双轮驱动中培育新优势。2021年中央一号文件明确提出加快县域内城乡融合发展，要结合"一城一区三基地"发展战略，实施产业项目引领、村庄升级改造、基础设施配套"三大"工程建设，重点建设一批先进制造类、农业田园类以及现代服务业类"镇中镇""县中镇""县郊镇"等特色小镇，巩固提升一批卫星型、专业型特色小城镇，充分释放城乡融合发展和内需增长新空间。

3. 立足禀赋条件，突出优势再造

世界上没有一成不变的优势和劣势，今天的优势在明天可能成为劣势，今天的劣势也可能发展成明天的优势，县域经济发展的比较优势也呈动态变化趋势。构建新发展格局，供需要向更高水平动态平衡，产业链、供应链大规模深层次重构，先进生产要素加速流动高效集聚，一些传统优势会随时间推移不断弱化甚至消失。为此，要通过再造、整合、重组来巩固提升已有优势，加快培育新的优势。一是推动交通区位优势向枢纽经济优势转变。淮滨已被确定为全省18个区域物流枢

纽之一，是省"四路协同"战略中海上丝绸之路的重要节点，"一港六区一廊道"战略布局初步形成，要围绕变"流量"为"留量"，发挥人流、物流、资金流、信息流、技术流集聚效应，加快交通体系、物流枢纽与区域、城市、产业的互动融合，在打造区域枢纽经济上下功夫。二是推动产业基础优势向产业链供应链优势转变。借鉴纺织服装产业转型升级经验，推动船舶制造、食品加工、特色农业的产业链、供应链、创新链、要素链、制度链深度耦合，提升大型企业、龙头企业的整体创新力和核心竞争力，强化关键技术、材料、零部件、整机、后端服务的全链条培育。三是推动生态资源优势向经济发展优势转变。淮滨生态自然资源丰富，农业特色产业优势明显，是国家优质弱筋小麦生产示范县，要以"地域特色"和"精品景点"为主抓手，坚持把文旅产业深度融合作为推进旅游产业提质增效的重要内容，充分发挥文化和旅游在经济社会发展中的综合带动作用，使旅游产业成为该县新的经济增长点；要在壮大主食产业化和粮油深加工基础上，延伸触角，拉长链条，依托现代科技和现代商业模式，把特色农业产业优势转化为经济优势、发展优势。

4. 坚持多域协同，推动融合发展

以新型城镇化为着力点，以公共服务均等化为目标，推动县域层面城乡融合，促进县域经济协调发展。一是扎实推进新型工业化。顺应经济发展的基本规律，扎实推进工业化进程，处理好农业和工业的关系，以工业化的理念发展现代农业，以现代农业的发展优势促进新型工业化发展。二是持续推进新型城镇化。城镇化水平低是淮滨突出的短板，新型城镇化是区域现代化的重要标志，因此，必须把提升新型城镇化水平放在十分重要的位置上，通过城乡一体化促进县域经济加快发展。三是深入推进农业现代化。立足于河南农业大省的实际，确保粮食安全是河南义不容辞的政治任务，充分发挥淮滨粮食生产优

势，按照"布局区域化、经营规模化、生产标准化、产品品牌化"的要求，推进农业供给侧结构性改革，大力发展现代农业，积极把新业态、新模式、新主体融合到农业发展中来，促进一、二、三产业融合，全面提升农业综合效益。四是加快推进信息化。河南正处于工业化的中后期阶段，要发挥后发优势，必须把信息化放在重要位置上，通过信息化与农业、工业、服务业的融合发展，培育智慧农业、智慧工业、智慧服务业等新业态、新模式，提升产业技术水平和综合经济效益。五是持续推动港产城融合发展，按照"一港六区一廊道"战略布局，加快推动"以港铸城、以港育产、以产兴城、产城平衡"的港产城融合联动发展格局，着力打造淮河生态经济带重要节点城市和豫货出海集散地。

5. 注重内外联动，深化开放招商

近年，淮滨县以扩大开放统领工作全局，聚焦纺织服装、食品加工、船舶制造三大主导产业，精准招商、圆链招商，绘制出要招引的产业、企业、产品和相关机构"四张图谱"，连续两年落地项目数居全市第一，被河南省政府表彰为"河南省对外开放工作先进县"。县域经济发展无外乎两种模式，一种是内源式发展，一种是外源式发展。外源式发展主要是通过对外开放，大规模招商引资和引进项目，提高经济发展能力，这种外源式发展模式往往发展速度比较快，发展周期比较短，更有利于县域经济实现跨越式发展。推动淮滨县域经济高质量发展，更应重视对外开放工作，利用好两个市场、两种资源提升县域经济发展实力。要把开放招商作为县域经济发展的第一要务，坚持不懈地抓投入、上项目、引资金，壮大经济发展基础，壮大经济总量。要进一步凸显河南出海"南大门"和通江达海"桥头堡"地位，深化与长江经济带、泛长三角地区的联系，积极承接长三角、珠三角等发达地区的产业链式转移、集群式转移，精准招才引智，依托龙头企业和创新平台引进科技人才、管理人才以及农业实用人才。

6. 坚持民生为本，共享发展成果

悠悠万事，民生为本，保障和改善民生是践行以人民为中心的发展思想的根本要求，也是县域经济高质量发展的目的所在、价值所在。近年，淮滨民生支出始终占财政总支出的八成以上，教育事业全面进步，医疗卫生持续改善，文化事业繁荣发展，社会治理有效提升，人民群众的获得感幸福感安全感显著增强，这为淮滨县域经济高质量发展提供了源源不断的动力。让老百姓享受到实实在在的发展成果，这既是县域经济发展的目的，也是县域经济发展的不竭动力。为此围绕主导产业，加快一、二、三产业融合，实现多环节增值，特别是要注重把农民牢牢嵌入产业链条，尽可能把依托农业农村资源发展的二、三产业留在县域，让群众更多分享产业发展收益。要积极发展劳动密集型产业，发挥淮滨县域劳动力富集的优势，引进培育吸纳就业能力强的企业，大力发展绿色食品、电子信息、服装加工、文化旅游等劳动密集型产业，让更多群众在家门口就业，实现挣钱、顾家两不误。大力发展能盘活资源的产业，积极稳妥开展农村闲置宅基地和闲置住宅盘活利用试点，推动农村土地制度改革，大力发展集体经济，让闲置的承包地、宅基地等沉睡资源为群众增收。

四、"流通贸易型"县域经济发展模式的潜在风险与隐患

"流通贸易型"县域经济发展模式的本质是一种以现代物流体系为载体，以流通贸易产业为主导，依托外部市场需求、县域产业基础、交通物流设施、信息技术要素等所形成的经济发展模式。在新发展格局下，现代流通贸易产业以商品贸易为核心，由物流业、金融业、信息业、生活服务业互相支撑，已经成为一种全要素、全过程、全球化、全生命周期、全产业链的产业形态。加快建构形成现代流通体系，贯

通生产、分配、流通、消费各个环节，形成需求牵引供给，供给创造需求的更高水平的动态平衡。提升国民经济整体效能是构建新发展格局的核心任务，也是"流通贸易型"县域经济发展的基本导向。当前，河南省"流通贸易型"县域经济发展中还存在着有体量，缺体质；有多式，缺联运；有服务，缺产品；有名气，缺名牌；有联系，缺连锁等短板和不足，这构成了"流通贸易型"县域经济高质量发展潜在的风险和隐患，具体表现在五个方面。

1. 全方位、多视角的需求捕捉力不足

"流通贸易型"县域经济发展对外部需求市场的依存度较高，是一种典型的外向型县域经济发展模式。推动经济高质量发展，不仅要"引进来"，也要"走出去"。从淮滨的实践看，当前的"流通贸易型"县域经济发展还存在县域主导产业科技含量偏低、品牌效应不强、内部竞争牵制、生态环境约束等现实矛盾以及对外合作领域不广、层次不深、利益链接不紧、产业联结不密等外部障碍。推动"流通贸易型"县域经济实现更高质量的发展，必须不断加大对外开放的力度，提升对外开放的层次和水平，以开放合作提升全方位、多视角的需求捕捉力，厚植县域经济发展基础。充分利用自身的区位优势与资源禀赋，积极引导域内企业主动适应市场多元化新需求，探索流通外贸经济新业态。在巩固传统优势主导产业市场份额的同时，要深度融入新发展格局，扩大"朋友圈"，做大"生意圈"，用更宽领域、更深层次的对外交流与合作，开发新商机、寻求新亮点、探索新路径，为县域经济高质量发展增添新"引擎"。

2. 智能化、网络化的持续创新力不足

当前，全球新一轮科技革命和产业变革方兴未艾，以互联网、大数据、人工智能等为代表的数字技术向各领域渗透，流通贸易现代化水平快速提升，新业态、新模式不断涌现，呈现出信息化、网络化、

集约化和智能化等特征。推动"流通贸易型"县域经济高质量发展需加快全产业的数字化应用和推动对传统流通企业的改造，加大数据、技术等要素的投入，促进我国县域产业转型升级。同时，消费市场的提质扩容、方式创新、消费分化等一系列变化，也迫切需要流通体系转型升级和加快创新，大力发展数字流通，以促进新型消费加快发展，带动新零售、新电商等新产业、新业态加快发展。重点是用好技术手段、发挥创新力量，推进数字化、智能化改造和跨界融合，进一步加快新一代信息技术的应用和普及，提升流通企业对外服务和对内管理的数据化和智能化水平。要鼓励流通企业创新发展，积极推动线上线下融合发展，鼓励支持电商企业为实体经济赋能，带动整个商贸流通行业的现代化。

3. 市场化、全球化的品牌影响力不够

品牌是质量，品牌是标准，品牌也是效益。市场竞争越来越激烈，品牌作为产品的重要附加值，不但能提高产品形象和知名度，还能提升产品溢价，增强其市场竞争力。进一步提升"流通贸易型"县域经济发展的质量，一个关键环节在于突破品牌意识不够、品牌动力不强、品牌结构不优、品牌效应不足等短板，充分发挥区位优势、产业特色，把拓展市场化、全球化的品牌影响力作为转变经济发展方式、优化产业结构、提升经济发展水平、加快推动县域经济转型升级的重要举措，全力推动商标品牌培育、发展、创新，打造一大批具有市场竞争力的品牌和富有地方特色的县域公共品牌、产品品牌、企业品牌。要以发展壮大龙头企业为突破，支持本土骨干商贸流通企业跨行业、跨区域兼并重组，培育一批拥有自主品牌、主业突出、核心竞争力强的大型商贸流通企业集团，支持企业连锁经营，发展一批有影响力的品牌连锁商贸企业，引进国际国内知名商业企业品牌、商品品牌和服务品牌。

4.供应链、价值链的核心竞争力不强

随着新一轮科技革命和产业变革的到来，现代产业布局和分工体系加速调整，衡量县域经济高质量发展的一个重要指标就是产业价值链迈向中高端。推动"流通贸易型"县域经济高质量发展，要立足本地特色产业，通过发展进口贸易，带动引进国际先进技术装备、生产工艺、管理模式、新型业态，并在扩大制造业进口的过程中，主动承接技术外溢效应，促进县域经济产业融入全球产业链、供应链、价值链、创新链。要针对产业层次不高、产业效益偏低、产业价值链"低端锁定"的现实困境，坚持问题导向和目标导向相统一，立足自身资源禀赋条件，吸引高端优势资源集聚，持续加大产业融合化、集群化、生态化发展进程，打造具有地域特色的现代产业发展高地，推动企业全速迈向产品个性化、品牌高端化国际化、跨界融合化、渠道多元化，在创新转型中实现质量、效率双提升，不断培育新的经济增长点。

5.基础性、先导性的设施支撑力不牢

建设现代综合交通运输体系对推动"流通贸易型"县域经济高质量发展意义重大，有利于进一步打破时空阻隔、强化区域协同、实现产供销运高效衔接、确保产业链供应链稳定。从淮滨的实践看，目前的综合运输体系建设不充分不均衡问题依然比较突出，交通网络的空间布局与结构功能仍不尽完善，支撑能力、带动能力有待提升，各种运输方式融合不足、衔接不畅，物流效率仍有较大提升空间。未来，应充分发挥各种运输方式的比较优势和组合效率，大力发展陆空、海铁、公铁、水水中转等多式联运，提高衔接水平，降低货运物流成本，形成"宜水则水、宜陆则陆、宜空则空"的综合运输新格局。同时要科学规划和布局物流基地、分拨中心、末端配送网点，加大对物流基地、冷链系统等流通基础设施建设的投入。

五、"流通贸易型"县域经济发展模式转型升级的对策

在区域经济发展态势分化、动力极化的趋势下,推动县域经济"成高原",意味着县域经济发展地位、定位、功能的转换,意味着发展的结构、方式、动力的转变。"流通贸易型"县域经济发展模式作为一种以地理交通区位为优势、以流通贸易产业为主导、以产业技术变革为动力的县域经济发展模式,未来的发展方向是聚焦建设现代物流体系这一核心,在更大范围内配置资源、参与分工、扩大市场、提升效率。为此,应锚定堵点和短板,把短期需求和长期目标结合起来、把产业升级与创新驱动耦合起来,把上游生产和下游消费衔接起来、把县域市场与区域市场贯通起来,把国内流通与国际供应融合起来,在更大范围、更宽领域、更深层次配置资源要素,参与产业分工,共享发展红利,推动产业价值链向中高端延伸,进一步拓展县域经济发展的空间。

1. 立足自身资源禀赋,推动产业价值链迈向中高端

以现有产业为基础,加速产业模式和企业形态转变,以"鼎新"带动"革故",以增量带动存量。一是向微笑曲线两端延伸。加快实施以信息化、自动化、智能化、供应链管理为重点的技术改造,通过生产工艺流程、生产组织形式、运营管理方式和商业发展模式的优化升级和协同创新,推动主导产业向研发设计、营销服务、供应链管理等高附加值环节延伸,实现全产业链发展,更好地满足用户需求,拓展产业发展的新空间、价值增值的新路径。二是紧抓产业发展关键环节。针对产业链的关键环节,以技术变革创新为路径,以人才引进培育为支撑,不断强化技术产品供给能力和人才供给保障水平,积极推动产业链再造和价值链提升,鼓励龙头企业加强产业关键技术研发,引进

产业紧缺人才，积极营造科技成果向现实生产力转化以及新技术快速大规模应用的创新环境。三是培育和发展总部经济。总部经济是经济集约发展的一个重要的表现，能够有效地实现成本最小化、利益最大化的"最经济原则"，要坚持规划引领，产业带动，因地制宜，找准总部经济发展的"特色路径"，依据全县产业载体类型，招引不同类型总部经济项目落户相应产业集聚平台，打造相关产业生态集聚区。四是培育和壮大枢纽经济。依托交通枢纽优势，发挥港口物流大集聚、大中转的作用，培育壮大物流、仓储、贸易等现代服务业，积极融入区域产业发展格局，主动寻求与区域内各大经济体之间的产业耦合发展。

2. 提升要素供给能力，吸引高端优势资源集聚

资源要素集聚是经济发展的必要条件，县域经济发展的质量取决于高端资源要素集聚的能力和效率。一是强化人才要素供给。人才是新经济、新产业发展的第一资源，面对当前国内人口结构性流动趋势，要对人才政策进行全面审视梳理，从人才工程计划、引才用才机制、人才培养模式等方面提出新的突破性措施，拿出更加精准的"政策大礼包"，加快形成各类人才在淮滨安家落户、竞相奔腾的生动局面。依托产业平台、科研平台等载体，吸引人才、集聚要素，形成以产聚才、以才兴产、才产互融的格局。二是拓宽信息要素供给。要整合政府和社会公共数据资源，建立全县统一的公共信息资源开放平台，推进数据合法有序开放，推动数据资源市场化开发利用。大力提升信息基础设施能级，制定优惠政策吸引面向大数据应用的企业落地淮滨。三是强化土地要素供给。推动土地供给由注重增量转向盘活存量、优化增量并举，加强产业功能区用地保障，引导企业在功能匹配的产业园区选址建设，鼓励各类园区自主开发公共物业，大力推广以物流成本为导向的紧凑式工厂布局，构建工业用地亩产效益评价体系，实行差别

化地价政策，对符合产业目录导向的重大项目给予用地优惠。四是推动产业园区升级。以产业园区特色化、专业化、集群化为引领，推动"纵向"上下游企业衔接和"横向"配套的中小企业协同发展，实现企业集聚向企业"成群"的转变。通过"招商引资"和"内生成长"来不断地强链和补链，培育壮大新兴产业，加快发展智能化生产、网络化协同、个性化定制和服务化转型等新业态新模式，实现园区产业的升级。

3. 增强产业竞争力，打造优势现代产业发展高地

河南省第十一次党代会提出，要把"一县一省级开发区"作为重要载体，着眼国内国际市场大循环、现代产业分工大体系，培育壮大主导产业。为此，一是壮大产业集群规模。做大产业集群，离不开建园区、引项目、扩规模、育龙头、拓市场、树品牌，要以产业集聚区"二次创业"为引擎，推动企业集中布局、产业集群发展、资源集约利用、功能集合构建、效益集成彰显的有机融合。发挥政策引导与市场引领作用的协同作用。打造关联度大、带动力强的龙头企业，吸引上下游配套企业集聚，延伸产业链、提升价值链，变"点式扩张"为"链式发展"，推动产业链式布局、专业化配套、数字化转型、集群化发展，进一步彰显产业集群的规模效应、集聚效应和辐射效应。二是培育产业创新载体。进一步完善政府投入机制，形成以企业为主体、市场为导向、产学研协同配合的科技创新运行机制，引导企业加大科研创新力度，持续提升产业自主创新能力，探索与企业、高校、科研院所合作建设高新技术开发区、数字经济产业园、农业科技园等载体，布局重点实验室、新型研发机构等平台。探索设立创新创业投资引导基金、撬动社会资本参与产业集聚区创新发展。三是完善产业支撑机制。顺应产业集聚区提质增效的发展趋势，以市场化运作、社会化服务、专业化经营、法治化治理为导向，完善产业集聚区管理体制。深化实施"管委会＋公司"运行管理模式，激发产业集聚区的内生动力和创新活

力；建立政府与集聚区共享机制，密切政府与集聚区之间的利益联结。四是推动开放合作发展。依托化纺产业交易中心、智能服装产业小镇、嘉兴纺织产业园、苏州纺织产业园、浙商纺织工业园、智能家电产业园等，推动县域内优势企业以核心技术、自主品牌等为依托，带动产品、服务、技术、标准等"走出去"，拓展供应链协同的广度和深度。引导面板企业和配套企业建立深入合作机制，提升资源配置水平和协作效率。

4. 把握产业变革趋势，更好推进新旧动能顺利转换

迈入新发展阶段，随着劳动力供给结构的变化、人口红利消退、劳动力成本上升以及资源环境约束趋紧等变化，以劳动力、资本等传统生产要素为代表的旧动能对经济增长的拉动作用在逐渐减弱，旧动能的边际效益在递减，加快从"要素驱动"向"创新驱动"转变，让县域经济活力再次进发，尤其是推动县域经济"成高原"，必须准确把握新一轮科技革命和产业变革的趋势，抢抓数字化、网络化、智能化发展机遇，全面深化改革开放，推进集成式改革，以开放促改革促发展促创新，推动产业迭代升级、跨界整合，推动城乡深度融合，为推动县域经济高质量发展提供不竭动能。一是激发潜能。县域拥有潜在的"人口红利"，庞大的劳动力蓄水池、成长起来的产业工人队伍、越来越多的返乡创业群体，是县域高质量发展的力量所在、后劲所在。增强县域发展新动能，必须充分激发潜能，让县域后发优势、比较优势叠加聚变形成高质量发展胜势。二是提升效能。强化质量意识和效益意识，强化"亩均论英雄"导向，深挖存量用地"亩产潜力"、划定新增项目"标准产量"、推动智造链条"基因改良"，建立存量土地盘活利益引导机制和低效用地退出管控引导机制，不断提高亩均投资和产出强度。三是改革蓄能。当前，"一带一路"发展、中部地区高质量发展、构建新发展格局等国家战略叠加，为县域承接产业转移、增强产业链供应链韧性、

打造中心城市战略节点提供了难得的机遇，县域既要抓好改革创新的"最后一公里"，又要争当改革创新探路的率先突破者，精准谋划改革创新举措，注重改革创新系统集成、协同高效，蓄积高质量发展的强劲势能。四是科技赋能。抢抓新基建契机，积极布局新基建，推动新经济企业、项目落地。因地制宜探索县域高质量发展和新动能培育模式。加快创新发展载体，积极优化县域产业链空间布局，拓展"园中园"发展内涵，引导三大主导产业链环节集群发展，积极承接县域周边中心城市"飞地经济"落地，支持龙头企业牵头联合打造专业园区。

5. 补齐短板奠定基石，持续推进"四化"同步发展

县域经济作为一种独特的区域经济，具有综合性、开放性、层次性、基础性等典型特征。县域既是促进"四化"同步发展的结合点，更是推动"四化"同步发展的主战场，县域经济发展是城乡融合、区域协调、"四化"同步发展的立体发展。河南省委书记楼阳生在开封市兰考县调研时指出，要在"四化"同步上持续发力，把制造业高质量发展作为主攻方向，把推进以人为核心的新型城镇化作为强大引擎，把加快农业农村现代化作为重要基石，特别要以信息化"一化带三化"。推动县域经济"成高原"的潜力在"四化"协调、标志是"四化"协调。当前，县域经济处在做大体量、提升质量、彰显特色的关键阶段，推动新型工业化、信息化、城镇化和农业现代化协调发展，要切实增强发展的统筹度和整体性、协调性、可持续性。要以项目建设和园区建设为重点，加快推进县域新型工业化；以创新和完善农村体制机制为重点，大力推进农业现代化；以县城和中心镇为重点，着力推进新型城镇化；以信息平台建设为重点，切实推进县域信息化。通过"四化"同步发展来保持速度、体现特色、提高质量、增强实效，实现产业、产城、城乡统筹互动，提升县域经济综合实力，实现富民强县。大力推进新型工业化，激活县域经济高质量发展"新引擎"，把"工业强县"作为推动县域经济

高质量发展的先手棋和主动战，精准对接省市工业转型发展战略部署，推动工业提质增效、转型升级；大力推进新型城镇化，筑牢县域经济高质量发展"硬支撑"。把百城建设提质工程作为推进新型城镇化的抓手，努力走出一条特色新型城镇化发展新路。大力推进农业现代化，稳住县域经济高质量发展"压舱石"。围绕提高农业质量效益和竞争力，深入推进农村一、二、三产业融合发展，推动农业提质增效，加快农业现代化。大力推进信息化建设，按下县域经济高质量发展"加速键"。抓住数字转型的战略机遇，以信息化为引擎，将特色工业、农业产业以及服务业，与信息化手段充分结合，依托大数据、云计算、物联网等技术对特色产业链进行数字化改造，推动县域经济转型升级，助力全面建成小康社会和实现乡村振兴战略。

6. 持续优化营商环境，做强县域经济发展硬支撑

营商环境是市场经济的培育之土，是市场主体的生命之氧，只有持续优化营商环境，才能真正解放生产力、提高竞争力。当前，新一轮区域竞争正由拼政策、拼资源、拼土地转向比环境、比信用、比服务，这种经济生态竞争的核心就是营商环境。营商环境没有最好，只有更好，优化营商环境只有进行时，没有完成时。为此，要以提高市场主体感受度、满意度、实效度为目标，聚焦企业、个人、项目和服务"全生命周期"，树立用户思维，注重客户体验，围绕精简行政审批流程、降低市场准入门槛、清理涉企收费、促进公平竞争、提升政务服务水平等方面，以更大力度、更加精准、更为务实的举措，全力打造创新创业、公平竞争、安全放心的市场营商环境，促进县域经济更高质量、更有效率、更加公平、更可持续发展。一是打造金牌营商氛围。要积极营造亲商、重商、爱商、护商良好氛围，在基础设施建设、政务服务、金融服务等方面出实招，消除县域经济发展"堵点""痛点"。把已经形成的项目审批"代办制"，缴纳税费"一费制"，全程代办"保

姆式"等成功实践成果制度化、规范化、程序化，确保县域发展环境宽松顺畅。二是提升政府服务效能。深入推进"放管服效"改革，建立负面清单管理制度，降低市场准入门槛和企业经营成本，增强市场主体活力。要敢于革自己的命，改革体制，完善机制，加大"放管服效"改革力度，厘清政府与市场的关系、部门与部门的关系，坚持全局一盘棋，在县域发展问题上突破利益藩篱，加强沟通协调配合，形成保障合力，加快推进"互联网＋政务服务"，让数据多跑路、群众少跑腿。三是营造浓厚的社会创新氛围。积极建设产业友好型城市。大力强化平台思维、生态思维，聚焦行业龙头、独角兽企业、瞪羚企业、高新技术企业、"专精特新"企业成长需要，积极培育电子商务、文化创意、信息咨询、工业设计、检验检测、科技研发、法律服务、人力资源服务等平台型、服务型企业，为推进转型升级打造良好的产业生态。四是强化要素保障。加大财源建设力度，落实激励性财政政策，引导和撬动更多社会资本。搞好土地保障，积极稳妥推进农村"三块地"改革，盘活低效闲置存量建设用地，提高土地利用质量和效益。创新人才管理机制，制定出台"引进人才、留住人才、培养人才"的优惠政策，吸引更多优秀专业技术人才和管理人才投身县域经济发展。保持县域经济发展的政策、规划的稳定性和连续性，做到一张蓝图绘到底，一任接着一任干，努力实现县域经济发展的可持续性。

组长：谷建全　郑　林

成员：任晓莉　高　昕　孙　禹

执笔：高　昕

河南日报
特刊 | 03
2021年12月6日 星期一
组版编辑 赵大明 马愿 美编 周鸿斌

慧眼看河南——县域经济何以成高原

从织机飞旋到千帆竞发

——来自淮滨县域经济高质量发展的调查

□本报记者 胡巨成 尹红杰 河南报业全媒体记者 刘宏冰

因治淮而建县，因滨淮而得名，“三水围一县，一河贯东西”的淮滨，曾是全省闻名的“水患大县”“洪水走廊”，十年九灾，苦不堪言。

而如今，淮滨抢抓机遇、问河借力、借船出海，一跃成为中原最大的内陆港口城市、淮畔最大的内陆船艇制造基地，“中国弱筋小麦第一县”名扬中外，县域综合实力也由曾经的全省倒数第一，跃升到2020年底的全省第40位，三产结构比首次实现由“二三一”向“三二一”的历史性转变。

淮畔正崛起县域经济新高地，引人瞩目，发人深省。

滨淮临港 借势招商——机杼声声唱传奇

12月3日，来到位于淮滨县产业集聚区的河南君子林服饰智能服装车间，马达轰鸣，织机飞旋，工人们正在赶制智能服装。

“以前主要做出口，近两年受疫情影响，我们及时调整策略，在维护好国外市场的基础上，及时开拓国内市场，构建双循环。”君子林服饰董事长孟君说，2019年投放国外市场的两款智能服装，改成国内版型款式后，很快在国内热卖。

她拿起一件蓝色服装说：“这件服装内置芯片、温度传感器和加热组件，配一个移动电源，传感器感受到环境温度变化后，就会直接启动加热元件，及时适应环境的变化，深受户外运动爱好者喜欢。”

一件智能服装，尽显淮滨由“制造”布匹向“智造”服装的转变。

从2007年抢抓东南沿海产业转移的大势和机遇、引入第一家纺织企业至今，淮滨利用水运便利、公路发达、铁路畅通的优势，先后引进建成了苏州纺织产业园、嘉兴纺织产业园等纺织园区，纺织业实现了从无到有、从小到大、从弱到强的华丽嬗变。

在引进纺织业的同时，淮滨人聚焦纺织服装全产业链，吸引龙头企业落户，打造纺织服装科技产业集群，抢占全国纺织服装科技高端市场。

2013年落户淮滨的君子林服饰，是一家集服装设计、研发、生产、销售于一体的外贸出口型企业，先后研发出具备防冻、防溺水、防走失、轨迹控制、蓝牙等功能的智能服装，获得10多项专利。

君子林服饰只是淮滨县产业集聚区内162家化纤纺织服装企业的一个典型代表。

十多年间，一排排现代化厂房、一台台自动化纺织设备、一座座智能化服装工厂，快速崛起在淮河之滨。这里先后荣获中国新兴纺织产业基地县、中国针织服装产业转移示范区、中国针织服装智能制造基地等殊荣。

截至2020年年底，淮滨县已签约投产喷水织机3万台（套），年产坯布16亿米、服装2500万件，成长为信阳市唯一超百亿级纺织服装产业集群，年产值119亿元。

优商强产 延链补链——淮畔崛起新基地

纺织企业缘何陆续落户淮滨并做大做强？

“这得益于我们始终坚持招商引资和优化营商环境‘一把手工程’，成功实现了招一个、引一批、带一片。”淮滨县县长谷光亚坦言。

淮滨连续几任书记县长倾心优商强产，锚定目标延链补链，先后规划建设了16个纺织服装“区中园”，推出优惠政策吸引初级丝龙头企业落地，加快推进豫南染整产业园建设，积极打造化纤纺织服装全产业链。

2015年4月，当时国内纺织行情不景气，浙商纺织资金周转困难，一笔4000万元的贷款到期。如逾期不还，企业将被列入黑名单，甚至会面临破产。时任淮滨县委书记曾辉获悉后，紧急召开专题会议，多措并举、依法依规为企业解决了过桥资金，帮其渡过了难关。

事情传开，很多企业家深受感动，前来投资者络绎不绝。

淮滨县产业集聚区的多位企业负责人都说，在淮滨经商办企业，无论遇到什么困难，只要在法律政策许可范围内，很快就会解决，让人安心舒心又省心。

这些年，这些事，不胜枚举。

坚持把民营经济作为县域经济突破口和主阵地，淮滨政府坚持当好“店小二”，做好“服务员”，把最优营商环境打造成淮滨金字招牌。

10月16日，淮滨县获颁首批河南省新时代民营经济“两个健康”实践创新示范县（市、区）。

产业链强则产业强。为不断延链强链，淮滨充分发挥落地于此的国家棉花暨纺织服装检测检验信阳分中心优势，全方位服务企业产品创新和品质提升。同时筹建浙江纺织科学院淮滨分院和淮河纺织服装职业学院，全力保障纺织服装产业发展人才需求。积极谋划申请省政府批复同意建设淮滨染整中心，使淮滨县化纤纺织服装产业形成环环相扣的完整链条。

如今，规划面积15平方公里的淮滨县产业集聚区已建成10平方公里，入驻企业198家。占地600亩的中西部纺织服装交易中心，也正加紧推进。2020年，淮滨县产业集聚区工业总产值已达185亿元，主营业务收入210亿元。建设中西部最大化纤纺织基地的目标，正一步步变成现实。

“淮滨因淮而兴，因港而强。如何立足千里淮河第一港优势，抢抓一系列国家级战略机遇，再造新优势，再谋新发展，是我们一直努力思考、奋力实践的新课题。”淮滨县委书记梁超说。

问河借力 造船出海——临港经济开新局

沿淮居民下河能驾舟、上岸会造船，生生不息，世代相承。

新中国成立之初，这里就成立了国营淮滨造船厂。经过持续创新发展，淮滨已实现了从木质船、水泥船到钢制散装货船，再到游艇、画舫、冲锋舟的“四级跳”，在淮河、大运河和长江水系，赢得“十船三淮滨”的美誉。

10月9日，由河南省金隆诺宝船艇有限公司生产的全国第一艘LPG新能源A级航区双体画舫，在淮滨三号码头装车发往新疆，将在赛里木湖上劈波斩浪。

作为河南唯一一家取得游艇、执法艇、画舫生产资质的公司，金隆诺宝船艇已经创造了多项河南第一：第一艘无人船艇S600，第一豪华游艇“蕾莉号”，第一艘港作推轮“盛华港务8号”……“淮滨造”游艇已销往西安、青岛、三亚、张家界等旅游景区，并开辟了印尼、缅甸等国家的钓鱼艇市场。

十里淮畔，钢花闪闪。淮滨县造船产业园区已发展成为河南省乃至淮河两岸最大的造船产业基地，今年已造各类船艇495艘，产值28.5亿元。

饮马港自古通航，素有“千里淮河第一港”之美誉。中原大宗散装货物由此通江达海，淮滨因此被誉为“中原出海大通道”。煤矸石、粮食等大宗散装货物，从这里出发，在千里航道奔波不息。

进入新时代，饮马港已经满足不了经济需要。如何把握临河优势，跳出淮滨看淮滨，放眼全球开新局？

优势在水，出路在河。淮滨紧盯国家战略大势，抢抓历史发展机遇。

2015年以来，《大别山革命老区振兴发展规划》《淮河生态经济带发展规划》相继出台，淮滨紧抓一“山”一“河”两大战略规划，提出建设“滨淮福地·临港强县”，超前谋划建设淮滨中心港，全力推进内河航运发展和公铁水一体化现代综合交通运输体系建设，规划建设临港经济区，推动县域经济高质量发展。

走进正在建设的信阳港·淮滨中心港区，码头上塔吊林立、机器轰鸣，工人们正抢天夺时，安装调试设备。不远处的328国道淮河大桥上，运输车辆往来奔忙，初冬的淮畔依然一片火热。

“淮滨中心港规划建设20个千吨级泊位，设计年吞吐能力2080万吨。港口和物流园区主体工程已经完工，正在建设配套设施、安装调试设备。近期，河南省最大的综合性单体港口就将试运营，到那时天天都是千帆竞发的恢弘场景！”信阳淮滨港务中心副主任任学斌自豪地说。

信阳临港经济区规划106.9平方公里，基本空间架构为“一港六区一廊道”：即公铁水一体化物流港，临港现代物流区、配套服务区、高端制造区、科研教育区、能源储备区、精深加工区，淮河生态廊道。目前已开工项目4个，概算投资15.35亿元；拟开工项目3个，概算投资11.94亿元。

依托在建的淮滨中心港，淮滨确立“以港铸城、以港育产、以产兴城、产城平衡”的港产城融合发展理念，提出二年建港口、三年试运营、五年成产业、十年立港城，聚力推动“港产城、商文旅”融合发展，着力把信阳临港经济区建成“千里长淮第一港，内陆物流新枢纽”。

建强枢纽 再造优势——流通贸易通全球

淮河淮滨段枯水期水深4—5米、丰水期可达11米，1500吨级载重船舶可常年通航，丰水期3000吨级船舶可通航，淮滨航运通过淮河连接长江水系和京杭运河，进而直达沿海。

去年8月，淮滨被确定为全省重点建设的18个区域物流枢纽之一。

物流枢纽，优势不小。放眼全省，像淮滨这样集公路、铁路、水运三种运输方式交会的县城，并不多见。

新时期，新赛道，如何再造新优势？

“我们不仅要抓住一‘山’一‘河’战略规划机遇，还要主动融入国家‘一带一路’倡议，问河借力，沟通世界，依托港口大力发展临港经济。”梁超说。

淮滨中心港区将作为信阳临港经济区的核心工程，集海关、商检、保税物流于一体，是淮河生态经济带国家战略重点支持的综合交通枢纽项目，也是河南最大的综合性单体港口。既是粮食、建材、轻纺等综合输入港区，又是工业产业集聚物流配套园区。

任学斌介绍，结合河南自贸区和淮滨水运口岸建设，淮滨积极提升对外开放水平，打造河南省开放经济桥头堡和豫货出海集散地。

当前，他们正以“海气入豫”项目、沿淮管道运输大通道建设为契机，谋划建设河南省最大天然气储备基地、中原粮食和物资储备基地、中原煤炭和物资储运基地；以淮滨造船产业园为载体，打造沿淮最大的船舶制造基地；以争取河南自贸区“豫南自贸片区”为契机，打造东南沿海产业转移的重要基地；通过与中非贸易集团合作，搭建与非洲5国的政府经贸交流平台，开辟“淮滨港—非洲路易港”豫非贸易水上黄金通道。

北有郑州航空港，南有信阳淮滨港。信阳淮滨港务中心已先后与中石油集团、川油集团、上海众拓等65家国内知名企业达成投资意向；围绕临港经济区建设谋划项目39个，总投资632.78亿元。

可以想见，不久的将来，淮滨港内千帆竞发、百舸争流，大批的钢材、粮食、煤炭、黄沙、水泥等大宗散装货物，将从这里转运装船，运往五湖四海。

“淮滨将深入学习贯彻党的十九届六中全会和省第十一次党代会精神，以党建‘第一责任’引领和保障发展‘第一要务’，加快临港经济区高质量发展，创造性推动各项目标任务落实见效，做奋勇争先、更加出彩的排头兵。”梁超充满希望地说。③7

专家点评

淮滨在中原大地上打造了一个县域经济的新亮点，媒体人对此做出了不少生动客观的报道。

淮滨县域经济发展有经验、有特点、有特色，可学习、可借鉴。

淮滨县域经济发展的一条经验是：聚焦发展不动摇，咬定目标不放松。围绕着“滨淮福地·临港强县”的发展定位，淮滨大力推进“一城、一区、三基地、一振兴”工程，加快生态园林城市建设、加快信阳临港经济区建设、加快纺织食品船舶制造基地建设和乡村振兴建设，走出一条“流通贸易型”县域经济发展之路。

淮滨县域经济发展的一个特点是：善于发现机遇，积极抢抓机遇。在传统农业县的基础上，白手起家构建县域现代产业体系，必须强化机遇意识和能力。淮滨抢抓大江大河治理的机遇，超前谋划了信阳临港经济区，初步形成了“一港六区一廊道”的港区格局；抢抓碳达峰、碳中和的机遇，大力发展石油天然气等能源储备产业和粮食及其战略物资储运产业，构建新型产业生态圈；抢抓长三角产业向中西部转移的机遇，积极承接上海及江浙地区向外转移的纺织服装企业，规划建设16个纺织服装“区中园”，形成了产值超百亿的纺织服装产业集群。

淮滨县域经济发展的一个特色是：立足水资源优势，谱写县域经济发展的主旋律。只有打好“淮河牌”、做足“水文章”，才有可能把淮滨潜在的生态优势转化为招商引资、产业集聚的现实优势。因此，淮滨以建设水景生态园林城市为抓手，为人才落户、资金落地、企业发展营造优美的自然环境；以用好水资源为切入点，发展绿色农业，培育特色小镇和特色农产品生产加工基地，推动乡村振兴，为县域经济发展奠定了基础。

诚然，淮滨的发展也会面临诸如化纤纺织业聚集的污染防治、船舶制造业的技术改造、村集体建设用地转化为聚集区标准化厂房用地等具体问题。相信淮滨人一定会在改革中克服困难，扎实推进县域经济的可持续发展。

百闻不如一见。只有亲临淮滨，才能对“从织机飞旋到千帆竞发”有更加深刻的体悟。③7

（省委农办原副主任郑林）

总策划：董　林 刘雅鸣
策　划：孙德中
专　家：谷建全 郑　林
任晓莉 高　昕
孙　禹
统　筹：阚爱民 宋华茹

图① 巧手织云锦。⑨6 贾更尧 摄

图② 钢花闪闪造船忙。⑨6 邱彦文 摄

图③ 淮滨县打造水景生态园林城市，围绕“一座水城、百里河道、千亩湿地、万顷水域”水系生态，实施水系连通工程，打造“淮上江南”，建设“梦里水乡”。⑨6

图④ 临港经济增强淮滨活力。⑨6

本版图片除署名外均由本报记者 陈更生 摄

扫码看视频

招商兴商促进国家级贫困县崛起

——平舆县域经济发展调研报告

河南日报县域经济调研组

作为人多地少、资源贫乏的平原农业县，平舆曾经是交通闭塞、县域发展水平低下的国家级贫困县。近年，平舆立足本县实际，善于发现机遇、善于利用机遇，因"地"因"时"因"业"制宜，强力招商，倾力兴商，实现了皮革加工、建筑防水、休闲家具等产业多路开花、集群发展，带动城市化与"三产"融合快速推进，县域经济排名跃升到全省第33位，成为国家级贫困县强势崛起的鲜活典范。但由于底子薄、起步晚，平舆综合经济实力仍不够强，与新阶段全面现代化与高质量发展要求仍有不少差距，应在创新招商育商模式、提升要素支撑能力、优化产业发展思路、提升城镇化水平、加快"三产"融合发展、提高企业管理水平等方面进一步加大改革创新力度，化解发展瓶颈、汇聚发展动力、提升发展层级，早日实现县域经济"成高原"的战略目标。

平舆是人多地少、资源贫乏的平原农业县，位于河南省东南部，地处周口、驻马店与安徽阜阳三市交界，历史上曾经是交通闭塞、县域发展水平低下的国家级贫困县。近年，平舆立足本县实际，坚持工业强县，强力推进招商引资，倾力优化产业环境，实现了皮革加工、建筑防水、休闲家具等产业多路开花、集群发展，带动城镇化与"三产"融合快速推进，县域经济排名跃升到全省第33位，实现了国家级贫困县的强势崛起。平舆以招商兴商促进县域经济崛起的生动实践被誉为县域经济发展的"平舆现象"，其善抓机遇，因"地"因"时"因"业"制宜招商、倾力助商的做法与经验，对省内其他工业基础薄弱、资源相对贫乏的平原农业县具有较大的启示与借鉴意义。

一、平舆招商兴商的主要举措与经验

平舆通过招商兴商促进县域经济崛起的生动实践，突出体现在招商触觉敏锐，善于发现机遇，善于利用机遇，因"地"因"时"因"业"制宜招商，精心谋划，克服困难坚定实施，倾力优化营商环境，推进技术创新和区域品牌培育，帮助企业发展振兴。

（一）因"地"制宜，亲情招商

平舆防水产业是因"地"制宜、亲情招商的结果，其基础是平舆在外务工的30万防水大军。作为典型的平原农业县，改革开放初期，平舆交通闭塞，缺乏工业基础，本地非农就业机会极少，而人均耕地少、靠种地难以过上好日子，于是，大量平舆人外出务工。外出打工做什么？或许是出于偶然，平舆人瞄准了建筑防水。按照县委书记赵峰的解释，为什么做防水？最朴素的想法是，做防水是一件辛苦活，由于能吃苦，平舆人可以干别人不想干不愿干的脏活累活苦活。通过外出务工，平舆第一代防水人开启了艰辛的闯荡与创业历程，并从中把握了商机，得到了回报。随着防水大军不断发展壮大，平舆人在全国各省市拥有 1 万支施工队伍，1000 个防水企业，30 万从业人员，创造了 600 亿产值，"防水"成为平舆的一个闪亮名片。但是，早期防水主要是在外施工，不能直接体现为本地产业发展。为将防水方面的多年积累转化为本地产业，平舆县委县政府利用新春团拜会、老乡会等多种渠道与在外防水企业沟通，探讨突破方式，最后决定把结合点放到防水材料上。确定方向后就开始充分利用乡情亲情强力招商，把在外地做建筑防水产业的平舆籍企业家、大企业请回家乡发展，将平舆防水产业链条从施工拓展到防水材料。目前平舆已集聚防水材料生产企业 18 家、防水施工总部企业 182 家，成功将靠"一桶沥青打天下"、劳动密集型的防水施工产业发展为集研发、品牌建设、材料、施工的建筑防水全产业链，成为国内有较大影响的防水产业集群。

平舆防水产业因"地"制宜、亲情招商的做法和经验对河南省与平舆情况类似的平原农业县具有重要启示。这里所说的"地"，指的是其利用了"本地大量劳动力在外从事防水"这一本地特殊资源，这恰恰是河南省多数平原农业县均具备但却没有给予足够重视的机遇与优势。河南省多数平原农业县均有大量劳动力外出务工，且各县劳动力外出务工所从事的行业一般均相对集中，所以大都具备了类似平舆防水的机遇与优势。遗憾的是，在不少县，这一优势并未如平舆一样被充分挖掘。相反，由于河南省平原农业县大多工业基础薄弱且无特殊资源，招商时往往找不准定位而陷入广泛撒网、恶性竞争的泥潭，以致招商成本畸高而效率偏低。

（二）因"时"制宜，以商招商

平舆休闲家具产业则是因"时"制宜、以商招商的成果。平舆并没有"藤编"的历史传统，本地历史上也没有休闲家具企业。平舆县第一家户外休闲用品企业是2016年9月成立的河南华东户外有限公司，公司主要经营金属户外休闲藤条家具。河南华东户外有限公司的创始人陈华伟是平舆县老王岗乡孙坡村人，20世纪90年代外出打工，先后在广东、浙江等地从事户外用品生产和管理，2009年与几个合伙人在宁波建起了户外用品公司，逐步发展起来。随着平舆推进返乡创业的力度加大以及营商环境的不断改善，陈华伟感受到家乡招商的诚意与良好的营商环境，于2016年9月回到平舆成立了河南华东户外有限公司。调研座谈会上，县人大副主任石玉兴谈到平舆户外用品产业能有今天得感谢陈华伟，因为他为家乡带出了一个产业。实际上河南华东户外有限公司并没有做太大，但陈华伟的投资让平舆了解了休闲家具产业，并敏锐地捕捉到招商机会。河南华东户外有限公司在平舆落地后，经过详细了解，认真思考，县委县政府认为，户外休闲产业虽是劳动密集型产业且附加值不高，但其在全球有广阔的市场，随着沿海劳动力成本的上升，户外休闲产业存在从江浙地区向内陆转移的客观需求。虽然以前平舆并没有户外休闲企业，但这对劳动力资源丰富的平舆来说是一个良好的招商机遇，于是，县委县政府决心下大力气，通过招商，让这项新的产业落户平舆，"无中生有"。通过乡情招商及平舆籍企业家以商招商，借用广东、浙江商会等行业组织的力量招商，精诚所至，金石为开，经过5年的持续发力，平舆户外休闲产业实现了从无到有、从小到大的跨越，已经形成规模较大的户外休闲产业园区，集聚相关生产及配套企业71家，成为中部最大的户外休闲产业基地、国家外贸转型升级基地。

除敏锐捕捉机会，户外休闲产业的成功招商也生动体现了平舆人不畏艰难、锲而不舍的精神及以商招商的灵活思路。其中泰普森休闲用品有限公司进驻平舆是最生动的体现。平舆在锚定户外休闲用品产业后，经过细致研究，精心准备，组织人员去我国最大的休闲家具产业基地临海市考察招商。这个过程，非常曲折。平舆招商人员到临海联系拜访当地休闲家具商会时，对方商会没听说过平舆，怀疑平舆招商人员是骗子而不愿见面，招商人员没办法，只能通过当地平舆防水商会介绍才得见面。见面后当地休闲家具商会认为平舆没有相关基础，不愿意介绍本地企业到平舆投资。招商人员转而委托当地平舆籍企业家代表平舆出面与当地休闲家具商会及泰普森公司等当地具有代表性的休闲家具企业接触，一开始泰普森公司也认为平舆没有什么基础，没有到平舆发展的意愿。但招商人员没有退缩，没有被困难吓倒，而是继续委托平舆籍企业家持续到当地休闲家具商会与泰普森等公司拜访，以商人身份从商业角度深入了解企业的需求与顾虑，研究思考并提出相应的解决方案。商人出面更容易从商业角度思考问题，比政府出面招商说服力更强，接触多了，泰普森公司被平舆招商人员的精诚和敬业精神所感动，决定先到平舆看看。泰普森公司到访后，平舆的"首问负责制""全程代办制"和"首席服务员"等招商工作机制发挥威力，让泰普森公司感受到平舆的办事效率和优质服务，看到了平舆良好的工业基础设施和劳动力优势，认为到平舆发展具有较好前景，遂到平舆建设工厂。现在泰普森已是平舆户外休闲园区的龙头企业。

平舆户外休闲产业虽属于"无中生有"，但其体现了平舆因"时"制宜、以商招商的特点，对河南县域招商具有一定启示。这里所说的"时"，指的是平舆抓住的"发达地区劳动密集型制造业向内地转移的时机"，所说的以商招商，指的是充分利用平舆籍企业家和商会协会等商业力量招商。河南多数县域特别是平原农业县最大的优势就是劳动力资源丰富，但近年一些县忽视了这一优势，看不上附加值不高的劳动密集型产业，片面追求所谓的技术含量高、附加值高的大项目，但由于河南多数县域并无发展高技术、高附加值产业的优势，于是高不成低不就。

河南泰普森休闲用品公司生产车间，工人正在加紧生产出口产品（弓华静　摄）

平舆休闲家具产业蓬勃发展给县域招商带来的重要启示就是要根据时机、趋势和自身条件实事求是地确定最适合本县发展的产业，宜高则高，不宜高则先不高，先发展再升级。当然，即使引进劳动密集型产业也要像平舆一样脚踏实地，不畏艰难，充分利用各种资源，注重以商招商，专业、精准、精心、精诚招商。

（三）因"业"制宜，平台招商

平舆皮革加工产业是因"业"制宜、平台招商的成果。不同于休闲家具产业，皮革加工产业在平舆有一定的传统和基础，但长期以来以中小企业为主，布局分散，生产粗放，且存在较为严重的环境污染。对于县内这些在豫东南地区普遍存在的小散传统皮革加工企业，平舆采用了务实的态度，认为只有夕阳企业没有夕阳产业，随着居民生活水平提高，人们对皮革皮具产品的消费需求会逐步扩大，于是积极鼓励与支持其转型升级。经过仔细研究，平舆敏锐地发现，由于小散皮革加工企业环境问题比较突出，国家对其限制越来越严，已经面临严重的落地空间紧缺问题。紧缺就是机遇，平舆把皮革皮具定位为平舆产业聚集区的主导产业，谋划了以皮革加工为主的中原生态转型发展示范园，加大节能环保等基础设施投入和建设力度，提高皮革污水处理、工业污水处理能力，创造使皮革加工从人们印象中的高污染产业成为基本不污染的环境友好产业的基础条件。通过引导本地企业入园，淘汰落后工艺，运用更先进的清洁化生产技术和设备提高生产的绿色环保水平，使企业具备了安全、稳定的生产环境。在平舆皮革产业发展平台日益成熟、日益完善的同时，国内可供皮革加工企业落地的空间越来越少，于是平舆利用这一优势大力招商，引进了中牛、永盛等龙头企业，形成了集聚 68 家企业、带动 5000 余人就业、产值超过 60 亿元的主导产业，使平舆成为中原皮革产业基地，其中龙头企业中牛集团是我国"十大皮王"之一，拥有先进的清洁生产技术，是河南省十佳科技型最具竞争力企业。

平舆皮革产业因"业"制宜、平台招商的做法，对河南县域招商也具有一定启示。这里所说的"业"，指的是"地方自发形成的小散产业"，所说的"平台"，指的是"中原生态转型发展示范园"这一对皮革产业具有强大支撑和吸引力的产业平台。河南多数平原农业县虽然工业基础薄弱，但改革开放以来各县均自发形成了一些小散产业，这些产业虽然小且层次低，但生命力很顽强，具有较强的本地根植性。面对日益激烈的市场竞争与转型升级压力，因在资金、技术、环境等方面面临诸多瓶颈，这些小散产业依靠自身力量难以迅速扩大、转型升级，多是依靠低成本优势在生存边缘挣扎。平舆的成功启示我们，这些小散企业虽然小却是地方产业发展的种子，只要科学谋划，精准施策，完全可能培养成参天大树，成为招商引资的重要资源。

（四）倾力服务，全心育商

平舆皮革、防水、户外休闲产业的崛起不仅在于精准科学招商，更重要的是全县上下倾力服务企业，优化产业发展环境，帮助企业化解瓶颈约束、解决发展难题、发展壮大、兴旺发达。

平舆不仅在招商项目落地过程中全力争取项目审批"零障碍"、项目建设"零阻力"、项目服务"零距离"，更是特别注重、努力解决企业生产经营中面临的各种问题。由县领导任组长的各个产业领导小组及办公室为企业"量身定做"服务政策，强力聚焦产业链上的关键要素，精准发力帮助企业健康发展。如平舆休闲家具产业主要生产出口产品，这些产品体积大、重量轻且价值不高，运输成本占比高，由于平舆不靠海不靠边，物流成为企业面临的最大难题。为帮助企业化解物流难题，平舆县想了各种办法，与武汉铁路局、宁波舟山港多番协调对接，于2017年成功开通"平舆—宁波舟山港"铁海联运班列，后来又开通"平舆—青岛港""阜阳—上海港"两条户外休闲产品物流专列，帮助企业解决了物流难题。这类物流问题是单个企业无法解决的，平舆想到了，经过努力也做到了，而且早期由于运输量不大，铁路、港口方面并不主动，甚至需要县里补贴，但随着平舆休闲家具产业的壮大，物流专列已经能够实现常态化运行，给企业带来了极大的便利。此外，平舆还成立了户外供应链公司，为企业提供订单、金融和报关报检等生产服务。由于全心全意为企业着想，尽力完善产业发展环境，目前平舆已经成为对国内休闲家具企业具有较高吸引力的投资目的地，有意向到平舆投资的休闲家具企业越来越多，以致平舆方面因为建设用地紧张婉拒了一些休闲家具企业的投资请求。

化解休闲家具企业的物流难题只是平舆倾力服务、全心兴商的一个侧面，但从中可以看出平舆上下为促进企业发展振兴做出的巨大努力。倾力优化企业发展环境是平舆县域经济崛起的重要原因，也是课题组调研的县域经济发展态势较好县市的共同特征，是河南发展态势相对落后县市特别需要借鉴与反思之处。

"平舆—宁波舟山港"铁海联运班列（李亚超　摄）

（五）开放创新，技术兴商

作为传统平原农业县、曾经的国家级贫困县，平舆皮革加工、休闲家居、建筑防水等产业的强势崛起被称为"平舆现象"。但平舆县委县政府深知这些产业仍处于价值链的低端，还需不遗余力推动企业强化技术创新，实现产品技术升级。

多年来，促进防水产业发展一直是平舆县委县政府的中心工作。随着建筑防水产业规模的不断扩大，平舆利用雄厚的产业基础、完整的产业链加强技术创新，进一步将防水产业从防水施工、材料生产拓展到员工培训和科技研发等环节，提升产业附加值，努力把防水产业做成国家性或国际性的防水产业。在县委县政府的鼓励与支持下，河南蓝翎环科防水材料有限公司等企业在技术创新方面取得重要突破。据该公司董事长李宏伟介绍，河南蓝翎环科平舆生产基地获得发明专利16项、实用新型专利28项、计算机软件著作权登记证书15项，其核心产品非固化橡胶沥青防水涂料，在全国同行业中唯一获得国家知识产权局颁发的技术专利证书、全国建筑行业科技成果推广项目证书，目前公司拥有非固化橡胶沥青防水涂料及生产工艺和专用喷涂设备两项国家专利，并荣获"建筑防水行业技术进步一等奖"。该基地建设规模、生产能力、产品质量均在国内同行业领先，不仅能满足千家万户防水材料需求，还能为各类重大防水工程提供个性化定制服务。平舆县建筑防水产业中的另一个重要企业河南省驼峰防水科技有限公司在技术创新方面也取得显著成果，获得2项省部级科技进步奖，先后获得10项专利、通过三体系质量认证，其投资建设的防水实验室被评定为"中国建筑防水行业标准化实验室"，其技术研发中心被确定为"河南省驻马店市专用防水材料工程技术研究中心"，公司被评为河南省高新技术企业。

为提高建筑防水产业的技术水平，平舆县还创造性地打造出坝道工程医院综合试验基地项目。该项目与中山大学合作共建中山大学河南研究院，与郑州大学王复明院士合作建立了院士工作站。目前，坝道工程医院综合试验场进展顺利。坝道工程医院综合试验基地（平舆）是坝道工程医院的基础平台之一，设有典型工程足尺实验场，主要承担建设防水材料、道面检测设备的检验标定以及相关专业的教学、科研、人才培训等教育职能。从长远来看，借助坝道工程医院综合试验基地项目广泛开展创新资源共享、科技联合攻关、科技成果协同转化等合作，有利于创新技术就近在平舆实现产业化，提高平舆相关产业和企业的技术能力，有利于吸引国内外知名企业、高等院校、科研院所在平舆设立研发机构，提高平舆科技创新能力。

（六）塑造信誉，品牌强商

随着相关产业的发展壮大，平舆县开始着手塑造区域品牌，帮助企业获得行业"话语权"。经过多年努力，建筑防水等产业逐步形成了初具规模的产业集群，成为县域产业发展的先头兵，集群内企业呈现组织化、规模化和专业化，产品结构也由原来的单一防水向防腐、保温等多领域拓展，但这些拓展要想成功就要求企业和产业的质量信誉能够赢得国内外建筑防水业界的高度认可，在业内具有较高"话语权"。为提高平舆建筑防水行业和企业的质量信誉、"话语权"，县委县政府和相关企业在推广区域品牌方面做了大量前瞻性的工作。比如，召开平舆建筑防水产业大会，成立建筑防水产业办公室和建筑防水产业综合服务中心，成立平舆县建筑防水协会，成立平舆县建筑防水协会驻北京办事处，鼓励支持相关企业参与了三峡大坝、南水北调、首都机场、奥运场馆、大亚湾核电站等国家重点工程建设。县委县政府和相关企业在推广区域品牌方面所做的工作，避免了平舆相关产业集群内企业"有品无牌"现象，使得平舆在县域经济和相关产业内享有了较高的声誉、行业领导力和重要的话语地位，也使区域外相关企业对平舆产生非常明显的"行业认同感"，意识到在平舆汇集将显著降低市场开拓成本，并有利于行业内的知识转移、知识扩散与组织学习。经过不懈努力，平舆的皮革加工、建筑防水、休闲家具产业在业内均有了较高的知名度，给相关企业的原料采购、产品销售、技术合作等生产经营活动带来了诸多便利与好处。

二、平舆招商兴商带动县域经济的主要成效

由于全县上下齐心协力，精准招商，尽力助商，平舆工业经济强

势崛起，并有力促进了新型城镇化与"三产"融合，实现了县域经济全面发展。

（一）工业经济强势崛起

随着皮革加工、建筑防水、休闲家具等产业多路开花，平舆工业经济强势崛起。截至 2020 年年底，全县集聚皮革加工企业 68 家，被命名为中原皮革产业基地；建筑防水产业集聚了蓝翎环科、驼峰防水等材料生产企业 18 家、防水施工总部企业 182 家，科技创新、材料生产、施工总部、技能培训等"四个基地"建设初具规模，坝道工程医院（平舆）基础设施综合试验场配套区实现主体工程完工；户外休闲产业集聚生产及配套企业 71 家，行业领先、全球领军的泰普森、永强落户平舆，成为中部最大的户外休闲用品产业基地、国家外贸转型升级基地，被认定为全省十家外贸出口产业基地之一和全国返乡创业试点县、全省对外开放先进县。平舆产业集聚区在全省排名前移 63 个位次，连续多年在驻马店市产业集聚区重点项目观摩评比中位居前列。

在工业经济强势引领下，2020 年平舆生产总值达到 265.2 亿元，是 2015 年的 1.5 倍，"十三五"期间年均增长 7.4%；人均生产总值达到 3.64 万元，"十三五"期间年均增长 9%；一般公共预算收入达到 12.45 亿元，是 2015 年的 1.9 倍，在全省县域经济排名跃升到第 33 位，较 2015 年上升了 53 个位次。

（二）城市发展水平快速提升

各类市场主体和资源要素的汇集为平舆加快城镇化建设提供了市场与机遇。外出打拼的平舆防水人，不少已经完成蝶变，从做防水的打工仔变成了技术专家、企业家，随着他们越来越多地返回家乡创业就业、在县城定居，产生了创业就业居住空间、子女入学等客观需求。

平舆县委县政府审时度势，加大住房和教育保障力度，尤其把发展教育作为满足居民生活提质的重要举措，努力扩大教育资源总量、改善办学条件，并特别注重规范管理，强调特色办学，推动民办教育健康发展，不断提升办学水平，平舆县被确立为全国义务教育基本均衡县。

利用近年本地企业增多、非农就业增加的机会，平舆努力推进农民工进城。2014 年以来编制了《平舆县新型城镇化综合试点方案》，加快以人为核心的新型城镇化，以促进农民工进城为主线，注重规划引领、城乡统筹、民生优先、项目带动，积极推进"一城、两河、三区、四门户"建设，全面提高城市综合承载能力。"十三五"期间，通过百城建设提质工程和城市创建融合推进，平舆实施重点城建项目 165 个、完成投资 121 亿元，县城建成区达到 31.5 平方公里，常住人口突破 30 万，城镇化率达到 42.77%，较 2015 年提高 7.18 个百分点，成功创建全国文明城市、国家园林县城，顺利通过国家卫生县城复审，城市美誉度和影响力显著提升。

在抓好城市硬件建设的同时，平舆还下大力气提高市民文明素质、提升市容市貌、改善城市人居环境，通过推进文化创新走深走实，努力让"文明因子"深植于平舆大地。2015 年，平舆县被中央文明委授予"全国文明城市（县级城市）提名城市"荣誉称号，2018 年，驻马店市把平舆县定为全市三个新时代文明实践中心试点县，2020 年，平舆县获得全国文明城市称号。

工业经济的强势崛起为平舆城镇化建设奠定了基础，而城镇化水平的提升又进一步加速了平舆劳动力的双向流动，吸引越来越多的平舆籍企业家和各类人才返乡回城就业创业，为平舆经济结构调整和民生改善打开了新空间，使平舆县域经济开始从工业经济单引擎向城市化和工业经济双引擎过渡。

（三）"三产"融合有力推进

在工业经济强势崛起引领下，平舆"三产"融合取得显著进展，产业门类进一步丰富。一是平舆产业资本的丰富助推了白芝麻等特色农业和农产品加工业的快速发展。平舆特产白芝麻是国家地理标志认证产品。为充分发挥白芝麻特色优势，深入挖掘白芝麻的经济和社会价值，在县委县政府的鼓励与支持下，社会资本投入开发建设了涵盖大田种植、农产品加工、文化旅游等特色产业链条的蓝天芝麻小镇，带动了当地农民1500人就业，人均收入在3万元以上，白芝麻种植面积超过40万亩，大大提高了土地资源的附加值与配置效率。二是工业经济的崛起带动了平舆电商物流产业的较快发展。为满足工业企业的生产服务需求，平舆高标准建设电商物流园区，倡导电商和物流快递等企业入园办公，积极探索"产业园＋云仓＋同城"模式等推动电商物流产业资源整合、降本增效。平舆县电子商务运营中心自2016年3月成立以来，先后入驻电商企业45家，经省级认定备案的电商企业18家，建成仓储物流配送中心1个、县域信息共享平台1个、县域物流信息共享平台1个。2017年7月，平舆县电子商务运营中心被评为驻马店市电子商务示范基地，河南易族防水信息科技有限公司被评为驻马店市电子商务示范企业。为了降低休闲家具企业物流成本而开通的"平舆—宁波舟山港"号班列，已实现每周2班常态化运行。

三、新阶段平舆县域经济高质量发展面临的问题与瓶颈

平舆县域经济虽然发展势头良好、发展成绩突出，但由于底子薄、起步晚，其综合经济实力仍不够强，一些关键指标仍低于全省平均水平。2020年平舆人均生产总值3.64万元，仅为全省平均水平（5.14万）的70%；一、二、三产业结构为18.5∶40.8∶40.7，第一产业比重高

于全省水平 8.8 个百分点。调研组认为，平舆县域经济高质量发展需着力解决以下问题：

（一）需适应新形势，进一步创新招商育商模式

我国已经进入高质量发展的新阶段，提升产业发展层级成为经济社会发展面临的普遍任务，对县域的招商育商模式提出了新要求。而且，目前全国全省县域经济竞相发展、竞争激烈，且县域很多产业相似相近，同类产品之间的竞争更加激烈。平舆在招商育商方面做出了巨大的努力、取得了明显的成效，但知名品牌、本土企业和企业家的培育仍是短板，在人力资本培育、基础设施和产业配套等方面仍不够完善、与先进地区仍有差距。现在各县都重视招商引资，各县都有自己独到的方法，都有自己的优惠政策，也都注重营商环境的建设，企业选择投资地的选项更多、空间更大，在此背景下平舆已经形成的优势可能会弱化，需采取新举措、增创新优势。

（二）需适应新要求，进一步提升要素支撑能力

1. 建设用地供应紧张

平舆产业发展态势好、用地需求量大，但受土地指标等限制能够供应的产业用地数量较少，满足不了发展需求，已经出现了"项目无法落地"现象。由于计划指标远远不能满足实际用地需求，近年以 20 万元左右 / 亩的价格向省内其他县市购买城乡建设用地指标，进一步增加了发展成本。在新增建设用地供应紧张的同时，存量建设用地使用粗放、利用效率不高现象也较为明显，有些项目占地多但实际使用效率不高，存在较大的优化提升空间。

2. 高素质人才缺乏

从产业类型看，目前平舆企业的主要优势在于制造环节，多属于

生产基地产业。随着产业进一步发展，不少企业开始向研发和销售方面拓展，产生研发和销售等领域的高素质人才需求。但平舆只是县级城市，城市功能与郑州等大城市存在较大差距，企业必须以较高待遇才能引进相关高素质人才到平舆工作。高层次人才短缺是平舆企业高质量发展面临的一大难题。

3. 劳动力存在阶段性不足，技术工人短缺

随着企业数量的增加和产业集群规模的扩张，平舆本地劳动力供给出现短缺，不能完全满足企业生产的需求，特别是熟练技术工人更是短缺。

4. 资金保障能力不足

目前平舆不少企业发展势头较好，有加大投资加快发展的愿望，如不少皮革企业有加大投资更新设备、扩大产能的愿望，但因自身资金不足、融资渠道不畅而难以实现。不少户外休闲产品企业也因流动资金紧张难以扩大生产规模。

（三）需对标全面现代化，进一步优化产业发展思路

1. 产业长远发展规划需要根据高质量发展的要求和县域经济竞争态势做更具前瞻性、精准性的谋划

目前建筑防水、户外休闲用品、皮革加工等产业虽然发展势头良好，也进行了较为详细的发展谋划，但这些谋划多属短期操作的性质，缺乏对国家、省级战略的深入研究，缺乏前瞻 15—30 年基于现代化视角的长远谋划。之所以强调前瞻 15—30 年，是因为中国的发展目标与发展格局已经非常明确，就是未来 15—30 年要以全面现代化为目标，坚定推进全球化、坚定推进高质量发展，形成国内大循环为主体、国内国际双循环相互促进的新发展格局，深度融入、逐步引领全球产业体系和全球产业链、供应链、价值链。30 年后中国实现现代化是不可阻

挡的历史大趋势。所以，县域经济社会发展及产业发展应有宏阔视野，以对标现代化的历史纵深进行产业战略谋划，即基于县域尤其是县城在国家、全省产业体系与城市体系中的功能定位，紧密结合本地区位、交通、人口等要素禀赋，对15—30年后县域现代化实现时的产业总体格局进行清晰的评估判断，形成较为系统的产业发展目标、任务，明晰分阶段的具体实现路径。从调研组掌握的情况看，目前平舆从上述层面对产业发展的思考还不清晰。

2. 产业发展重点需要进一步聚焦

目前平舆提出发展建筑防水、户外休闲用品、皮革加工、白芝麻和电商物流"五大产业"，实际上又投资建设了涵盖道面检测设备检验标定、典型工程足尺试验等基地功能的坝道工程医院，引进了万华生态新家装，产业类别进一步增加。需要注意的是，当前我国中西部地区县域产业层次普遍较低，只有加大设备技术人才等先进要素的投入才能扭转局面、切实提升发展质量。而先进要素的投入是资金引领的，只有足够的资金投入才能带来设备技术人才等先进要素的集聚。由于各个县都在加大投入、谋发展，具体到某个产业，面对竞争，哪个县能够比别的县投入更多资金，进而能够投入相对更好的设备、使用相对更先进的技术与层次相对更高的人才，哪个县就能够形成相对优势。所以，当前县域经济的竞争主要是资金投入引领的设备技术人才等先进要素集聚水平的竞争。作为一个相对来说并不发达的县，平舆自身资金投入能力有限，一定时期内引进资金能力也是有限的，如果产业门类太多、平均用力就会分散资源，导致各个产业都形不成持续竞争优势，从而在低水平发展层面徘徊。

（四）需适应新竞争，进一步提高企业管理水平

战略方向确定之后，管理成为企业成功的关键。总体来看，除了

个别企业管理规范、管理水平较高，目前平舆多数企业在管理上仍然较为粗放，与现代化管理存在较大差距。一些企业虽然已经使用自动化程度较高的生产线，并开始主动利用现代信息技术等加强管理，但受员工素质、总体管理水平限制，在物料管理、现场管理、生产与运营流程管理、人员管理等方面仍不够精细，部分企业仍呈现家庭作坊的若干特征。企业管理人员主体大多缺乏现代企业管理理念，缺少企业经营管理、生产现场管理、仓储管理、价值链治理与运作等方面的经验，不利于企业成本控制与产品质量品质持续提升，难以适应高质量发展带来的新的竞争要求。

（五）需顺应产业发展和民生需求，进一步提升城镇化水平

高质量发展背景下，县城城区作为县域集聚先进要素平台与载体的地位越来越重要。产业发展层次越高，对技术人才和高素质产业工人等现代产业要素的需求越迫切，而这恰恰是传统农区县域的短板。平舆作为典型传统农区县域，近年在县域城镇化尤其是在县城城区建设方面持续发力，成就有目共睹。但平舆城镇水平、城市内涵建设与县域经济高质量发展的要求还不相适应。

1. 城镇化率还需要进一步提升

近年平舆城镇化加速发展，"十三五"期间城镇化率提高了 7.18 个百分点，2020 年达到 42.77%，但仍然比全省平均水平低 10 个百分点、比全国平均水平低 20 个百分点。

2. 需要根据产业发展科学确定城镇规模

城镇化是供给与需求的结合，城市基础设施公共服务等是城镇化的"供给"，人的城镇化是城镇化的"需求"，人的城镇化不足时同样会面临城镇化"产能过剩"问题，即因人口少需求不足房子卖不出去、土地供不出去。故城镇化的核心是人，人既是生产主体，也是消费主体。

目前传统农区县城发展普遍面临"人从哪里来"的问题，即城市规划较大、摊子铺得较大但实际常住人口不足，教育等公共服务与生活服务不到位导致房地产销售情况不佳，进而土地卖不出去，陷入恶性循环。调研发现，由于产业发展态势较好，且休闲家具、皮革加工等产业用工较多，平舆本地制造业产生了较多就业机会，但其中较大一部分就业人口仍然居住在农村，为方便他们上下班县里专门安排了通勤班车，短期看这种做法的确给企业和务工人员都带来了便利，但在城里上班回农村居住的实质是把非农就业劳动力当作临时性非农就业人员，而不是把他们视为并努力变为在城市居住的现代化产业工人，这既不符合现代化趋势，也不利于工业化、城镇化的进一步发展。在户外休闲家具企业调研时，部分企业家反映企业之所以现场管理较差、效率较低、物料浪费，就是因为不少工人仍然小农意识浓厚，缺乏集体意识、纪律意识、节约意识，不愿配合甚至抗拒现代化的管理方式，给企业推进管理现代化带来较大困扰，这类问题只能通过人口城镇化促进务工人员生产与生活方式的现代化转变、弱化其与传统小农生产与生活方式的联系来解决。而且，非农就业劳动力及其家庭人口的市民化也是平舆县城"人从哪里来"问题的答案。所以，对于平舆来说以非农就业劳动力及其家庭人口的市民化为抓手，推进产城融合发展，不但对于提高产业工人素质、支撑产业发展具有重大现实意义，而且对于城区常住人口增加与城镇化的顺利推进具有重大现实意义。这就需要在对产业和人口规模科学预测的基础上，合理确定城市发展规模。

3. 县城建设品质还需要进一步提升

城市发展质量决定着一个城市对人才的吸引力、对产业的支撑力。与平舆的产业发展水平相比、对照平舆人民对美好生活的期待，目前的城市基础设施与公共服务建设水平、民生保障水平特别是基础教育仍然存在较大差距，需进一步着力提升。

（六）需顺应农业现代化要求，加大"三产"融合发展力度

农村"三产"融合程度直接影响着农民收入水平，也是农业现代化的主要动力和县域经济发展水平的重要标志。平舆以蓝天芝麻小镇及相关产业引领的芝麻种植与深加工取得了良好成效，但作为传统农业大县，平舆的农业现代化与"三产"融合发展仅靠白芝麻相关产业是不够的。目前平舆的农业现代化发展水平、农产品加工能力、转化率与其农业大县的地位还不相适应；农民从"三产"融合中分享的增值收益还有较大提升空间；这些问题的解决还需要在白芝麻产业以外培育更多的农业产业化龙头企业，进一步完善农业产业链条。

四、促进平舆县域经济高质量发展的对策思考

平舆通过大力招商兴商，初步实现了国家级贫困县县域经济的崛起，但在发展思路、企业和要素保障等层面仍面临不少具体矛盾和问题，调研组对平舆县域经济发展提出如下对策建议：

（一）进一步创新招商育商模式

在未来的县域经济发展中，竞争必将更加激烈，市场对产品和服务要求更高，企业对营商环境要求更高。平舆要使县域经济有更强的竞争力，必须继续加大改革创新力度，进一步提升政府治理能力和服务质量；进一步提升城市建设水平和城市品质，增强城市对产业和人才的吸引力；进一步在更高层次上完善产业链，使县域内产业成长生态更优。

（二）进一步优化产业发展路径

1. 进一步梳理产业发展思路，产业重心再聚焦

在建筑防水、户外休闲用品、皮革加工、白芝麻和电商物流"五大产业"中，户外休闲用品发展前景广阔，建筑防水与皮革加工基础扎实、优势突出，能够成为支撑平舆县域经济高质量发展的主导产业，应以这三个产业为重点，集聚资源要素强力发展；白芝麻产业虽然地方特色明显，但市场空间有限，作为全县主导产业略显单薄，应支持市场主体以做优为主、稳定发展；电商物流是为主导产业服务的，本身作为主导产业同样略显单薄，其定位应是围绕主导产业需求发展、为主导产业服务好。坝道工程医院与万化生态新家装虽然想象空间大，但坝道工程医院科研成果的产业化、万化生态新家装的市场培育需要逐步积累，面临较大的不确定性，应稳健发展。

2. 对主导产业进行长远规划

县域制造业既要立足于"特"，在全国乃至全球市场与产业链中找准定位，又要适时适度推进产业升级以维护与巩固其在全国乃至全球市场与产业链中的地位。对于建筑防水、户外休闲用品、皮革加工等三个主导产业，应前瞻15—30年基于现代化视角进行长远谋划。立足平舆县级城市的特点，基于平舆的区位、交通、城市、人口等要素禀赋及其变化趋势，展望15—30年三个主导产业在全国乃至全球市场与产业链的定位与地位，应达到的产业规模、产业层级，分析达到目标面临的各种要素瓶颈、政策瓶颈等，谋划化解瓶颈的方法与路径，并将其具体化为分阶段的发展目标、任务及实现路径。

3. 对县域内产业的空间布局要有长远规划，特别是要与城镇化、乡村振兴发展规划统筹谋划

通过空间集聚提高分工协作水平、获得规模经济是制造业重要特征，目前平舆三大产业空间相对集聚，但户外休闲产品是集聚与分散

共存，尤其是分散在乡镇乃至一些村庄的加工点目前虽然效益不错、发展势头不错，但如果不及时加以规范引导提高，听任其自发展，未来也可能成为户外休闲产品产业升级的障碍，所以需在对其作用演化与发展趋势进行进一步深入分析的基础上，对三大产业的空间进行长远规划，加大财政投入力度，克服短视效应，努力完善产业园区发展规划，做到园区建设与产业发展相匹配，并将产业发展与城镇化、乡村振兴统筹谋划。

（三）扎实推进新型城镇化进程

1. 进一步明晰县域城镇化发展思路

需明确产业聚集区与县城城区作为县域集聚先进要素主平台与主载体的作用，优化城镇布局。充分认识平舆仍是人口净流出县的客观现实，前瞻30年对全县常住人口发展趋势进行评估，根据对产业发展的预判以产定城，评估县域现代化完成时多少人口在县城、多少人口在乡镇镇区、多少人口在乡村，扩张性规划与收缩性规划并用，根据人口的规模科学合理安排县城、乡镇镇区、乡村的基础设施与公共服务建设。

2. 进一步优化产城融合发展思路

应与本地非农产业发展密切结合，立足非农就业劳动力及其家庭人口的市民化，加大中小学与高中教育投入，增加学位，优先解决非农就业人员最为关注、对其城镇化影响最大的子女在城区接受教育问题，在此基础上弄清在休闲家具、皮革、建筑防水等主导产业就业或实现其他非农产业就业的农村劳动力市民化的主要制约因素，找到相应的解决办法与路径，通过非农就业劳动力的市民化提高其综合素质，为工业发展培育现代化产业工人，及时转移农村人口，促进城镇化持续健康发展。

（四）加快推进农业现代化与乡村振兴

1.进一步明晰农业现代化与"三产"融合发展思路

规模经营是农业现代化的必由之路，"三产"融合是提升农业可持续发展能力的重要途径。应展望15—30年后县域农业总体格局、种植结构、经营规模、经营主体，围绕破解规模经营面临的障碍约束，培养新型经营主体，进行路径规划与政策设计，加大投入与政策支持力度。要加大新型农业经营主体的培育力度，加大农产品区域品牌培育力度，进一步提升平舆农业竞争力。并围绕农业总体格局与种植养殖规模与结构，有针对性地布局农产品精深加工产业，以"三产"融合延长农业产业链、提升农业附加值。

2.进一步明晰乡村建设思路

顺应人口向城市流动与迁移趋势，依据展望15—30年后县域乡村人口总量、空间布局状况、产业空间布局状况，确定现代化标准乡村，加大重点村镇的基础设施建设与公共服务投入，提高投入效率与效果，促进县域美丽乡村建设。

（五）帮助企业解决人才与用工问题

1.鼓励与支持企业灵活引进与使用高层次人才

县级城市的城市功能与大城市存在较大差距是无法改变的客观事实，应教育、引导企业正视这一客观事实，鼓励与支持企业通过多种方式灵活引进与使用高层次人才，化解人才约束。一是强化产学研结合，政府搭台，利用区域发展论坛、产业协会等平台形式加强企业与高校、科研院所的联系，鼓励和支持企业与高校、科研院所进行项目合作、研发合作或推进适用技术产业化。二是本着更有利于企业发展的初心，理解、鼓励、支持本地企业根据发展需要将研发机构、市场开发机构等放到郑州等大城市，解除企业后顾之忧。三是省市县各级政府都要在县域高层次人才引进方面出台鼓励政策。四是平舆可以选择一个大城市，成立一个产业发展研究院，把平舆各产业需要的高层次人才集中起来，工作在城市，为平舆研发技术，提供政策咨询服务，定向为某个产业、企业服务。

2. 加强培养技术工人，满足企业用工需求

劳动力尤其是技术工人短缺是企业面临的普遍问题，要紧密结合本地产业实际需求，参考江苏太仓企业学校联合开展职业教育、培养出众多高素质能工巧匠的双元制模式，依托平舆县职业中专和炎黄职业技术培训学校及其他民办技能培训机构，整合部门教育培训资源，以政府主导、企业深度参与或直接与企业联合办学形式举办中专或者大专层面的职业技术学院，建立产教融合、校企合作的技术技能人才培养模式，强化定向培养、学训结合，企业派一线技术专家、优秀技师直接给学生指导、授课，每个学生至少安排半年或一年时间到企业进行实训、实操，使学生能够切实掌握符合企业要求的实用技能，毕业即就业。

（六）鼓励与支持企业加快推进管理现代化

一是加强培训和引导，增强企业家的管理意识，提高企业家对应用现代管理手段、提高管理水平重要性的认识，使企业家了解与掌握基本的现代管理手段与方法。二是组织专业能力强的管理咨询机构与企业进行多种形式的沟通交流，鼓励与支持企业克服自身见识与能力限制，利用外部智慧提高企业管理与决策水平，实现物料管理、现场管理、生产与运营流程管理、人员管理等的精细化，减少不必要的"跑冒滴漏"，提高产品质量、品质。

（七）努力缓解土地供应瓶颈

1. 深化土地制度改革

在努力争取更多建设用地指标的同时，进一步深化土地制度改革，利用好城乡建设用地增减挂钩政策，尽快打通农村集体经营性建设用地入市等，增加建设用地供应的渠道。

2. 增加用地供应渠道

利用城乡建设用地增减挂钩与农村集体经营性建设用地入市等渠道县域内挖潜。城市人均占地只有 100 平方米左右，而农村人均占地高达 220 平方米之多。要进一步深化土地制度改革，采取打通农村集体经营性建设用地入市等措施，增加建设用地供应渠道，将分散的农村集体经营性建设用地集中起来统一使用。建议利用平舆本地非农就业人口较多的优势，以非农就业人口市民化为抓手，将城市就业与城市居住结合起来，将非农就业人口的农村宅基地释放出来，通过城乡建设用地增减挂钩化解产业用地压力。

3. 多渠道挖掘存量建设用地潜力

针对存量建设用地使用粗放、利用效率不高的现状，可以利用强化投资强度、亩均产出标准等手段，促进企业利用厂区闲置土地投资扩产，或者主动腾退多余占地；鼓励和支持具备条件的企业利用厂区闲置土地自建厂房出租，或与政府投资平台、其他用地主体合作建设厂房、合理分享收益；鼓励和支持具备条件的企业在原有单层厂房的基础上加盖多层厂房自用或出租，或与政府投资平台、其他用地主体合作在原有单层厂房的基础上加盖多层厂房自用或出租。

（八）探索组建地方性产业银行，满足企业发展的融资需求

一方面，目前平舆建筑防水、户外休闲用品、皮革加工产业发展势头良好，形成了一批优质市场主体与愿干、能干的企业家队伍，产

生了较大的融资需求，但由于融资渠道不畅，其正常融资需求得不到满足。另一方面，省内金融机构不是没有资金，而是大量资金投不出去，外界对平舆产业发展了解不够，尤其是省内金融机构对平舆市场主体与企业家队伍了解不够，是平舆企业融资难的重要原因。建议县里邀请省内金融机构到平舆调研，与平舆企业进行深入沟通交流，破解"借贷难"与"放贷难"双方信息不对称问题。探索成立地方性中小型专业化的建筑防水、户外休闲用品、皮革加工等产业银行，根据产业与企业特点创新金融产品，尽最大努力满足企业融资需求，支撑产业发展壮大。

组　长：程传兴　陈益民

成　员：宋　伟　王志涛

执　笔：宋　伟　王志涛

慧眼看河南——县域经济何以**成高原**

特刊 | 03

河南日报
2021年12月9日 星期四
组版编辑 李联怡 李晋西 美编 党瑶

链足内功 峰起平舆

——来自平舆县域经济高质量发展的调查

□本报记者 阙爱民 杨晓东 郭超鹏 李岚

作为中部最大的户外休闲用品产业基地，汇集了泰普森、永强、中鑫等26家国内知名户外休闲品牌企业，近百种产品运销70多个国家和地区。

作为国家级外贸转型升级基地，开通的"平舆—舟山港"海铁联运专列，是全省唯一固定班列。

短短5年多的时间，实现户外休闲产业从无到有、从小到大、从大到强的全链条集群式发展，年产值突破40亿元；

平舆，昔日的"车舆文化之乡"，如今的"休闲产业之都"，上古的先人用智慧和创新书写了"车行天下"的伟大变革，当下的平舆人用眼光和魄力开启了扬帆出海的产业奇迹。

不临江、不靠海、不沿边，作为豫东南一个普通内陆县城，平舆如何借势外出圈，打造出一个既适合自身发展路径、又有广阔前景的朝阳产业？

同频共振 裂变发展

户外休闲产业异军突起

12月7日，走进平舆县产业集聚区河南永强国际户外项目基地，在标准化厂房里，经过激光切割、焊接打磨、喷塑出样等20余道工序，古色古香的藤椅纷纷"走"下生产线。

这是国内唯一一户外休闲上市企业——浙江永强集团投资25亿元的产业园项目，项目建成达产后，将成为亚洲最大的户外遮阳伞生产基地，年产值可达40亿元，有效带动相关产业发展，吸纳带动就业5万人。

"以永强、泰普森等国内户外休闲龙头企业为引领，目前全县已集聚相关企业76家，其中户外休闲产品生产企业26家，配套服务企业50家，形成了蓬勃发展的户外休闲产业生态，"平舆县产业集聚区管委会副主任谭伟明说。

地处豫腹地区，区位势不突出，既无户外休闲产业基础，在外人看来，平舆似乎"平"淡无奇，很难想象如何吸引永强等外向型"明星"企业入驻，并迅速成为县域经济升腾高地的新标杆。

"平舆户外用品企业能有今天，我们得感谢谭伟明啊！他不仅是县多个创业的典型，更为家乡带来了精准招商第一个企业家，"平舆县人大常委会主任、县户外休闲产业领导小组组长石玉兴说。

陈华伟是平舆县老王岗乡栗坡村人，在江浙、广东户外休闲行业中打拼经营了多年。2016年，谭伟明主动邀请，成立华乐户外用品公司。

"华乐户外"落地平舆县像播下一粒梧桐树种子，不但生根发芽还成参天大树，还从江浙、广东等户外休闲产业"大本营"引来大批"金凤凰"。

据统计，户外休闲产业全球有4万亿美元的市场规模，具有广阔的发展前景，而国内户外休闲产品的生产采用技术密集劳动密集型的运作模式，特别是对用工门槛要求低，比如编织工、缝纫等工序，农村留守妇女、残障人士均可受益，解决劳动就业效果。

谭伟明主动请缨，当仁不让主要负责全国招商，成立20多个招商小组，南下广东、浙江、江苏，协办招商引资会等，在与部分头企业洽谈合作过程中，参加上海家博会、美国家具展、德国科隆展等国际知名家具展会，以户外新活力盛会。

泰普森来了、永强来了……5年多来，平舆户外用品产业正在全球4万亿美元市场这块"蛋糕"中切取应有的份额，并真正跻身全球户外休闲产业的第一梯队，上下游企业间频共振，成为国内唯一首屈一指的户外休闲用品产业基地。

作为新型环保涂料行业龙头的鑫隆万安集团，就能轻易聘任平舆户外家具产业链上的"新一环"，近年在生设立分公司，成为国内上重要一环。

"6条生产链仝部投入运营，年产粉末涂料8000吨，除了供应平舆所有户外家具的喷涂使用，还将辐射安徽、湖北市场，"鑫隆万安公司总经理吴同明在未来的发展信心满满。

户外休闲产业的异军突起，快速带动平舆相关配套产业发展，全省十大外贸产业出口基地之一的平舆县域外贸转型升级。

据统计，截至11月底，2021年平舆已累计运输户外休闲班列突破262趟，集装箱柜数18244个，产值突破40亿元。

量身定制 精准对接

围绕"产业链"构建"服务链"

浙江泰普森集团是国内户外休闲产业龙头企业，在随8名在岗于中国制造业发展企业之一，户外家具出口额连续9年居全国第一。

"我们生产的产品一期项目从意向对接到正式用时短短半年，投产不到一年，产值就突破10亿元，"河南泰普森休闲用品有限公司总经理周海峰说，这背后是平舆县大手笔的专业化服务。

为让这些外向型企业"物畅其流"，平舆县与中国铁路武汉局集团有限公司的"平舆—舟山港"海铁联运班列，于2019年开通，成为全省唯一固定班列。实现每周两班多成点，直达全省唯一固定班列。此外，平舆又开通了平舆"青岛港""阳阳—上海港"两条户外休闲产品物流专列，开展了户外休闲产品进行全国集散分拨直扬，连接全国全球户外休闲及经济一体化运作，成为平舆与全球户外休闲联通的重要接点2000元。

严格落实企业帮引资"首问负责制"全程代办制"首席服务员"等工作机制，平舆县从政策、资金、政务、服务等方面下足功夫，集聚项目基地了"蜂窝都"、项目"破壳"产品"零距离"。

平舆县在专门成立企业领导专任班长的户外休闲领导小组及办公室，为企业"量身定制"服务政策，同时让多重作产业链上的关键要素，精准发力助其茁壮成长。

企业安心地研在墙内赚，政府用心办好墙外事。

龙头引领 顶天立地

撑起县域经济"四梁八柱"

如何推动县域经济提质增效，在区域经济竞争中那颖而出？平舆县委书记赵峰认为，要插得稳定主导产业，发挥固链控链、延链补链作用，持续做优做强做大支柱产业，形成集群效应，推动产业转型升级，才能迈向新征程高质量发展上新台阶。

如何让户外休闲产业"顶天立地"，实现更高质量的开放发展？

做大品牌效应，打造户外休闲。成立首批国际国内产品品牌展示交易大会，不断扩大品牌影响力和市场占有率，打分产业平台；

做力研研创新，赋予产业品牌新动能。户外家具休闲用品创新驱动发力，户外新增加，大力推动休闲龙头企业增增值；

聚链条延链，大力度搭建产业外向平台。"一带一路"沿线国家和地区以及南美、澳洲等潜在市场，在欧美等主要市场设立"海外仓"，建立海外营销网络，同时与国内知名电商平台合作，让平舆产品"漂洋过海"。

"平舆人善打硬，精一种做而不舍的精神。认准的目标，就认头就发拼着力向下去，"在这片土地上工作多年的赵峰，对平舆户外休闲有着别样的情感。

把小事做大、大大事做精，从"一粒种子"发展走天下的"简易"防水产业到我国百个一体经营的云端、智慧在云端，聚焦平舆户外休闲产业的全产业链条的起步之年到产业化的成熟立品牌，在全国每年600万张、观模达百亿级的"平舆黑芝麻"产业，从全国知名最大的白芝麻种植基地到一年一度的"白芝麻产

业大会"，近年来，平舆县聚焦主导产业，不断扩大产业链延伸链，强化产业链服务内协同前瞻层网支撑，县域经济焕发生机。

挺得人才链这个主攻一点，依托中国建筑工程防水之乡优势，平舆县成立首科技创新中心高校联盟工作站，与中国工程院院士王复明的合作团结科科技人工作站，与中大力大学合作共建国知名科技创新工程院，创造建筑防水技术和科技创新，高端化模型。

深耕一是延展，依托产业链增基础，平舆积极推进商技术。探索循环经济之路，实现皮革皮具产业循环经济，打通一条皮链深加工链，产业链从头企业62家，打造集皮革制品生产、研发等一体的皮革生态皮革标示范园，把一张皮革从"绿色经济"中撬得更大。

按照"一招一引进，一园一服务"理念，依托中国建筑工程防水之乡优势，平舆建成了首科技研发、材料生产、集成工程部、技能培训四大基地，与中国工程院院士王复明的合作团结科科技人工作站，与中大力大学合作共建国知名科技创新工程院，创造建筑防水技术和科技创新，高端化模型。

相关数据显示，"十三五"期间，平舆县三产结构持续优化，2020年GDP达265.2亿元，年均增长7.4%，在全省县城经济23个单列县中居33位，较初期提升53个位次，成为驻马店市领跑县域经济高质量发展的（区）之一。

"立站"双朝坏"，站位新时代，平舆县将加快推动户外休闲产业为引领的外向型经济发展，集中精力把特色做优，将链条做长，让产业做强，大力向休闲龙头项目聚焦，努力打造全链条的产业集群，着力向户外休闲重的全省县域贡献平舆力量，为加快建设现代化河南贡献平舆力量，"赵峰表示。⑤

总策划：董 林 刘雅鸣
策 划：孙德中
专 家：程得兴 陈益民
统 筹：阙爱民 宋华臣

专家点评

作为我国河北根据头多个贫困县，平舆如何用产业从无到有"的特殊路径，走出一条高质量的户外休闲经济之路？

调研其前，据悉招商，户外游戏和为基于不同的发展要素。平舆在分析自身的现实可能后认识到，这片人力资源充盈之地，与生俱来的发展机遇，平舆选择了户外休闲产业落选择了下大力气精细招商这一发展路径，打造了一个属于内陆乡城区一个较区一个很难想象的"超前大绝"，平舆在企业家眼中是"招人"通过了一条比较适合的路径，找到了把自身特质和产业发展机遇的深度融合的路径。

优化环境，增强引力。优良的营商环境之首要。平舆提供优质的服务供给，不遗余力营造良好的营商环境上，推就得力的、放在招商吸引力上。一是深化优质服务环境，二期营改了户外休闲产业园主是。平舆营建成户外休闲工业园区，提供120多万平方米的现代化标准厂房，一站式园区可享受4年专项税费优惠政策。

"营商环境是企业生存发展的土壤，也是经济发展的"助推器"，我们聚焦"急难愁盼"企业营造5000万元的营商环境，同时成立河南国际户外休闲会公司，首创中外贸贷"互担保+订单融资模式，让各类市场主体放心投资、安心经营、专心创业、充分释放内动力以及投控等全产业链经济，"平舆县县长刘凯说。

（河南农业大学教授/河南开封科技传媒学院乡村振兴大数据研究院首席专家 程传兴）

图① 活力迸发的平舆县产业集聚区一角。⑤6 李亚超 摄
图② 河南永强户外休闲企业车间内，机械手臂在进行激光切割作业。⑤6 王隆成 摄
图③ "平舆—舟山港"海铁联运专列。⑤6 李亚超 摄
图④ 河南泰普森休闲用品公司车间里，工人正在作业。⑤6 毕静 摄

231

文旅融合带动转型升级

——辉县县域经济发展调研报告

河南日报县域经济调研组

　　辉县市发挥集壮美太行山水和厚重文化底蕴为一体的资源优势，按照"旅游依托、健康带动、文化支撑、产城共融"的思路，紧扣建设世界人文山水城市的长远目标，以创建国家全域旅游示范区为引领，通过明晰定位、创新机制、塑造品牌、厚植底色、项目带动等一系列精准举措，探索形成了文旅深度融合带动生态修复治理、传统工业转型、乡村全面振兴的特色发展之路。实践证明：有效破解文旅合而不融、融而不全、有文缺化、品牌不强等现实难题，需要完整准确全面贯彻新发展理念，立足资源禀赋条件，发挥规划引领作用，聚焦重点项目建设，完善运营体制机制，盘活各类资源要素，培育多元市场主体，打造区域特色品牌。

旅游是文化的一个有效载体，文化是旅游的一个温情灵魂。文化与旅游的有机结合，既是文化传承传播的客观需要，也是旅游业发展提升的必然规律。加强文化与旅游的深度融合，抢抓经济转型、绿色发展和适应消费升级的机遇，对于助力乡村振兴、推动县域经济发展具有重要的现实意义。河南省第十一次党代会提出，要将文旅文创融合战略列入全省"十大战略"，加快推进实施。这不仅意味着文化旅游的发展已经被提到省委、省政府的重要议事日程，而且也被纳入了"确保高质量建设现代化河南、确保高水平实现现代化河南"的发展大局。面对着新的发展时代、新的发展理念、新的发展环境、新的发展战略，作为河南传统工业强县的辉县市，抢抓机遇，充分发挥集壮美太行山水和厚重文化底蕴为一体的旅游资源优势，谋划以文旅融合发展，加快推动传统旅游业的转型升级；以文旅康养产业为主导的产业发展，加快构建全域打造、全产融合、全景建设、全民参与的全域旅游高质量发展新格局；以旅游产业的主体再造、形象重塑，加快探索传统产业"涅槃重生"、生态发展、绿色发展的途径；探索一条生态修复治理带动资源型城市转型发展的特色之路，可以说是因时应势。

一、辉县文旅融合发展的背景和选择

辉县市具有丰富的自然资源和文化资源，拥有完善的基础设施和众多知名的景区景点，这既奠定了发展文旅融合产业的基础条件，也为文旅融合发展提供了选择依据。特别是国家太行山旅游开发规划的制定等国家重大部署的调整和重要政策的实施，无疑为辉县加快文旅融合发展的战略选择提供了千载难逢的机遇。

（一）辉县文旅融合发展的背景

1. 辉县具有文旅融合发展的资源优势

辉县北依太行，南眺黄河，处于南太行自然风貌最美的区位，境内景区广布，山高林密、峡谷绝壁，三步一潭、五步一瀑，景观奇丽，旅游景点繁多。区域内常年活动着太行猕猴、金钱豹、野猪、野兔、山鸡、苍鹰等近百种野生动物，有"天然动物园"之誉。各种花草树木上百种，又有"植物王国"之称。中草药近千种，百泉药材交流大会以市场带基地，药材种植面积达3万亩，被确定为省柴胡种植示范基地县（市）和国家级中药现代化示范园区基地。

2. 辉县具有文旅融合发展的良好基础

市域旅游规划总面积250平方公里，现有A级旅游景区7处，其中，5A级以上景区1处，4A级景区4处；交通、接待等旅游基础设施完备。先后荣获中国宜居宜业典范县、全国首批绿色能源示范县、中国绿色名县和生态文明县、全国首批文化先进县和"中国绿色名县"等生态绿色称号，2019年被列入第一批革命文物保护利用片区分县名单。乡村旅游方兴未艾，精品民宿快速发展，累计创建国家和省级传统村落18家、省级乡村旅游特色村23个。

3. 辉县面临着文旅融合发展的难得机遇

大众旅游时代的到来，让消费大众化、需求品质化、产业现代化成为新趋势。尤其是随着太行山周边城市群崛起及太行山地区全面建成小康社会，包括南太行在内的太行山旅游业发展将迎来难得的历史机遇期。国家"十四五"规划的编制实施，特别是国家太行山旅游业发展规划的编制实施，必将推动太行山旅游业的快速发展。在国家2020年编制实施的太行山旅游业发展规划中，郭亮村挂壁公路、回龙挂壁公路被列入太行精神文化基地，裴寨村、郭亮村被列入南太行创业精神景区，八里沟景区被列入生态观光旅游景区，万仙山景区被列入跨区域旅游产业集聚区重点建设型旅游产业集聚区等，尤其是涉及辉县的一批南太行交通等重点规划项目的实施和政策落地，必将会对辉县市域经济发展产生深远的影响，无疑会为辉县文旅融合发展创造难得的机遇。

（二）辉县文旅融合发展的选择

辉县市根据自身文旅融合发展的资源条件，依据旅游业长期发展积累的优势，紧紧抓住国家经济转型的战略机遇和太行山旅游业发展规划实施的重大机遇，不失时机地做出了文旅融合发展的战略选择，实事求是地对文旅融合发展进行了超前谋划，科学合理地确定了文旅融合发展的目标定位，逐步厘清了以南太行旅游度假区建设为支撑，重点推进大健康、大旅游、大文化等文旅融合产业快速发展的总体思路。落实"全省健康养老产业示范基地、国家一流的休闲度假区和中外游客的旅游目的地"的建设要求，以"山水旅游""文化旅游""健康旅游"为靓丽名片，力争在新乡南太行大健康大旅游大文化的文旅融合发展中当好龙头，发挥示范引领作用，打造辉县经济社会发展的新增长极。在辉县《十四五规划和二〇三五年远景目标纲要》中，把建设"文旅名市"作为四大战略之一重点实施，提出要以创建国家全域旅游示范区为抓手，以"一心三片五区"为重点，加快构建全域旅游的大格局；通过高品质打造辉县南太行文旅康养产业带等一批文旅融合发展项目，努力把辉县南太行打造成为全域文旅融合发展的新名片。

二、辉县文旅融合发展的实践探索

辉县市依托资源禀赋优势、抢抓战略机遇，紧扣建设世界人文山水城市的长远目标，以创建国家全域旅游示范区为引领，按照"旅游依托、健康带动、文化支撑、产城共融"的思路，通过明晰定位、创新模式、挖掘优势、加大营销、厚植底色、项目带动等一系列举措，全力推动文化旅游融合发展，初步形成了文化与旅游相得益彰的旅游产业新框架和欣欣向荣的发展格局。

南太行天界山（新乡南太行旅游集团供图）

（一）精巧设计，建立一套机制

传统粗放型的发展模式，虽然推动了辉县旅游业的快速发展，却给辉县留下旅游资源统筹性差、分布散乱、布局零落的问题，也形成了景区各自为政、互争客源、同质化竞争的突出矛盾，导致近年辉县旅游业规模效应降低、整体效应劣化、联动效应缺失、旅游形象受损的严重问题。面对着影响发展的矛盾和问题，辉县市认真研究分析问题的成因和矛盾的焦点，立足于真心实意解决问题，立足于旅游业的可持续发展，有针对性地提出具体的改革对策和创新措施，精心设计和建立了一套符合市场经济规律的机制。2013 年，成立了由两级市政府参股组建的国有企业——新乡南太行旅游有限公司。新的投资运营主体，对新乡南太行主要景区进行整合优化，把关山、八里沟、万仙山、秋沟、齐王寨等 7 个景区 300 平方公里范围内的旅游资源整合为南太行旅游度假区。新乡南太行旅游有限公司按照"政府主导、市场运作、公司经营"的模式，实施统一规划、建设、经营和管理，对分散的景点进行整合营销，积极推进旅游与文化、健康、体育等产业融合发展，形成新的经济增长点，为推进文化旅游融合发展构筑坚实的组织基础、制度基础和体制机制基础。

（二）精准发力，拓展一条路径

辉县是太行革命根据地的重要组成部分，不仅拥有瑰丽多彩的青山绿水资源，而且拥有底蕴深厚的历史文化资源和壮丽丰富的红色旅游资源。围绕着文旅融合的发展定位和构建文旅产业的主导地位的发展目标，辉县市主动适应文化和旅游消费市场的变化趋势，深度挖掘历史文化资源，把文旅融合与中药产业、康养产业、体育产业、休闲农业、生态农业等有机结合起来，积极培育新型业态和消费模式，拓展文旅融合新领域。通过内容创新、形式创新、产品创新、服务创新等途径，做好"旅游 + 文化""旅游 + 康养""旅游 + 体育""旅游 + 农业"等大文章，提质升级已有的文化旅游业态，最大限度地进行资源优化配置整合，实现社会效益、经济效益与生态效益的有机统一。辉县市依托红色文化资源，策划推出"7+1"红色线路产品，构建了"资源共享、优势互补、整体联动、合作并进"的互动联合机制，拓展形成了一条依托独特资源，锚定文旅融合，发展康养产业，推动县域经济转型提质和高质量发展的道路。

（三）精细组织，实施一批项目

突出项目引领，深化实化细化文旅融合发展，将文旅融合发展的目标、规划落到实处。通过文化产业和旅游产业融合发展示范区建设，充分发挥示范效应，深度发掘示范功能，引领全市文旅融合的规范化、规模化发展。实施一批带动性强的文旅融合重点项目，开发一批具有文化内涵的旅游商品，推出一批文化特色鲜明的旅游产品，打造一批文旅融合的旅游品牌，建立一批集文化创意、度假休闲等主题于一体的文旅综合体，培育一批以文化和旅游为主业、以融合发展为特色的领军企业。通过项目建设，创造文旅融合的必备条件，奠定文旅融合产业可持续发展的基础。科学谋划项目，多渠道筹措资金，先后投入150亿元用于54个文旅融合项目建设，重点实施了凡城遗址公园、百泉文化遗产保护、共城城址加固项目，加快推进了白云寺古建筑保护修缮、山西会馆东西配房保护修缮等文化遗产开发保护项目，打造提升了百泉·崖上太行生态旅游观光带、宝泉·白陉生态水镇、郭亮洞夜游业态拓展项目，精心建设了观光电梯、索道、小火车以及万仙山夜游、天界山玻璃栈道等体验性项目。项目的建设，有效地满足了游客的个性化需求，进一步提高了游客的参与度、体验度和满意度，满足了行得好、游得好、玩得好的文旅融合产业发展的要求。

（四）精确对接，擦亮一个底色

辉县市践行"绿水青山就是金山银山"理念，推动矿山修复、生态治理、乡村振兴、产业转型，不断增强文旅融合的生态底蕴和绿色底蕴，认真解决植被破坏、矿山废弃、生态恶化、环境污染等发展难题，采取"景观式治理、市场化运作"的模式，引入社会资本，开展综合性治理。五龙山旅游集团建成的集水上乐园、酒店住宿、研学教于一体的豫北地区最大的综合主题乐园，被国家自然资源部树立为"社会资本参与国土空间生态修复的 10 个典型"之一。在全域生态治理理念的引导下，辉县市按照"城镇景观化、景城一体化、全域旅游化"的思路，在完善旅游基础设施、提升特色景区档次、开发文化创意产业的基础上，分门别类实施乡村生态治理"加减法"，统筹推进污水管网建设、厕所革命、垃圾处理、绿化美化，为乡村旅游、红色旅游创造良好环境，擦亮了文旅融合的绿色底色。

（五）精密部署，打造一批品牌

聚焦构建旅游与历史文化、体育休闲、商业娱乐、中医养生等多极融合发展体系，狠抓"品牌经济""形象经济"，积极打造培育一批叫响全国的文旅产业品牌，进一步擦亮"新乡·南太行"金字名片。成功举办了"2021 中国百泉药交会暨第十届新乡南太行旅游文化节""2021 首届中国·新乡（南太行）体育文化旅游产业交流大会暨户外时尚嘉年华系列活动""第三届冀屯镇向阳花海文化旅游节""2021 宝泉金秋潮玩节开幕暨河南省风光摄影十杰颁奖仪式""2021 中国·宝泉健身瑜伽嘉年华"等国内有影响的重大活动。林境三湖民宿小院获评全国首批乙级旅游民宿、入围河南省第二批省级全域旅游示范区公示名单、入选河南省第一批文化和旅游消费试点。积极调整品牌宣传策略，加大渠道下沉力度，先后与 135 个城市旅行商签订加盟协议，与各地近 5000 家旅行社建立了业务关系。面对新冠肺炎疫情给文旅行业带来的影响，积极推出惠民措施，谋划丰富多彩、各具特色的大中型主题节庆活动，以此提高新乡南太行旅游品牌的知名度和影响力。

三、辉县文旅融合发展的现状与问题

随着一系列政策措施的实施和一大批项目的建成投用，辉县市文旅融合发展的吸引力稳步提升，文旅融合产品的供给力显著提高、文旅融合产业的竞争力持续增强。但是，与发达地区相比，辉县市文旅融合还存在着一定差距，文旅融合的质量、结构、效益仍有较大的提升空间。

（一）辉县文旅融合发展的现状

当前，旅游业已成为辉县市重要主导产业和新的经济增长点。2020 年辉县荣获最受欢迎国内旅游目的地、最具品牌力旅游目的地、最具魅力旅游度假区等荣誉，并成功入选中国县域旅游发展潜力百强县市。具体成效通过以下六个方面得到充分体现。

1. 文旅项目遍地开花

百泉提升改造、凡城遗址公园等 4 个项目已被列入河南省国家文化公园重点项目库，白云寺国家森林公园提升改造、关山国家地质公园提升改造等 30 个项目被列入新乡市文旅强市建设重点项目，宝泉·七贤山居、八里沟天界山索道等 21 个项目被列入新乡市文化旅游重点项目，宝泉·白陉生态水镇项目、太行水寨生态旅游项目、宝泉崖上太行观光带工程等 33 个项目被纳入辉县市"十四五"文旅重大项目库。新乡南太行民宿集群、黄水北平民宿建设项目加速推进。全域旅游 PPP 项目，进入社会资本方招标代理阶段。

2. 品牌建设卓有成效

成功入选中国县域旅游发展潜力百强县市、河南省第二批省级全域旅游示范区，成功入围首批河南省文旅消费示范县创建名单。新乡南太行旅游度假区为全省唯一获批国家体育旅游示范基地，三湖小镇民宿为全省唯一入选首批国家乙级民宿，回龙村、郭亮洞、裴寨村入选国家"建党百年红色旅游百条精品线路"。目前，已经创建省级特色生态示范镇 4 个、省级乡村旅游特色村 26 个、省级休闲观光园区 7 个以及省级乡村旅游创客示范基地 1 个；已经精心打造了"粉条文化艺术节""桃花文化艺术旅游节""向阳花海文化旅游节"等 26 个高品质乡村文旅活动。

万仙山绝壁长廊（新乡南太行旅游集团供图）

3. 基础设施渐趋完善

境内公路网总里程达到 1978 公里，其中，国省干线总里程 310 公里，农村公路总里程 1668 公里，基本形成了辐射城乡、四通八达的公路网络。凡城遗址公园、百泉文化遗产保护、共城城址加固、白云寺古建筑、山西会馆修缮等已经基本完成。八里沟相关沿途绿化提升改造工程、党史学习展览馆建设项目建成投用，万仙山景区的主题碑广场沥青铺设、郭亮区域污水处理等项目按期完工。推进了 A 级景区、智慧景区的提质升级，完善了城市功能配套基础设施，强化了公共服务体系建设。百泉湖清淤治漏复水、道路提升和景区绿化亮化改造基本完成，楼根游园、水竹苑、清晖园建成开放。

4. 夜间经济异彩绽放

围绕万仙山"郭亮 1972"夜游、万仙山郭亮洞夜间景观和夜游产品的研发、投资、建设，推出了主题夜景塑造、灯光节庆系列、文化演艺系列、光影乐园系列、魔法森林系列、"光影＋"等一系列文旅融合新产品，精心设计的万仙山夜间文旅消费聚集区已基本完工。八里沟"太行梦境"夜游以行浸式山水夜游为核心，辅以沉浸式主题街区"太行人家"，打造了开放街区体验空间。大型行浸式山水夜游《八里沟·太行梦境》通过一步一场景、一景一故事的方式，让游客进入梦境之中，感受千里太行第一秀的魅力。

5. 示范创建成效显著

紧盯国家级全域旅游示范区、宝泉景区 5A 景区、省级文旅消费示范县等创建目标，推进宝泉升 5 钻智慧景区、万仙山升 4 钻智慧景区，关山、轿顶山申报 4 钻智慧景区工作。示范创建项目的顺利实施，为提升辉县全域旅游形象、改善景区基础配套、建设智慧旅游起到了积极的促进作用。

6. 文旅业态亮点纷呈

以万仙山郭亮红色精神、回龙红色精神为代表的红色旅游产品特色鲜明，八里沟自然探秘、关山地质探险、郭亮红色教育等各具特色的研学旅游线路初见成效，轿顶山大型雪乡度假区，一举解除了南太行景区不宜冬游的"魔咒"。五龙山废弃矿山改造旅游项目入选全国 10个社会资本参与国土空间生态修复的典型案例。依托本地的道地食材、药材，打造优选的"药膳"产品不断推陈出新；柴瓷、剪纸、烙画、共砚等非遗文化元素活态传承进景区、演艺进景区、民俗文化活动进景区成为常态。冀屯镇、薄壁镇、郭亮村等乡村旅游全域开花。

（二）辉县文旅融合发展存在的问题

辉县市国民经济和社会发展统计公报显示，2018—2020 年，辉县市年接待游客分别为 736 万人次、800 万人次和 296 万人次，旅游总收入分别为 4.2 亿元、4.1 亿元和 1.75 亿元，尤其是受新冠肺炎疫情影响，2020 年辉县市接待游客数量和旅游总收入都呈现急剧下降的态势，这背后存在的问题值得反思。不惧怕自爆家丑、不惧怕自揭伤疤，实事求是地研究问题及背后的原因，才是解决问题、克服困难、走向未来的前提，才是辉县市文旅融合健康发展、可持续发展的不可或缺的条件。经过调研，我们认为，问题主要在以下几个方面：

1. 思想观念亟须转变

深度融合理念不强，缺乏整合运营、协同发展、开放合作的主动性、自觉性、紧迫性。依托八里沟、万仙山等国家 A 级旅游景区联动山水、文化、生态推动经营性向功能性转变的辐射带动效应需进一步挖掘。跨县域深度合作欠缺，尚未形成良性的竞争与合作关系，甚至存在一些同质竞争和无序竞争现象。

2. 市场机制不尽完善

从现行的文旅融合的体制看，旅游文化资源由政府主管，旅游资源由国有旅游集团经营，文旅品牌由行政机构负责打造，资金投入以财政投入为主的体制机制，虽然在发展早期阶段对辉县文化保护和旅游产业融合发展具有一定的推动作用，但是，这种政府主导和控制的体制机制，长期来看并不利于文化和旅游融合及旅游产业结构的优化升级。从旅游业发展的宏观环境看，目前县域的相关法规、政策、规范、标准、规划等还不完善，土地使用、资金进入、资源开发等制度改革尚未到位，许多文旅项目的开发尚无依据，许多文旅产品的打造尚无标准，导致文旅融合发展存在随意性、盲目性倾向。

3. 配套服务亟待优化

南太行上八里景区、轿顶山景区、万仙山景区、关山景区等景区与普通干线公路缺乏有效衔接，旅游支线道路多为农村公路，公路等级标准较低、绿化较少，道路服务技术水平不高；部分道路客货车辆混合，交通环境和运输效率低下；高端旅游接待条件存在短板，全市仅有1家星级酒店和6家旅行社，多数景区游客停留时间短，过夜游占比小，补短板任务十分艰巨。公共服务体系建设相对滞后，基础设施建设不到位，对文旅融合的发展产生诸多不利影响。

4. 要素支撑有待加强

融资渠道单一，民营文化企业规模较小，小微企业自主创新能力弱、融资难、融资慢、成本高等问题突出。各类文旅高素质人才稀缺，新乡南太行旅游有限公司的员工中拥有大专以上学历的不足20%；多数旅游企业及其民宿发展的信贷约束趋紧，土地要素供需矛盾突出。特别是处于猕猴保护区、百泉风景名胜保护区范围内的大部分景区，旅游项目建设和完善资源供给严重不足，百泉风景名胜区建设用地供给基本为零。

5. 品牌效应彰显不够

偏重以南太行为主的山水自然资源的开发，旅游产品的人文和文化内涵发掘不够，缺少具有地方文化特色和拥有文化旅游符号，缺乏品牌深度开发，万仙山、关山和宝泉等景区都没真正成为龙头景区，尚未真正打造成城市名片。全市504处历史文物古迹，有效开发和利用的寥寥无几，以百泉书院遗址为代表的文化古迹的保护、开发、利用进展缓慢，文化旅游产业尚没有形成块状或带状经济，丰富多彩、独特厚重的历史文化资源还没有转化成为现实的文旅融合项目，还没有转化成为实实在在的经济效益和社会效益。

6. 文旅资源分布失衡

大部分自然旅游资源分布在山区峡谷地段，全市知名重点景区九成以上都在南太行；历史人文旅游资源主要分布在浅山丘陵、平原地带区，文旅融合项目开发较少，有知名度和影响力的成熟景区更少，造成东西发展的严重失衡。目前，乡村旅游多以山区自然山水旅游为主，平原地区乡村旅游千村一面，产品同质化、类型趋同化缺陷明显，导致乡村旅游助力乡村振兴的动能不足、辐射面较小和分布不均衡等一系列问题。

四、辉县文旅融合发展的经济功能和价值

辉县市顺应区域发展的潮流，遵循产业发展的客观规律，谋划以文旅融合发展推动经济结构的调整、产业的转型和发展方式的转变，以文旅融合发展推动县域经济的提质增效、文旅品牌的升级，正在探索一条符合山区丘陵地区县域经济高质量发展的道路，也为研究文旅融合的经济功能和理论价值提供了鲜活的实践样态。

（一）文旅融合有利于促进产业转型

辉县作为河南省的经济强县，既创造过 40 年 GDP 稳居新乡之首的辉煌，也曾在"十八罗汉闹中原"队列中表现抢眼。然而，随着国民经济由高速增长到中高速增长的转变，传统依赖矿山开采、资源开发的粗放式发展模式弊端凸显，能源重化工业面对着环保硬约束应对乏力，发展动能严重不足，导致经济增长失速下滑。2021 年上半年，辉县 6 项主要经济指标增速在全市 2 个倒数第一，2 个倒数第二，其他也排在后五位；目前 148 家规模以上工业企业中，战略性新兴产业占比不足 20%，涉及能源类、资源这两个行业的 32 家企业贡献了全市规模以上企业 86% 的总税收。调整经济发展与生态保护、传统产业与新兴产业、传统动能与创新动能之间的关系，推动产业转型升级时不我待、迫在眉睫。文旅融合发展恰恰可以为区域经济转型提供新的增长极、启动源。

文旅融合作为旅游产业发展的方向，具有绿色、低碳、环保、产业链长、价值链高等产业特点，辉县市将其作为主导产业重点扶持发展，有力地促进了产业结构的升级、经济结构的优化、发展动力的转换、增长方式的转变和经济社会的高质量发展。

（二）文旅融合有利于推动绿色发展

坚持生态优先、绿色发展，是立足新发展阶段、贯彻新发展理念、构建新发展格局的必然要求。辉县市坚持生态治理和产业转型"双轮驱动"，推进全域旅游，既要看"经济"脸色，又重视"自然"气色，走出一条生产发展、生活富裕、生态良好的发展之路并不容易。由于长期以来传统发展模式所导致的生态环境欠账较多、环境治理的缺口较大，目前仍面临着资源环境约束加剧的问题，特别是直排污水、河道污染、工厂废气、大气污染以及开山炸石、矿山开采产生的噪声污染等区域环境问题依然严峻。与单纯的环境保护、污染治理等相比较，绿色发展更强调在不损害资源与环境再生能力的基础上，以不降低经济社会福利水平为条件，在持续性基础上的实现经济社会的"可发展"。旅游业是与生态环境关系最为和谐、最为密切的现代服务业，被喻为绿色经济、无烟工业、朝阳产业。尤其是文旅融合发展，是公认的能耗少、排放低、产业链长、价值链高的朝阳产业，能够同步和有效收获生态效益、社会效益与经济效益，已经成为推动传统经济向绿色经济转型的优势产业和生态文明建设的重要引擎。辉县通过合理挖掘"绿水青山"的潜在价值，充分发挥"绿水青山"的生态效益，加速重构"三生空间"，着力打造"生态美市"，一定能够走出一条"绿水青山就是金山银山"的高质量发展之路。

（三）文旅融合有利于适应消费升级

迈入新时代，我国社会主要矛盾已经转化为人民日益增长的美好生活需要与不平衡不充分发展之间的矛盾。人们不再满足于生活上过得去，而更注重高品质的生活追求，人民群众的消费观念和消费水平发生变化，消费质量逐渐提高，促使旅游行业衍生出更多的形态来以满足人民群众的日益变化的需求，单纯的景点观光已不能满足旅游消费者的精神文化需求，旅游需求已经从"有没有、缺不缺"向"好不好、精不精"转变。未来文化与旅游深度融合需要面向家庭型、学习型、休闲型的度假需求，将文化内容和创意设计结合起来，打造"旅游新场景"，实现面向美好生活的旅游产业供给侧结构性改革。辉县抓住经济转型的机遇，把文化要素嵌入八里沟、万仙山、郭亮村等传统旅游资源，融入凡城遗址公园主题公园、乡村旅游特色村、林境三湖民宿小院等新兴旅游设施之中，努力提供更多优秀文化产品、更多优质旅游产品，适应了人们对文化和旅游消费的新变化、满足了人们对高品质生活的新期待，引发游客的文化共鸣，促使"门票经济"向"体验经济"转变，有效满足消费升级需求。

（四）文旅融合有利于助力乡村振兴

受地域条件、发展环境等影响，辉县下辖的 540 个行政村中，多数乡村主导产业发展层次低、产业结构单一、集体经济薄弱、特色产业偏少、发展模式单一、财政依赖较大。乡村振兴既是一场攻坚战，更是一场持久战，需要因地制宜，积极探索符合本地实际的发展路径和方法。乡村文旅融合发展由于自身具有促进乡村产业振兴、农村变美、农民致富、城乡融合、绿色发展等特点，可以说是为乡村振兴量身定做的产业，是实施乡村振兴战略的抓手和突破口。近年，辉县市依托当地资源禀赋、地域特色、文化底蕴，拓展生态旅游、乡村旅游、红色旅游等旅游业态，探索出一条适合太行山区稳定持续增收的路径，为实现乡村振兴奠定坚实基础，形成独具特色的旅游物理空间、文明开放的旅游文化空间和充满活力的旅游经济空间，有利于丰富乡村文化内涵，培育乡村文明新风，提升乡村资源价值，改善乡村人居环境，拓宽农民增收渠道，有效激发乡村发展的内生动力。沙窑乡郭亮村、张村乡裴寨村、孟庄镇南李庄、上八里镇回龙村、薄壁镇南程村、冀屯镇宪录村等一大批独具乡村特色、文化韵味浓厚的美丽乡村示范村已经走在前面。实践证明，文旅融合发展，促进了乡村旅游业的发展，促进了文旅融合的特色村建设，也助力了乡村振兴。

（五）文旅融合有利于提升区域影响

文旅深度融合、协同发展的核心是文化资源和旅游资源有机融合。只有不断挖掘文化资源在旅游活动中的价值，才能加强文化产业对旅游产业及其相关行业的增值效应，形成优势互补的文旅共融状态。通过对文化旅游融合业态的品牌核心价值提炼、品牌 IP 打造、旅游氛围营造等手段，不仅能够强化该业态的文化活力，也能从另一个层面扩大区域文化宣传，提升区域的知名度与影响力。辉县以共工文化、共和文化、苏门文化、红色文化、山水文化等特色文旅资源和产品禀赋为基础，发挥百泉药会、新乡南太行文化旅游节、非遗文化旅游节的平台作用，不断擦亮共工故里、共和之源、隐逸乐土、理学渊薮、药贸都邑和名贤胜地"六张名片"，全力打造南太行文化旅游经济带，让旅游资源"联"起来，让历史文化"亮"起来，让文物古迹"活"起来，让节庆活动"燃"起来，让创意产品"热"起来，讲好辉县红色故事，彰显辉县文化魅力，为提升区域影响力和知名度插上腾飞的翅膀。历史上"辉县人民干得好"的优良传统正在中原大地上重新焕发出新的生机和活力，书法之乡、诗词之乡、共工故里、天然药库的传统声誉与文明城市、卫生城市、园林城市、森林城市的桂冠正在现代辉县产生时空叠加，聚集能量，待时迸发。

五、辉县文旅融合发展探索的启示

河南是一个文旅资源大省，丰富多彩的地域文化和旅游资源为县域文旅产业融合提供了坚实的基础，依托县域特色文旅产业发展带动县域经济的高质量发展已经赢得广泛共识。辉县市的实践表明，只有坚持规划引领、融合发展、创新撬动、品牌驱动、要素联动的发展思路与策略，才能有效地破解文旅融合发展的难题，消除各种制约瓶颈，促进文旅深度融合和经济社会高质量发展。

（一）坚持规划先行，整合资源要素

规划先行是辉县市文旅融合发展的重要经验和启示之一。相较于大中城市和文化旅游融合发展的成熟地区，多数县域文旅产业发展不同程度存在着方式粗放、资源分散、景区景点分布不平衡、开发层次偏低等现象。以辉县市为例，文化旅游资源禀赋分布在不同地区，历史文化资源、红色旅游资源、自然旅游资源、遗产旅游资源和民族风情旅游资源等不同类型资源同时并存的现象相对比较常见。推动县域文旅融合高质量发展，必须树立县域文化旅游资源"一盘棋"的思想，通过整体规划、统一步调，在县域范围内实现不同种类、不同区域文化旅游资源的全方位、多层次整合。规划的指导力、执行力和约束力的大小，以规划的质量为前提和基础。只有自觉遵循以文促旅、以旅彰文的客观规律，结合当地文旅资源数量规模、类型特征和空间分布特点，把文旅产业融合发展主动融进规划编制的全过程，才有可能编制出高质量的规划；只有高质量的规划指导，才有可能实现文旅融合的高质量发展。通过将文旅融合纳入中长期规划，在中长期规划的框架下编制各种文旅融合发展的专项规划，加强文旅融合发展的顶层设计，

构建县域文旅融合协同联动机制，消弭区域文旅产业融合发展同质化现象，推动县域文旅产业的差异化、特色化、个性化发展，挖掘本地区文化旅游资源的潜力，形成相对完整和闭合的文化旅游产品消费链，提升旅游消费者体验感、获得感、满意度，加快文化旅游产业融合发展的步伐。

（二）打造载体平台，延展产业链条

基于地域或县市的文旅资源禀赋、地理交通区位、产业发展基础的差异性，不同区域会选择不同的路径、策略和措施，推动文旅融合的发展。深入挖掘、整合和开发独具特色的文旅资源优势，彰显区域特色化，也是辉县推动文旅融合的一个重要经验。打造文旅融合的载体平台，拉长文旅融合的产业链条，有两个方面的工作要做。一方面，用足用好文旅融合发展的现存平台，如特色集聚区、特殊发展带、特点突出重点景区景点等，深度挖掘文化资源的旅游价值，积极推进旅游产业结构的调整和旅游产业的转型升级。对于文化资源集聚、旅游转化水平低、旅游产业平台缺位的县域，面临的主要任务是利用特色旅游风情小镇、农耕文化村落或具有影响力的文化资源，倾力打造一批文旅融合新平台，以平台带动文旅资源整合，培育文旅产业新业态。另一方面，以文旅产业融合效益最大化为导向，切实找准文旅产业的最佳融合点，集合文旅融合的"最大公约数"，从而有效提高文旅融合发展的综合效益。在科学检视文旅融合存在的问题、难点、痛点基础上，通过全面摸排县域文化资源分布、品质、类型、属性和开发状况，按照多向融合、应融尽融、宜融才融的原则，打造文旅融合新亮点，发展文旅融合新业态；通过产业链延伸，增加游客住宿率，提高游客消费率，拉长产业链，增值文旅融合的价值链。

（三）立足自然禀赋，培育特色品牌

加快推进文旅融合发展，做好宣传、做强品牌、做出特色是一个关键环节。旅游品牌是依据旅游目的地的核心旅游资源提炼而成的用于识别的名称、标识或图案等符号象征，打造旅游品牌的主要目的和基本功能是向旅游消费者传达与该地独特关联的、值得回忆的旅游体验的承诺。发展思路的高度雷同是影响县域文旅融合发展的重要因素之一。比如，对历史文化资源的开发，由于投资、土地等资源约束，相当多的区域都囿于景点旅游思维，满足于景点的门票收入和食宿收入，资源开发层次浅、目光短，对于相关资源的历史文化价值缺乏深度发掘。又比如，在县域文旅融合的发展过程中，特色小镇一哄而上，但很多小镇在形成文化特色、夯实历史底蕴方面存在严重不足，千城一面的现象比较突出，导致其既没有旅游吸引力，也不能成为文化发展的平台和载体，甚至有不少沦为乡镇房地产的变种，缺乏持续发展的后劲。对于一个地区的文化旅游资源开发而言，重要的是明确自身定位，进而确立发展主题，突出区域特色。良好的主题是形成竞争优势的最有力工具，差异性则是凸显主题的关键性要素，这就要求在推动文旅融合策划时要更加注重地方性特色的挖掘，打造易于识别的文化旅游产品标志，最大限度地形成比较优势。

（四）强化要素联动，夯实融合根基

提升文旅产业融合水平，必须有要素作保障。辉县市把全域旅游作为解决文旅融合发展不充分、不平衡的重要途径，推进文化、旅游、交通、发改、农业、生态、土地等部门的协同互动，为文旅融合提供全方位的要素支撑，初步形成全方位、多主体、多要素、多业态的文旅融合发展格局。类似县域可借鉴这一经验，加强推进政策举措创新，促进文化资源的旅游产业化转化和文化产业的旅游嵌入，积极鼓励引

进和培育新型文创机构，促进文旅融合发展效益最大化。进一步加大资金扶持和土地要素保障，探索建立专门的文旅产业融合发展专项基金，搭建文旅产业金融服务平台，充分利用国家为支持乡村振兴战略而实施的产业融合发展的用地新政策，强化重点文旅产业创新融合综合体和重点文旅企业用地指标的保障程度。加大对文旅人才的引进和培养工作，以平台为载体、以政策为支撑、以市场为主体，加快乡村文旅融合发展人才的培养和引进。积极对接各省属高校，开展文旅人才的专门化培训，提升文旅产业人员素质，出台激励政策，鼓励专业对口大学生回乡创业，为促进县域文旅融合高水平发展提供智力支持。

（五）加强科技支撑，赋能业态创新

从辉县市的实践可以发现，实现文旅融合的高质量发展，加快科技创新是必由之路。为此，要充分利用科技信息技术，提高文旅产品的供给质量和效率，全面创新文旅发展模式。一是完善支撑"科技 + 文旅"产业发展的政策体系，加快建立适应数字文旅产业发展的法律法规、管理规范、行政条例、考核体系等建设。要加强财税政策对数字文旅产业的支持力度，设立数字文旅产业专项资金，积极引导金融机构加大对数字文旅产业发展示范项目、重点项目的信贷投放，加大对数字文旅产业的财政投入力度。二是积极推动文旅产业向数字化转型。加快推动文旅全行业树立数字化思维，重构文旅产业供应链和产业生态，充分利用数字科技的力量，在"视、听、嗅、味、触"上做足功夫，为用户创造强交互、高趣味的沉浸式体验，实现文化遗产信息资源数据共享、共用。此外还要充分运用好 5G、人工智能、物联网等"新基建"，为文旅融合高质量发展注入新动能，依托智慧化的技术，创新推动文旅产业链垂直整合和横向融合，合力打造智慧文旅软硬件系统、服务平台，进一步优化提升数字化平台效能、运营水平、网络速度，扩大

景区预约率、数字展示普及率、宽带覆盖率，进一步优化用户体验。

（六）开发保护并重，促进业态融合

文化保护与旅游产品的开发之间存在着一定的矛盾，开发可能会对文化保护造成冲击，文化保护又要求限制过度开发。如果不注重文化的保护，搞过度开发，那只能是杀鸡取卵，最终会鸡飞蛋打，两者俱失。因此，在进行文化资源保护的同时，实现开发与保护并重是最好的选择。这样，既可以让文化资源为更多的人所熟悉，同时能带动本地经济社会的发展，经济社会发展的成果又能够反哺文化资源的保护，从而形成开发与保护良性互动的最佳状态。有鉴于此，为实现保护与开发并行不悖，就需要对相关文化旅游资源进行深度挖掘与立体开发。一方面，深度发掘文化资源，全方位挖掘历史价值、文化意蕴，讲好文化故事、历史故事与产业故事，实现文化资源与旅游资源的有机融合，提升游客的文化体验。另一方面，寓文化保护意识于旅游当中，通过潜移默化的引导让游客主动参与文化保护，使旅游者既成为文旅融合的消费者，也成为文化资源的宣传者、守护者、传承者，在提升旅游品质的同时传播文化价值。统筹推进文化事业、文化产业和旅游业融合发展，处理好文化资源保护和旅游发展的关系，推动文化和旅游产业的相互促进、互补协调、共同提升。

六、辉县文旅融合高质量发展的对策与建议

辉县文化和旅游发展有了一个良好的开端，也面临不平衡不充分等诸多发展矛盾和难题。只有直面矛盾、破解难题，才能激发辉县文旅融合发展的巨大潜能，才能推进辉县文旅全方位、深层次、高质量融合发展。

（一）加强对国家太行山旅游业发展规划的研究

高度重视国家太行山旅游业发展规划对于辉县经济社会发展的意义，组织专门力量，集中时间、集中办公，对国家太行山旅游业发展规划进行研究。以研究对接国家太行山旅游业发展规划工作为切入点，确定已经名列国家规划的涉及辉县重点景点景区及其项目，发现符合国家规划内容的辉县境内的相关景点景区及其项目，研究国家规划出台的各项政策措施，对规划中的任务、项目和政策措施进行分解，提出辉县对接国家太行山旅游业发展规划的初步意见，提交辉县市委市政府作为决策参考。在对国家太行山旅游业发展规划深入研究的基础上，梳理辉县文旅融合发展、全域旅游发展和市域经济社会发展的思路，自觉对接国家规划，主动加强沟通衔接，在积极履行国家规划中涉及辉县景点景区和项目建设的同时，争取更多政策、项目在辉县落地。

（二）更新发展理念，明确发展思路，探索文旅融合发展途径

1. 更新发展理念

打破传统思维定式和观念束缚，不折不扣地贯彻落实"两山"理论，以观念的更新引领文化旅游业高质量发展，以生态发展、绿色发展、融合发展、高质量发展指导文旅融合建设。

2. 进一步厘清发展思路

围绕"转型强市、文旅名市、交通兴市、生态美市"的发展部署，以生态绿色发展为理念，以国家太行山旅游业发展规划为指导，以项目推进为支撑，以深化改革为动能，推动辉县文旅融合高质量发展。

3. 持续探索文旅融合发展的途径

深入开展文旅产业供给侧的结构改革，集全市之力打造开放型文化旅游融合发展的新格局。聚焦体制机制创新，破解文旅合而不融、融而

不全等难题。加快生态、绿色、环保型的文化旅游共同体的建设，深入挖掘市域悠久的历史、厚重的文化和红色的旅游资源，将文化内涵、文化品格深度融合贯穿于文旅融合创意、文旅融合产业、文旅融合产品、文旅融合的消费过程。培育独具匠心的文旅融合的新品牌，创造独具魅力的文旅融合的新产品，打造独具特色的文旅融合的新业态，形成辉县繁荣发展的文旅融合的新格局。

（三）优化资源配置，加快重点项目建设，打造市域旅游新格局

1. 优化市域资源配置

摸清市域各类文旅资源家底，统筹考量、优化布局，将旅游升级、文化挖掘、生态保护、资源开发、乡村振兴、城市提升、设施完善等有机结合起来，形成特色鲜明、分工合理、衔接顺畅、功能互补、协同高效、支撑有力的文旅融合发展的空间分布体系。

2. 推进重点项目建设

加快推进"一中心、两品牌、三主题、四片区、五功能、六协同"的项目建设，加快推进以县城为核心的城市旅游这一中心的项目建设，加快推进避暑度假和休闲养生这两个品牌的项目建设，加快推进以太行山红色旅游区为核心的太行魂文化主题、以百泉药都为核心的医药养生文化主题、以多个自然景区为依托的生态休闲文化主题这三个文化主题的项目建设，加快推进东部浅山丘陵旅游片区、南部平原生态旅游片区、西部南太行南段旅游片区和北部南太行北段旅游片区这四个片区的项目建设，加快推进疗养度假旅游区、山水游览旅游区、滨水度假旅游区、避暑康体旅游区、体育运动旅游区这五个功能区的项目建设，加快推进乡村振兴、生态治理、产业转型、人口分布、城市建设、设施完善这六个协同发展的项目建设，打造全域文旅融合发展

的新格局。

（四）加强组织领导，完善体制机制，构建文旅融合治理体系

1.加强对文旅融合发展的组织领导

建立和完善由市委市政府主要领导牵头、分管领导负责、相关部门参与、旅游企业及景区景点所在乡镇街道等参与的市级联席会议制度，强化"有为政府、有效市场"的理念，理顺部门职能，协调相关各方的利益分配关系，加强文旅融合的组织领导能力。

2.完善文旅融合发展的体制机制

依托南太行旅游有限公司，以文化资源作价入股或以文化资源进行合作等方式，引进战略合作伙伴。以项目为载体、企业为平台、资本为纽带、创意为灵魂，实现资本、资源与文旅产业的最佳结合。加强与周边旅游资源特别是与云台山、红旗渠、云梦山等景区景点的旅游资源的合作联动，积极谋划协调组建"南太行文旅融合产业联盟"组织，建立南太行区域资源共享、市场共建、优势互补、客源互送、利益共享的合作机制，推进旅游业从"单打独斗"向"抱团发展"的转变。

3.构建文旅融合发展的治理体系

破除阻碍资源要素在文化领域和旅游领域高效流通、有效配置的体制性壁垒，扎实推进国有文旅企业的所有制混改，打造真正意义上自主经营、自负盈亏的市场化旅游产业主体，建立"宜融则融、能融尽融"的合意型融合发展新制度，构建市场主导的文化和旅游自动调节的治理新体系。

（五）盘活资源要素，增强发展动力，培育文旅融合新动能

1.盘活资源要素

放大和利用引进的优质高端要素与本土资源融合裂变的乘数效应，

推进人才、土地、资金、技术等关键要素的集聚优化，打造动力更强、结构更优、质量更高的文旅融合增长极。

2. 创新文旅人才政策

完善以政府奖励为主、单位激励与社会奖励为辅的文旅人才激励机制。建立文旅人才培训基地、实施人力资源提升行动，提高景区从业者的综合素质和管理服务水平。加强基层文艺骨干培训，培养一支懂文艺、爱农村、爱农民、专兼职相结合的农村文化工作队伍。

3. 破解融资难难题

深化与开发银行、中国银行等金融机构的合作，加快新乡南太行旅游有限公司上市节奏，加大股权多元化改革力度，拓宽多元化投融资渠道。健全农村产权交易平台，盘活乡村闲置资源，开发更具针对性的乡村文旅融合信贷产品，有效解决乡村文旅融合"融资难""融资贵"的问题。

4. 创新土地制度

审慎推进农村集体建设用地、宅基地制度改革和其他领域农村产权制度改革，持续开展闲置低效土地的盘活利用、补充耕地指标等工作。加大土地收储力度，坚持"土地跟着项目走"，有效保障文旅融合发展土地供给，持续增强改革的系统性、联动性和整体性。

（六）培育文旅融合主体，聚焦文旅融合项目，加快文旅融合工程建设

1. 培育文旅融合的新主体

以资本为纽带，以项目投资和市场经营的合作为引导，推进文化和旅游企业的融合，打造市域综合性的文旅企业集团，扶持一批中小文旅企业，培育一批文化旅游品牌企业；依托张泗沟村、郭亮村、水磨村等传统村落、乡村旅游模范村、特色旅游村等，培优育强一大批乡村旅游市场的经营主体。

2. 加快文旅融合项目建设

加快推进凡城遗址公园等 4 个大运河文化公园保护利用、百泉文化遗产保护展示项目建设。对标国家历史文化名城标准，挖掘辉县深厚的历史文化内涵，健全非物质文化遗产保护传承体系，大力发展红色旅游、研学旅游、文化遗产旅游项目。依托特色生态旅游示范镇、乡村旅游特色村、休闲观光园区等，开展 A 级乡村旅游示范村创建活动，打造一批精品民宿项目。推进宝泉·崖上太行生态旅游观光带、新乡南太行郭亮洞夜游、宝泉·白陉生态水镇项目建设，打造一批特色生态小镇。

（七）树立平台思维，做好推介文章，打造文旅融合新名片

1. 着力平台打造

构建智慧化信息共享平台，实现文旅信息的实时传递和反馈。充分利用传统媒体资源，进一步发挥新媒体平台的社会传播优势，推进传统媒体和新媒体的资源融合，支持"云住""云吃""云游"等直播带货模式的发展。

2. 加大宣传推介

主动争取上级计划和文旅部门的指导和帮助，及时获取相关法规政策和市场信息，纳入上级主管部门的文旅信息网络，以利于景区的开发和运作。加强市域内和周边相邻景区景点的宣传推介资源的共享，避免旅游信息屏蔽现象，降低旅游宣传推介成本。积极参加文旅部门组织的文旅交易会、推介会和发布会等活动，加强联系，扩大影响，提升知名度。持续办好万仙山国际攀岩节、南太行国际徒步大赛等活动，进一步扩大辉县旅游品牌的影响。

3. 打造文旅融合新名片

积极对接国家南太行旅游发展规划，加强辉县市域规划和项目与

国家、省市的规划和项目的衔接，积极争取辉县到周边的高速铁路网络的项目落地，加快推进南太行区域旅游环线和旅游快、慢车道项目建设；抓住国家"四好农村路"和"郑州都市圈交通一体化"建设的机遇，加快推进高速、轻轨、机场等文旅康养配套基础设施建设；以区域旅游设施的提升，打造辉县旅游快进、慢游、深体验、常回头的旅游金名片。

文旅文创融合发展是辉县市经济转型的新动能、经济增长的重要引擎、居民收入增加的有效途径、乡村振兴的核心支撑。"十四五"时期，围绕着"转型强市、文旅名市、交通兴市、生态美市"的要求，落实"大旅游、大文化、大健康"战略部署，辉县市构建现代文化旅游产业发展体系的步伐必将进一步加快；通过弘扬"文化＋旅游""旅游＋文化"等一系列措施的实施，提升文旅融合发展的品质内涵，辉县市构建相生共兴的发展新格局的任务必将如期完成；通过贯彻保护与开发相协调、融合与创新相呼应、产业与事业相统筹、效益与质量相统一的原则，落实文旅资源优势向发展优势转化的各项措施，辉县市文旅融合发展和市域经济社会高质量发展一定会谱写出新的篇章。

组　长：谷建全　郑　林
成　员：任晓莉　高　昕　孙　禹
执　笔：高　昕

慧眼看河南——县域经济何以成高原

河南日报 特刊 | 03
2021年12月13日 星期一
组版编辑 李筱晗 李茜茜 美编 党臻

□本报记者 宋华茹 李虎成 代娟 河南报业全媒体记者 王永乐

文旅生辉正当时
——来自辉县市县域经济高质量发展的调查

从太行深处的冬日晨曦中醒来，抬头是雄奇秀美的山岳，院子里是亲手侍弄的花草，辉县人老白的日子，闲适惬意。

3年前，退休后的老白和妻子从省城郑州返回辉县，拾掇好位于南太行覆垴园龙村的小院，开启山居生活。"山水含清晖"，夫妻俩时不时端起相机，定格山中美景，总也拍不够。

《中国国家地理》杂志曾刊载长文《大行山，把最美的一段给了河南》，这"最美的一段"几乎全部浓缩在辉县境内，辉县生态旅游资源总量居全省前五位。

厚重的历史和大自然的馈赠，使辉县在改革开放之初便踏上经济发展快车道——曾在"十八罗汉闹中原"队列中表现抢眼。近年来，辉县市依托当地独特的文旅资源，锚定文旅融合，发展康养之业，加快县域经济转型提质和高质量发展。

全域开花 融合发展助力乡村振兴

红利叠加 文旅"生辉"正当时

总策划 董林 刘雅鸣
策划 孙德中
专家 谷建全 郑林 任晓莉 高昕 孙禹
统筹 阙爱民 宋华茹

扫码看视频

图① 天界山·蜗谷云海。④⑤ 新乡南太行旅游集团供图
图② 宝泉城堡山和游龙峡。④⑤ 王劲松 摄
图③ 八里沟天河瀑布。④⑤ 李建国 摄

资源丰厚 得河南山水旅游风气之先

政府发力 组建集团突破旅游发展困境

专家点评

特色加工业引领平原农业县突破之路

——临颍县域经济发展调研报告

河南日报县域经济调研组

作为工业基础薄弱、缺乏资源优势的平原农业县，临颍坚持工业强县，持续贯彻以休闲食品产业为主导的发展战略，紧紧围绕休闲食品精准招商，竭力打造凝心聚力谋发展的政治生态和干部作风，持续强化服务、优化环境，精心延链补链、完善配套、提质升级、塑造品牌，逐步形成了较为完善的休闲食品产业链与粮食深加工特色产业集群，成为全国唯一的"中国休闲食品之都"，并有效促进了第一、第二、第三产业融合发展、城市繁荣和乡村振兴，在河南县域经济综合排序中稳居前20名，走出了一条特色加工业引领县域经济崛起的有效路径。但目前临颍食品产业的层次还相对较低，主要是靠生产与规模优势，在高质量发展背景下转型升级的任务仍然较重，在企业管理、人才、土地、技术、品牌等方面仍存在明显的瓶颈约束，应进一步加大改革创新力度、优化产业生态、提高产业层级、加强企业管理、提升城市品质、化解要素制约、加快"三产"融合，早日实现县域经济"成高原"。

作为工业基础薄弱、缺乏资源优势的平原农业县，2000年以来临颖历届县委县政府始终坚持工业强县，接力贯彻以休闲食品产业为主导的县域经济发展战略，紧紧围绕休闲食品精准招商，竭力打造凝心聚力谋发展的政治生态和干部作风，持续强化服务、优化环境，精心延链补链、完善配套、提质升级、塑造品牌、厚积薄发、久久为功，逐步形成了良好的营商环境、较为完善的休闲食品产业链与粮食深加工特色产业集群，成为中国休闲食品产业基地和全国唯一的"中国休闲食品之都"，并有效促进了第一、第二、第三产业融合发展、城市繁荣和乡村振兴，走出了一条特色加工业引领县域经济崛起的有效路径。"十三五"期间临颖休闲食品产业整体保持在20%以上的增速，食品产业工业增加值占全县工业增加值近70%、税收占全县工业税收的近60%。强劲发展的休闲食品产业使人口占全省中等水平的临颖入围全省县域工业30强，在河南县域经济综合排序中稳居前20名，并荣获全省首批践行县域治理"三起来"示范县。临颖持续聚焦、强化主导产业，以特色加工业带动县域经济发展的做法和经验，对省内其他工业基础薄弱、缺乏资源优势的平原农业县具有较大的启示与借鉴意义。

一、临颖以休闲食品产业引领县域经济发展的主要做法

临颖以休闲食品产业引领县域经济发展的实践，主要表现在聚焦主导产业、专业精准招商、培育企业群体、注重产品升级、力推"三产"融合等方面。

（一）保持定力，聚焦主导产业不放松

作为平原农业区，临颖县最大的潜力和优势就是"农"。县委县政府在谋划产业发展过程中，围绕"农"字做文章，立足把农业资源优势

转化为食品加工优势，确定了休闲食品产业的主导地位并一以贯之，逐步将地域资源禀赋变为产品竞争优势。尤其是 2000 年以来历届县委县政府坚定食品加工的发展方向不动摇，积累了丰富的发展经验，营造了良好的发展环境，形成了高价值的地域品牌。在临颍工业产值中，食品加工业一直占据 2/3 以上的比重。

（二）围绕休闲食品产业，专业精准招商

临颍具有资源和区位优势，但缺乏资源和区位优势转化为产业优势的资本和技术，招商引资成为决定产业发展成败的关键。为切实提高招商效率，临颍县乡主要领导每年必须有一半时间外出招商，对与招商相关的行业发展、土地和税收等相关问题了然于胸，成为招商引资的行家里手。当然，面对激烈的招商竞争，临颍不是盲目地招商引资，不是不切实际地、高大上地规划比拼，而是按照本地发展规划瞄准休闲食品项目与企业；不是单个企业的招商，而是立足做强产业集群开展产业链招商，围绕休闲食品产业绘制产业链图谱、企业分布图谱，以延链补链强链为重点，细化产业链招商目录，瞄准产业链上国内的实力企业，围绕种植、原料、加工、包装、物流、销售等环节不断延伸和拓宽链条，提高招商实效。这既降低了企业生产成本，又降低了政府招商成本。食品产品价值链已经从最初的面粉加工升级到主食产品、休闲食品、健康食品。

（三）着力培育企业群体

临颍具有发展工业的传统文化，在计划经济时期，临颍在小型农业机械制造方面就独具优势，在省内率先生产出第一台农用柴油机。其农机产品主要包括柴油机、小型农用拖拉机、农业灌溉水泵等。这些早期工业企业虽然逐步被市场经济淘汰了，但为临颍工业发展培养

了大量技术工人，也储备了相当数量的企业家。改革开放之后，这些企业家创办了大量的乡镇企业，为临颍经济的发展做出了重要贡献。然而，在 2000 年前后由于城市经济的强劲发展，本地乡镇企业再次失去了生存的市场，逐步消失，企业家也逐步转移到其他地区。虽然本地企业家阶层随着产业外出转移，但是临颍企业家成长的土壤并未受损，在政府精准招商政策指导下，食品加工产业的市场环境吸引沿海的企业家结伴前来投资。经过多年努力，临颍集聚了台湾福贞、台湾宏全、海底捞食品等一大批活力较强的企业群体，形成了"闽商扎堆、台商抱团"的临颍现象。这些企业不但促进了本地经济发展，而且也给临颍带来了积极向上的商业文化和宝贵的管理经验。

（四）强力推动技术和产品升级

面对高质量发展要求和消费者日益增长的美好生活需要，临颍鼓励与支持食品企业适应功能化、营养化、便捷化消费趋势，以绿色化、功能化、高附加值为方向，加强现代生物和营养强化技术研究，开展质量管理、食品安全控制等体系认证，加大新品开发和品牌整合推广，积极推进主食制品工业化生产，建设大型主食生产加工配送中心，发展直接面向厨房、餐桌的食品，在食品领域培育一批质量过硬、社会认知度高的主食品牌。经过努力，临颍县目前已经拥有国家级标准的质检研发中心、河南省休闲食品加工技术协同创新中心、全省唯一的膨化食品检验中心和全市唯一的省级重点实验室，已经建成院士工作站 2 个、省级工程技术研究中心 9 家、省级企业技术中心 15 个。

（五）扎实推进"三产"融合

临颍食品加工产业既需要发达的物流等"三产"服务，又与农业有紧密的天然联系。临颍食品加工企业和专业生产服务企业通力合作、协调配合，形成了"专业市场＋物流＋电商""连锁直销＋配送""网络化冷库＋生鲜加工配送"等多种物流模式，极大提升了食品产业的竞争优势。在政府鼓励支持下，临颍不少食品企业利用资本和技术优势，通过规模化、集约化、绿色化，尤其是及时应用数字技术推动农业生产、供应链管理、产品销售等全产业链的数字化转型，使农产品质量和资源利用效率得以大幅度提高，并为自身食品产业的发展奠定了品质基础。通过抓好"粮头食尾、农头工尾"，大力实施"三链同构"，临颍初步形成了从种植养殖、面粉加工、食品生产、色素配料，到研发设计、检验检测、食品包装、电商物流较为完整的食品产业链，"三产"融合取得长足进步。

二、临颍以休闲食品产业引领县域经济发展的主要成效与特点

临颍立足工业强县，坚持高质量发展第一要务，全面贯彻新发展理念，强化食品产业引领，精心部署、狠抓落实，县域经济发展成效显著、特点突出。

（一）休闲食品产业强势发展

2020年，临颍县休闲食品产业主营业务收入突破400亿元，占全县工业主营收入的2/3、占全省食品产业的1/20，休闲食品日产能9000多吨，形成了龙头带动、集群发展、链条完善、配套齐全的粮食深加工产业，成为中部地区食品企业名企名牌集聚最多的产业基地和全国唯一的"中国休闲食品之都"。临颍以休闲食品产业为主的产业集聚区6次荣获全省"十快""十先"，晋升省级经济技术开发区、二星产业集聚区。具体来看，临颍休闲食品产业具有以下突出特点：

1. 产业集聚，横向成群

经过多年努力，目前临颍食品产业已经形成六大特色产业集群：以盼盼等 45 家企业为代表的烘焙膨化产业集群；以六个核桃等 35 家企业为代表的饮料包装产业集群；以海底捞等 24 家企业为代表的调味品产业集群；以南街村集团等 15 家企业为代表的面制品产业集群；以御江食品等 18 家企业为代表的肉制品产业集群；以中大恒源等 9 家企业为代表的功能性食品产业集群。

2. 产业配套，纵向成链

通过抓好"粮头食尾、农头工尾"，大力实施"三链同构"，不断延链补链，目前临颍休闲食品产业已经形成了从原料种植、面粉加工、食品生产、色素配料到研发设计、检验检测、各类包装、电商物流的全产业链。

3. 名企荟萃，名牌聚集

临颍休闲食品产业不仅集群发展，而且名企荟萃，名牌聚集。先后培育引进台湾福贞、台湾宏全、海底捞食品等知名休闲食品企业 50 多家，成为中部地区食品企业名企名牌集聚最多的产业基地。目前，全县有年销售收入超 30 亿元企业 1 家、超 20 亿元 1 家、超 10 亿元 3 家、超亿元 20 家，税收超 3 亿元企业 1 家、超 5000 万元 3 家、超 1000 万元 12 家，成为支撑县域经济发展最具活力的板块。

（二）"三产"融合成效显著

食品加工业是与第一产业连接最为紧密的制造业，是农业全产业链交叉的节点。临颍休闲食品产业的强势发展既是充分利用农业资源优势的结果，又进一步带动了农业发展、促进了"三产"融合。作为粮食和经济作物大县，临颍出产的小麦和玉米等优质粮食作物以及辣椒和大蒜等优质经济作物，为面制品、调味品等食品企业提供了优质原料，而食品产业为农业现代化提供了市场、技术和资本支持，促进了农产品质量品质附加值的提升，形成了"三产"融合、相互促进的生动局面。具体来看，临颍"三产"融合具有以下突出特点：

颐海国际的海底捞火锅底料生产线（陈更生　摄）

1. 食品加工产业集群力助地域农业优势转换成产品价值

临颍的休闲食品加工业形成了以食品价值链为载体的产业组织及产业集群，进一步带动了农产品集群。虽说临颍休闲食品加工企业多为基地生产企业，但地域性原料在产品价值链上也起到了关键的作用。一些企业出于原材料保障、产业链拓展等考虑，开始投入资本、引进或研发技术向农业生产层面拓展，如喜盈盈食品公司在当地政府支持下，联合农民合作社组建了智慧农业小麦生产基地。除了本地食品企业投资农业生产，临颍食品加工企业巨大的原料需求也为本地特色优质农业提供了市场空间，吸引了一些农业现代化龙头企业到临颍投资，如河南益民控股有限公司建成了1.7万亩高标准辣椒种植智慧农业生产基地，推动农业的规模化、集约化、绿色化，探索发展数字农业与智慧农业。尤其是结合临颖独特的气候条件，通过拓展"5G+智慧农业"应用，推动信息化、大数据与农业产业深度融合，通过数字技术的分析和水肥一体的营养管理使临颖辣椒和大蒜作为调味品主料成为商家独特用料的供应商，实现了农产品质量的提高和资源利用效率的提高。一些企业和农户通过农工综合体，利用数字化技术实现了从小麦到面粉、休闲食品、物流分发全过程的食品安全的可追溯管理。

2. 现代农业为食品加工提供稳定的原料保障和价值基础

在休闲食品产业的引领和带动下，临颖现代农业取得显著成绩，形成了"东有辣椒、西有烟叶、南有大蒜、北有蔬菜、花卉苗木沿路围城"高效农业发展格局，其中辣椒种植面积40万亩，成为豫中南地区最大的小辣椒产销基地，为调味品企业提供了不可替代的优质原料。颖西10万亩高标准粮田示范成为全国典型、全省样本，被评为全国粮食生产先进县、中国好粮油示范县，全县每年近60万吨优质原粮为休闲食品加工提供了稳定、优质的基础原料，为食品加工业夯实了食品安全和价值基础。

3. 食品加工产业集群促进生产性服务业快速发展

经济运行的基本规律是分工越发达、市场越繁荣、经济越发达，分工发达意味着对生产协作的较高要求，如加工企业会产生大量的物流配送需求，农业发展会带动植保企业等。所以，临颖强势发展的食品产业既带动了现代农业发展，也促进了生产服务业的繁荣。临颖在发展食品加工业的过程中积极推广"生产基地＋中央厨房＋餐饮门店""生产基地＋加工企业＋商超销售""作坊置换＋联合发展"等新模式，发展农产品生产、保鲜加工、直销配送、餐饮服务等一体化经营，纵向延伸产业链、横向扩展产业集群，支持企业将生产流程中的研发设计、物流仓储配送、营销售后服务、信息咨询、技术服务、财务管理等服务环节从原企业分离，成立专业服务型企业，构建研发、仓储、物流、售后、技术服务等配套的供应链，提升产业价值链。通过食品加工业与电商、冷链物流、市场等深度融合，线上线下互动发展，目前临颍已初步建成辐射豫中南的区域性商贸物流中心，形成了"专业市场＋物流＋电商""连锁直销＋配送""网络化冷库＋生鲜加工配送"等冷链物流模式；形成了以县级配送为中心，乡镇物流中转站（基层社）、物流服务点（村级综合服务社）为支撑的农村物流配送体系；形成了服务于农业生产经营的植保企业、服务于食品加工生产中的各种原料与产成品分送的物流企业、通过电商平台为各厂家提供网上销售的电商代售服务企业等众多生产服务业态。

临颍电商扶贫示范基地（陈更生　摄）

（三）城乡融合初见成效

食品产业集群对临颍的引领不仅体现在对生产总值和税收的贡献、对"一产"和"三产"的带动，还体现在产生大量非农就业、提高农民工资性收入，从而有力促进了临颍的城镇化和乡村振兴。利用食品产业集群发展带来的经济增值和就业增加，近年临颍城镇化和乡村振兴也取得显著成就。城镇化方面，"十三五"期间临颍城市建成区由 20 平方公里拓展至 32 平方公里，常住人口由 20 万人增加到 25 万人，城镇化率年均提高 1.6 个百分点，达到 52%。通过大力实施"三城同创"和"五个临颍"建设，城市品质不断提升。乡村振兴方面，2020 年临颍新建成投用村级集体经济工业园 2 个，全县 72% 行政村集体收入 5 万元以上，农村居民人均可支配收入高出全省平均值 2000 多元，城乡居民收入差距大幅缩小。城乡环卫一体化，农村安全饮水实现全覆盖，2/3 行政村达到省级人居环境达标村标准，1/3 行政村创成"富裕宜居、文明守法"双示范村，获评全省乡村振兴示范县，初步探索出"以工促城、以城带乡、'三产'融合、城乡贯通、全域振兴"发展之路。

三、临颍以休闲食品产业引领县域经济发展的主要经验与启示

临颍以休闲食品产业引领县域经济发展的生动实践，不仅紧密结合并发挥了自身的比较优势，也形成了自己的典型经验。这些做法和经验，为河南省平原农业区县域经济发展提供了有益的借鉴和启示。

（一）凝心聚力谋发展的政治生态和干部文化

调研组认为临颍给县域经济发展带来的最重要的启示还不是其食品产业集群的培育，而是其不折腾、一任接着一任干、上下同心成合力的良好政治生态；一心一意谋发展、脚踏实地、团结和谐、勇于担当、乐于奉献的良好干部文化。这既是临颍成功的关键，也是本次调研的县域经济发展较好县市的普遍经验。

1. 主要领导实事求是，尊重规律，保持定力，把控大势

临颍主要领导对产业发展方向的把握是临颍成功的关键：一是瞄准目标保持定力。临颍20多年能够坚持食品加工发展方向不改变，与其主要领导尊重规律、把控大势的定力密不可分。客观地说，在2000—2010年经济快速发展期间，不少地方在快速发展高潮下看不起低附加值的农产品加工，有无条件都要上马新能源、装备制造、高新技术等"高大上"的产业项目。但是临颍历届主要领导却不为所动，他们在非常清楚自身优势劣势的情况下始终锚定食品产业不放松。二是一任接着一任干、不折腾。2000年以来，临颍历届县委县政府始终坚持全县既定的发展战略，围绕食品产业一任接着一任干，厚积薄发，久久为功，终有所成。

2. 全县干部上下同心，通力合作谋发展、服务企业

县域发展仅靠主要领导的努力是不够的，临颍的可贵之处是形成了全县干部上下同心、通力合作谋发展的干部文化。经过多年努力和沉淀，"企业是我们的衣食父母"的理念与"营商环境就是生产力"的观点在临颍全县上下已经深入人心，像爱护自己的眼睛一样爱护营商环境已经内化为各级干部的自觉行动。临颍干部懂企业、尊重企业、真诚服务企业已经成为临颍客商的普遍感受，"投资中原、首选临颍"的良好口碑在客商，尤其是闽商中广为流传，临颍也因敬商、爱商、助商、安商的投资环境被评为"全国十佳营商环境"示范县。

（二）围绕特色产业集链成群，厚植优势

"无工不富"，但河南多数县均是传统农业县，工业基础薄弱、比较优势不突出，不少县域发展产业时没有找准自身定位，甚至脱离县域实际，重点不突出，挖到篮里都是菜，什么都想做但什么都没做好，虽然很努力但事倍功半甚至劳而无功。临颍食品产业强势发展对县域

经济最大的启示就是县域发展不在多而贵专，只要找准定位，选定一两个特色产业持续发力，久久为功，终能有所成。非农产业有其自身发展规律，需要较高密度的资源要素集聚，而高质量发展背景下产业对资源要素集聚度的要求更高，而传统农业县集聚资源要素的能力有限，战线分散就难以形成优势。临颍之所以能够取得较好成绩，就是这些年一直聚焦食品加工业，积极挖掘内部潜力，努力引进"闽商"等外部先进生产要素，不断拓展产业链条、不断优化产业生态，积累优势，厚积薄发：一是食品产业持续壮大，促生、擦亮了地域品牌。由于长期坚持食品产业，不断丰富产品线，产品信息在全国市场上传递与放大，逐步形成了临颍食品的地域品牌优势，被评为全国唯一的休闲食品之都，正是优势积累的结果。二是食品产业持续壮大，促生了规模经济，包括基础设施的共享、劳动力市场的共享、物流外包的共享、电子商务平台的共享等，增加了临颍食品企业的竞争力和获利空间。三是食品产业持续壮大，形成了产业集群，促进了产业链的延长和拓宽、价值链的增值与攀升、利益链的共享与巩固，有利于"生产链、价值链、利益链"共享。围绕种植、原料、加工、包装、物流、销售等环节不断延伸和拓宽链条，临颍产品价值链已经从最初的面粉加工升级到主食产品、休闲食品、健康食品，大大提升了产品的附加值。四是食品产业持续壮大，提高了研发投入的收益。为保持自身竞争优势，众多食品企业积极在产品种类、食品安全、营养口感等方面进行升级，地方政府也对食品产业研发直接给予资金支持，这些投入相互促进、效率倍增，使临颍休闲食品的产业生态越来越好，竞争力日益提高。

（三）以商招商，敬商爱商助商安商

临颍休闲食品产业强势发展，既源于其成功招商，更有赖于其努力营造的敬商、爱商、助商、安商环境，使客商在临颍如鱼得水、发展壮大。

临颖招商的重要经验是"以商招商"，即利用已落户临颖的"闽商"吸引"闽商"，集聚了一个活力较强的"闽商"群体。"闽商"群体有相同的文化，到了临颖很快就能适应，而且临颖"闽商"之间形成了一个熟人"社会"，相互帮衬、密切合作，形成了很好的发展小环境，迅速落地扎根、茁壮成长，使临颖逐步形成了以"闽商"为主体的休闲食品产业链条。"闽商"不仅带动了本地经济发展，带来了产业、引来了企业家，也引来了积极向上的商业文化，特别是宝贵的管理经验和市场文化，促进临颖形成了勇于创业的勤劳民风，为本地经济的进一步发展奠定了扎实的商业环境和基础。

临颖不仅注重招商，更加注重敬商爱商助商安商。临颖招商不是停留在招来即可，更不是"开门迎商、关门损商"，而是尽力解决企业发展所需的各种配套服务，让其安顿下来，尽快生产，产生效益。相关部门在服务企业过程中既积极主动、勇于担当，又注重不影响企业生产、不增加企业负担。如相关部门向企业派首席服务官，按照"墙内事情企业办、墙外事情我来办"原则帮助企业解决围墙之外的难题，使得企业家能够安心经营；工信局每周对企业生产进行详细的统计分析，报送相关部门信息共享，使相关部门了解企业、更好服务企业；开发区工业领导小组对企业反映的问题进行分类，能够解决的及时解决，不能解决的每周上报县主管领导进行研究解决。临颖优化营商环境的有效举措值得在全省推广和借鉴。

四、新时代临颖县域经济高质量发展面临的挑战和制约

在食品产业引领下，临颖县域经济发展取得巨大进步，具备了良好基础，但与新时代高质量发展的更高要求还有不小差距，存在诸多不足，面临诸多挑战，面对日益激烈的区域竞争需要解决诸多瓶颈问题。

（一）临颍县域经济高质量发展面临的主要挑战

1. 产业升级的挑战

产业升级的挑战是首要的挑战。经济社会发展是永不停步的，产业升级是无止境的。目前临颍食品产业的层次还相对较低，主要是靠规模与先发优势，在高质量发展背景下不进一步升级难以保持其产业竞争力。首先，按照产品生命周期理论，产业发展到成熟阶段，市场饱和，劳动力成本提升，将会使产业利润不断降低，这是不可避免的客观规律，任何企业要想持续生存发展必须不断升级产品。其次，随着经济发展水平的提升和人民收入的增加，食品结构不断转换，对食品安全要求更高，对营养缺乏与营养过剩问题的关注更大，特殊群体的特殊需求（如中小学生营养餐）增加等，对产品创新、产品升级提出了更高的要求。

2. 管理升级的挑战

战略方向确定之后，管理成为企业成功的关键。总体来看，临颍多数企业管理水平偏低，与现代化管理存在较大差距。目前临颍企业管理人员的主体仍是与粗放发展方式相适应的传统管理者，其管理思维、方式、方法还处于短缺经济的卖方市场管理层面。在买方市场条件下，如何从供给侧结构性改革的角度进行管理，还普遍缺少基本的素养，如对市场的创造、市场的细分、研发的投入与转化、现代企业制度和价值链治理的基本规则与运作、现代金融知识、跨国经营管理等。虽然临颍不少企业已经使用自动化程度较高的生产线，并开始主动利用现代信息技术等加强管理，但受管理人员、基层员工素质与总体管理水平限制，在物料管理、现场管理、生产与运营流程管理、人员管理等方面仍不够精细，部分企业仍呈现家庭作坊的某些特征，管理不精细造成的"跑冒滴漏"不但不利于企业控制成本，而且造成企业产品质量、品质未达到应有的水平。管理问题是高质量发展背景下企业提质增效的核心问题之一，如何完善现代企业制度、培养与吸引高水平管理人才、打造高水平管理团队、高效推进管理现代化，对临颍企业来说是不小的挑战。

3. 人才升级的挑战

从产业类型看，目前临颍企业的主要优势在于制造环节，多属于生产基地产业。随着产业进一步发展，不少企业开始向研发和销售（主要是电商）方面拓展（或者更加注重研发和销售），产生研发和电商等领域的高素质人才需求。但临颍只是县级城市，城市功能与郑州等大城市存在较大差距，企业必须以较高待遇才能引进相关高素质人才到临颍工作而且往往留不住。在调研中不少企业反映，其研发核心团队、电商核心团队设在了郑州、杭州等大城市，以便于招人、便于留人，然后以出差的形式到临颍工作。城市水平难以支持企业进一步发展对高层次人才的需求是临颍县域产业发展面临的一大挑战。

4. 招商难度加大的挑战

目前全国全省县域经济竞相发展、竞争激烈，且县域很多产业相似相近，同类产品之间的竞争更加激烈。临颍在引进和服务闽商方面做出了巨大的努力、取得了明显的成效，但本土品牌、本土企业和企业家的培育仍是短板，在人力资本的培育、基础设施和产业配套等方面仍不够完善，与先进地区仍有差距。现在各县都重视招商引资，各县都有自己独到的方法，都有自己的优惠政策，也都注重营商环境的建设，企业选择投资地的选项更多、空间更大，在此背景下临颍的相对优势会弱化，按临颍目前的综合条件其今后招商难度将大大增加，需采取新举措、增创新优势。

（二）临颍县域经济高质量发展面临的主要制约因素

1. 土地供应紧张

临颍产业发展态势好、用地需求量大，但受土地指标、批地速度等限制，能够供应的产业用地数量较少、速度较慢，满足不了发展需求，出现了较为明显的"项目等地"现象。一是批地速度慢。据该县土地相关部门介绍，用地需要省市各级审批，从提出用地申请至相关手续完成需要半年左右，制约了项目推进速度，甚至被迫出现了"先建后批"等问题。二是计划指标少。用地指标方面，临颍每年工业用地需求在 2000 亩左右，但省里分配的计划指标只有 300 亩，而且往往到年末才能最终确定是否能够落实。三是购买指标压力大。由于计划指标远远不能满足实际用地需求，临颍近年需向省内其他指标充裕的县购买城乡建设用地增减挂钩指标，购买指标的费用为 20 万元左右 / 亩，每年购买指标的支出超过 2 亿元，不但增加了发展成本、带来较重的财政压力，而且最近指标不好买了，土地供应紧张问题进一步加剧。

2. 人力资源制约

临颍发展面临的人力资源约束主要体现在两个方面：一是城市水平难以支持企业进一步发展对高层次人才的需求。从产业类型看，目前临颍企业的主要优势在于制造环节，多属于生产基地产业。临颍只是县级城市，城市功能与大城市存在较大差距，企业必须以较高待遇才能引进相关高素质人才到临颍工作而且往往留不住。二是劳动力短缺、技术工人不足。随着企业数量的增加和产业集群规模的扩张，临颍本地劳动力供给出现短缺，不能完全满足企业生产的需求，特别是包括新型职业农民在内的技术工人更是短缺。

3. 电力、天然气等能源供应不稳定

目前临颍工业企业多属生产基地型企业，电力、天然气等能源供应的中断对企业来说意味着直接停工停产，没有其他缓冲空间，交货

能力下降、生产成本上升。受全国范围内电力供应紧张影响，临颍多数企业已经面临拉闸限电问题，而且限电时间不规律，不利于企业根据电力供应情况合理安排生产，缓冲不利影响。

4. 对食品工业更高层次发展的思考与谋划有所欠缺

目前临颍更多的是从增加工业产值、招商引资任务、增加就业税收、提供人均收入等方面考虑食品产业的发展，缺乏高质量发展背景下、全面现代化背景下从更高层次对食品工业发展的更加长远的思考与谋划，对如何争取在全国食品行业的分量、话语权、影响力等方面缺乏自觉的谋划，尤其是食品开发提档升级、创造全国有影响的食品品牌，打造更高质量、更高水平食品产业集群等方面，缺乏相关政策和措施。在食品政策研究、食品信息发布、食品新品研发、国际市场动态等方面对食品产业"成高原""起高峰"有重要影响的相关因素，还缺乏自觉考虑和相关措施。

五、打造产业集群，推动临颍县域经济高质量发展的对策建议

从发达国家的经验看，产业发展主要有三种典型模式：一是以美国为典型的寡头竞争模式，表现为面向全球市场的大型跨国公司和以其为主导的全球价值链。这种产业组织模式最大的优势在于其技术优势，寡头垄断企业为了保持其竞争力，会不断地加大研发强度，或者围绕产品价值链进行持续性创新，或者围绕市场持续供给新的产品。二是以德国为典型的隐形冠军企业。隐形冠军不追求企业规模，但是追求产品质量。这些企业一般是瞄准中间产品的小众市场，针对某一产品或者某一零部件做到极致，保持行业内的全球前三名。由于这些企业提供的中间产品无法替代，因此在产品价值链上也具有重要的地位，

能够获得不菲的收益。三是产业集群模式。产业集群模式最大的优势在于外部规模经济，集群内的企业不具有规模体量，也不具有核心技术资源，所以其发展具有不稳定性，会出现向前两种模式的演变。目前，我国经济已进入上中等收入国家水平，具有4亿中等收入群体规模，具备了以国内市场为依托的发展动能，如何构建以国内循环为主导、国内国际双循环的新发展格局是我国面临的现实问题。临颍食品产业目前属于产业集群模式，需要在发展愿景上早做设计，深耕细分市场，在巩固产业集群模式的基础上逐步升级到隐形冠军发展模式，提高市场竞争力，更加深入地融入双循环新发展格局。

（一）提高认识，制定临颍食品产业高质量发展的远景目标和规划

临颍应深入学习中央经济工作会议、河南省十一次党代会和省委经济工作会议精神，进一步加深对发展县域经济重要性的认识，增强做强中国食品工业的责任感、使命感，增强县域经济高质量发展的责任感、使命感，深刻理解县域经济"成高原"的内涵和要求，立足临颍县情，进一步精心谋划食品产业引领县域经济高质量发展的战略路径。提高站位，在食品产业转型升级方面确立更高目标，在统筹抓好"临颍食品"创新发展、走向"高峰"成为"高原"方面制定可操作的中长期发展规划，加大培育"临颍食品"品牌的工作力度，增加市场容量，扩大影响，争取在全国食品行业有更重要的位置和分量，争取在全国行业领域有更大话语权、影响力，对县域经济发展有更大带动力。建议成立"临颍食品产业研究中心"，立足于全球发展视野，主要从宏观政策、产业动态、企业活力等层面提供咨询，为区域发展把控方向。逐步创造条件，建立影响全国的食品数据中心，开办全国甚至国际性的食品发展论坛、食品创新安全峰会等，吸引食品行业专家到临颍指导，提

升临颖食品产业在行业的影响力。

（二）坚持食品产业主导地位，厚植发展优势

目前临颖已具备较好发展基础，在一个工业资源相对贫乏的县域，通过挖掘比较优势推动休闲食品产业集群发展，形成了较为雄厚的经济实力和发展生态，已经初步走出了一条特色加工业带动县域经济高质量发展的有效路径。但与全省乃至全国比较来看，临颖还有较大的发展空间需要追赶。比如在带动农民收入方面，尽管 2015—2019 年临颖农民人均可支配收入均高于全省平均水平，但是与巩义、新郑、新密、荥阳、林州、长垣、中牟、偃师、孟州、登封、新乡县等省内其他更强的县市相比较还有较大的差距，其中，2019 年分别相差 7408、5835、4767、4692、4177、3943、3642、3613、2692、2549、2478 元，即使与相邻的禹州、长葛市相比较，2019 年分别相差 1552 和 1248 元。这就需要临颖在提高经济发展质量上下更大功夫，在提高产品附加值方面下更大功夫。但需要强调的是，以休闲食品为主导产业的发展模式是临颖县域经济的主要特征，也是临颖的优势，越是高质量发展，越应该坚定自己的发展方向和路径。因为产业发展有其规律，其他以一般加工业为主导的县，随着经济发展水平的提升和经济结构的转换，产业利润会逐步降低；而临颖的食品加工产业正好相反，食品产业是朝阳产业，随着经济发展水平的提升以及食品结构的转换，其产业利润会逐步提升。而且，主导产业越突出越有利于产业核心资源的培育和产业核心竞争力的提升，故临颖应当坚定不移坚持食品产业的主导地位，将重心和资源配置聚焦于食品产业，持续做大做强食品产业。

（三）促进产业链功能升级，提升产业竞争力

为提升产业竞争力，临颖应当高度关注食品价值链的功能升级，

并在价值链升级过程中构造创新链，形成创新集群。目前在区域经济的发展中，出现了以产业集群为中心的发展格局向以技术集群为中心的发展格局的转变。由于持续性的创新技术大大提高了组合要素的能力，在技术集群冲击下，当前的农业、制造业、服务业一体化发展模式有可能被持续的创新所解体，会形成"多创新中心＋多制造业基地"的发展格局。所以，未来的临颍食品产业发展战略应密切关注全球技术集群的发展，紧盯全球食品产业发展动态，鼓励与支持企业围绕产品价值链进行针对性创新，不断促进食品产业链功能升级。在食品产业功能升级方面临颍可借鉴省外（比如山东潍坊）的发展经验，如寿光蔬菜多数品种的种子在 2010 年的国产率是 20%，目前国产化率已经达到 70%，极大地节省了成本、增加了利润。再如，潍坊的农产品加工标准、寿光的蔬菜种植标准都成为行业标准，成为吸引企业入驻的地域品牌，成为向全国推广种植的无形技术。这些都成为高质量发展的重要表现，成为增加地区收入的重要来源。临颍目前只是生产和加工基地，主要收入来源于加工环节，而在品牌、产品设计、行业标准等方面还没有形成稳定的增值收益。随着人们收入水平和消费水平的逐步提升，食品安全必将会成为食品消费的一个重要环节，临颍应该在食品安全方面寻找价值增长点。

（四）着力塑造临颍食品品牌，提升产业影响力

食品加工产业相对来说是一个门槛较低的产业，对资本规模和技术成分要求相对较低，附加值和利润也较低。因此，这样的产业很容易引起过度竞争。在这种情况下，保持产业竞争力的最大优势就在于其产品的异质性，而在食品行业异质性（特色）只能源于产品创新和地域品牌。绿色生态、优质安全的食品是全球消费者的主流市场需求。临颍食品产业要着力提升产品质量，围绕高品质和高安全性打造产品

品牌和企业品牌，并通过广泛宣传，创新传播方式，扩大影响，提升临颍食品产业知名度和影响力，不断增加临颍食品产业的地域品牌价值，用"中国休闲食品之都"的金字招牌带动临颍食品产业发展。

（五）加快推进企业管理现代化，提升企业竞争力

针对临颍企业管理人员整体素质偏低、管理方式仍较为传统等问题，一是应加强对企业家的培训和引导，增强企业家的管理意识，提高企业家对应用现代管理手段、提高管理水平重要性的认识，使企业家了解与掌握基本的现代管理手段与方法。二是鼓励和支持企业完善现代企业制度，用现代化的制度规范企业行为，提高企业决策的科学性，激励经营管理队伍和员工的工作积极性。三是组织专业能力强的管理咨询机构与企业进行多种形式的沟通交流，鼓励与支持克服自身见识与能力限制，利用外部智慧提高企业管理与决策水平，实现物料管理、现场管理、生产与运营流程管理、人员管理等的精细化，减少不必要的"跑冒滴漏"，最大限度降低成本，提高产品质量。

（六）进一步优化产业生态，提升县域吸引力

在激烈的区域竞争中，要让临颍食品产业做强做大，必须进一步优化产业生态，提高临颍食品产业发展的竞争力、吸引力。一是进一步优化企业家成长环境。企业家是生产的组织者，企业家能够发现市场、创造市场、创新产品、引进新技术，如果没有企业家及其资本对其他要素的组合，那么，再丰富的资源和发展机会，也不会有经济的发展。实践表明，一个区域的企业家成长环境越好、企业家阶层越多，企业就越多、经济就越发展；反之亦然。培育企业家阶层并不是通过课堂学习与培训完成的，而是通过制度环境造就出来的。企业家具有敏锐的眼光和敢于冒险的精神，是一个特殊的阶层，只有创造出宽松

的社会环境，才能够培养出他们。临颍要在简政放权、市场准入、公平竞争等方面更加努力的同时，注重营造尊重企业家、鼓励创新创业、宽容失败的创业和企业家成长文化。因为创新就是与众不同，就是打破已有的模式，就不可避免地会与既有的政策、制度、商业模式、管理理念相冲突，甚至遭到大众的否决或不认同。同时，创新是未知的，对其风险不可预测和无法把控，常常与失败相联系，是冒险者的事业。所以，创业的这两个基本要素必须得到社会的认可，要允许企业家的"不可思议"和"冒险行动"，形成对他们认同的社会理念。要形成和引导这样的社会共识，政府对企业家既要做"锦上添花"的活儿，更要多做"雪中送炭"的事儿。既要多支持成功的企业家，更要支持真正创新且时下困难的企业家，要包容企业家的失败。二是营造良好的产业成长生态，为县域产业发展提供肥沃土壤。临颍食品产业发展好得益于有良好的产业成长生态，产业集群成链，人才、技术、信息可以共享，供产销联系紧密便捷，使企业如鱼得水。今后要在基础设施、关联产业、生产服务业、生活服务业、市场环境等方面进一步加大建设力度，打造一流的产业成长环境。

（七）提高城市品质，更好满足产业发展和民生需求

城市是产业发展的支撑，也是满足民生需求的主要载体。在工业化、现代化进程中随着产业结构演进提升城市品质、提高县域公共服务水平是产业发展的要求，也是提高人民群众生活水平、实现共享发展的有力手段。近年临颍城市建设虽取得了重大成就，但仍然存在城镇基础设施与公共服务难以较好满足产业发展需求与民生需求问题。在新发展格局下，临颍要走以人为本的城镇化道路。通过加快推动城市更新、加快县城补短板强弱项，提升县城公共设施和服务能力，提高支撑产业发展和民生需求的能力。一是加快道路、供水、供电、公共交通、

停车场、垃圾处理等市政基础设施建设，提高电力能源供应的统筹调配能力，强化市政基础设施的承载力和可靠性，形成便民的服务化体系。二是加快推进教育、医疗、文化、养老事业发展，满足人民群众实现追求美好生活的需求。三是创造更多就业机会、营造更优创业环境，提高群众收入水平。四是统筹规划、建设、管理三个环节，立足县级城市功能，通过"洁化、绿化、亮化、序化"提升城市精细化管理水平。总之，临颍需要打造高品质宜业宜居城市，早日实现撤县设市（区）目标，增加县城对产业的支撑力与对人才对企业的吸引力；提升城市对乡村发展的带动力和对农业转移人口的吸纳能力，促进农民就近就业、就地城镇化。

（八）努力打造农业全产业链，夯实城乡融合的产业基础

虽然临颍"三产"融合取得了长足的进步，但农业生产经营仍多数以家庭为单位，存在规模小而散，生产标准化程度低、生产技术水平有限、成本高、市场竞争力低等问题。只有改变小农户经营模式，促进土地流转，培育新型农业经营主体，扩大经营规模，才能提高产品市场竞争力、促进农业提质增效。应进一步发展临颍食品产业集群的优势与引领作用，努力打造农业全产业链，为城乡融合打造产业基础。一是创新农业经营方式，发展适度规模经营。政府应努力探索通过农民专业合作社、土地托管和土地经营权入股等多种模式，培育各类专业化市场化服务组织，推进农业生产全程社会化服务，帮助小农户解决生产技术难题、劳动力短缺问题，把小农生产引入现代农业发展轨道。二是鼓励支持食品产业龙头企业牵头构建农业全产业链。按照种养在村，初加工在乡镇或中心村，精深加工、市场营销、品牌打造在县城的原则，建立"公司＋合作社＋农户"的产业链模式，健全利益分配机制，促进企业发展、农民增收，进一步推进一、二、三产业融合发展。

（九）创新工作思路，化解资源要素瓶颈

对于县域经济高质量发展面临的土地、人才、能源等资源要素瓶颈，应当创新工作思路，多措并举，最大可能降低其不利影响。

1. 多渠道缓解土地制约

一是在努力争取更多建设用地指标的同时，进一步深化土地制度改革，利用好城乡建设用地增减挂钩政策，尽快打通农村集体经营性建设用地入市等，增加建设用地供应的渠道。二是多渠道挖掘存量建设用地潜力。针对存量建设用地使用粗放、利用效率不高的现状，可以利用强化投资强度、亩均产出标准等手段，促进企业利用厂区闲置土地投资扩产，或者主动腾退多余占地；鼓励和支持具备条件的企业利用厂区闲置土地自建厂房出租，或与政府投资平台、其他用地主体合作建设厂房，合理分享收益；鼓励和支持具备条件的企业在原有单层厂房的基础上加盖多层厂房自用或出租，或与政府投资平台、其他用地主体合作在原有单层厂房的基础上加盖多层厂房自用或出租。

2. 灵活务实化解人才瓶颈

一是鼓励与支持企业灵活引进与使用高层次人才。县级城市的城市功能与大城市存在较大差距是无法改变的客观事实，应教育、引导企业正视这一客观事实，鼓励与支持企业通过多种方式灵活引进与使用高层次人才，化解人才约束。二是成立职业学院培养人力资本。成立职业学院主要是为本地提供人才培训，包括职业农民、技术工人、专业化的管理人员。职业学院的师资必须是有经验的行业专业人员，可以利用全国各地有经验的退休学者、行业师傅前来任教。人力资本培训的时候一定要追求实效，不要追求名声，根据企业的需求进行订单培养。技术证书面向本地区域技术人员，服务本地企业。三是强化

产学研结合。政府搭台，利用区域发展论坛、产业协会等平台形式加强企业与高校、科研院所的联系，鼓励与支持企业与高校、科研院所进行项目合作、研发合作或推进适用技术产业化；理解、鼓励、支持本地企业根据发展需要将研发机构、市场开发机构等放到郑州等大城市，解除企业后顾之忧；省市县各级政府都要在县域高层次人才引进方面出台鼓励政策。四是加强培养技术工人，满足企业用工需求。劳动力尤其是技术工人短缺是企业面临的普遍问题，建议紧密结合本地产业实际需求，成立职业学院培养人力资本。推进企业深度参与或者与高中等职业学校、职业高中联合办学，定向培养，企业派一线技术专家、优秀技师直接给学生指导、授课，每个学生至少安排半年或一年时间到企业进行实训、实操，切实掌握符合企业需求的实用技能，毕业即就业。

3. 加强能源供应的统筹协调

电力供应紧张是全国性问题，也是暂时现象，县供电部门可以根据不同企业的实际用电需求，合理安排限电时间，使企业能够根据电力供应情况合理安排生产与调休，最大限度降低限电对企业的影响。

（十）探索开放新路径，构建区域合作发展新格局

漯河市是食品工业城，有大型食品加工行业龙头双汇；驻马店有国家级农产品加工产业园；周边的周口、驻马店、信阳、南阳都是农业大市、人口大市，有充足的原料，有广阔的市场。临颍应努力打开区域开放新格局，加快谋划漯颍一体化发展方案，谋划漯（河）驻（马店）食品加工产业协作区，利用区域合作，把临颍食品产业做大做强。

组长：程传兴　陈益民

成员：宋　伟　张良悦　彭傲天　盛宇飞

执笔：宋　伟　张良悦

慧眼看河南——县域经济何以成高原

河南日报 特刊 | 03
2021年11月24日 星期三
组版编辑 高超 李晓星 美编 单莉伟

□本报记者 尹红杰 卢松 王晗立

集群成链 食尚无限

——来自临颍县域经济高质量发展的调查

初冬时节，在豫中临颍县采访，当地休闲食品产业发展令人叹为观止：

这里汇聚了消费者耳熟能详的休闲食品品牌——从盼盼、亲亲到六个核桃、雅客，再到南德调味料、北京辣子面酱；

这里打通了从田间地头到厨房餐桌的农业全产业链条——从小麦、辣椒种植到食品加工、检验检测，再到包装罐装、电商物流；

这里形成了齐头并进的六大特色产业集群——从烘焙酱化、饮料辣条到调味品、面制品，再到肉制品、功能性食品……筋斗云起。

"粮头食尾""农头工尾"。临颍在食品行业用心深耕，成为全国唯一的"中国休闲食品之都"。2020年，该县休闲食品产业主营业务收入突破400亿元，占全县工业总收入的三分之二，占全省食品产业的二十分之一。在全省县域经济高质量发展综合排序中，临颍县进入全省前20名，入围全省县域工业30强。

一张蓝图绘到底

围绕"农"字做文章，把农业资源优势转化为食品加工优势

11月22日，走进位于临颍县产业集聚区的颍海粮油贸易商品储运中心，大货车满载面粉飞驰而来……

（正文内容略）

一个平台起高地

以产业集聚区为载体，打造完善丰满的休闲食品产业块状集群

（正文内容略）

"一号工程"引凤来

精准绘制招商图谱，形成"建好一个、带来一批"的磁场效应

24年前，在盼盼的引帶下，漯河联泰食品有限公司……

（正文内容略）

一马争先闯高端

谋划实施重大项目，抢占高端食品产业制高点

河南中大恒源生物科技股份有限公司……

（正文内容略）

食品企业生产车间工人正在生产面包。⑥6 本报记者 陈更生 摄

食品企业生产车间工人正在生产糖果。⑥6 本报记者 陈更生 摄

专家点评

临颍是一个典型平原农业县……

（正文内容略）

（河南开封科技传媒学院大数据系村服村调研首席专家、教授 程伟兴）⑨9

总监制 董林 刘雅鸣
监 制 孙德中
专 家 程伟兴 陈铭民 张良俊 宋伟
顾 问 彭望义 吴华璋
责 任 阎誉民 吴华松

扫码看视频

◀临颍县休闲食品产业园。⑥6 本报资料图片

提升县域治理能力
是高质量发展的重要途径

——尉氏县域经济发展调研报告

河南日报县域经济调研组

作为我国经济社会发展基本空间单元的县域是国家治理在基层的重要载体，是推进国家治理体系和治理能力现代化的关键环节。国家治理成功与否，在很大程度上取决于县域治理。尉氏县委县政府始终坚持"从群众中来，到群众中去"的工作理念，以制度创新为引领，以提升县域治理能力为核心，以"一米团"服务为抓手，以产业集聚和升级为方式，以营造一流的营商环境为重点，以惠企和精准服务为原则，以推进乡村振兴为根基，以实现县域经济"成高原"为目标，积极实施"嵌入式改革"，形成了治理有效且富有特色的"尉氏现象"。治理能力和治理水平在"目标嵌入""产业嵌入""业务嵌入""党建嵌入""赋能嵌入"等方面得到充分体现与释放。特别是"一米团"这一重要的制度安排践行了县域治理"三起来"，构建了实现公共利益最大化的长效机制，形成了提升县域治理能力的新模式。"尉氏现象""一米团"的生动实践，为实现县域治理能力现代化提供了可资借鉴的成功样本与实践范例。

县域经济何以 **"成高原"**

县域经济的高质量发展对提升河南省乃至全国的现代化水平具有深远意义。作为国民经济发展的基本单元，县域经济肩负着多重使命，它要立足于农业经济，它要持续工业化和城镇化，它是解决城乡二元结构及促进城乡融合发展的关键，它还是促进乡村振兴让农民更富农业更强的重要路径。县域的高质量发展得益于众多因素以及它们的叠加效应，其中，县域治理能力是重要影响因素。习近平总书记提出了县域治理"三起来"的重大要求，即"把强县和富民统一起来，把改革和发展结合起来，把城镇和乡村贯通起来"。县域治理"三起来"是推动县域经济高质量发展的深刻阐述和行动遵循，不论是在理论界还是在具体实践中都得到越来越多的关注。"尉氏现象"是"三起来"要求在县域经济发展和县域治理中的积极探索、具体体现和生动范例。

有别于东南沿海地区县域经济发展得益于地缘优势和业已形成的工业化基础，尉氏县历史上是一个贫困程度较深、工业基础薄弱的农业大县，但是在改革开放特别是近十多年的发展进程中，用"快速、活力和蝶变"来形容尉氏县是非常贴切的。尉氏县委县政府解放思想拓宽视野，持续推动工业化、城镇化和农业现代化，充分发挥比较优势，已经进入后发赶超、工业强县等全新阶段。特别是"一米团"这一重要制度安排在县域经济发展和县域治理体系建设上发挥了不可替代的重要作用，折射出了县委县政府的治理思维和治理能力。"尉氏现象"可以概括为：尉氏县以制度创新为引领，以提升县域治理能力为核心，以产业集聚和升级为方式，以营造营商环境为重点，以惠企和精准服务为原则，以"一米团"服务为抓手，以县域整体推进乡村振兴为根基，以实现县域经济"成高原"为目标形成的县域经济发展和治理能力现代化的一个鲜活样本。

我们有必要探寻"尉氏现象"形成的内在逻辑"是什么"以及"为什么"。第一，尉氏县的产业发展实现新突破，产业结构持续优化，综合经济实力进入全省县域经济前 20 位。为什么县域经济能够取得出色的发展成绩？第二，尉氏县委县政府是如何通过制度创新提高县域治理能力和治理水平的？第三，尉氏县是如何以推动高质量发展为主题，深入践行县域治理"三起来"的？第四，"一米团"这一重要制度安排是如何形成的？在县域经济发展和县域治理体系建设上的作用是如何发挥的？第五，在经济下行压力较大、疫情反复以及自然灾害的艰难时刻，尉氏县是如何做到笃守本业和本土，从砥砺奋进中获取县域经济发展新动能的？我们试图对上述问题进行深入解读，以期形成可供借鉴的经验模式和政策建议。

一、尉氏县提升县域治理能力的实践探索

（一）尉氏县"嵌入式改革"的探索路径

1. 加强县域经济治理，推进县域经济发展

20 世纪 90 年代中期，尉氏县就制定了工业强县战略。注重市场化思维，不仅要办大企业，抓大项目，而且鼓励发展中小企业和乡镇企业，小项目也一样受欢迎。在全县掀起大上项目、上大项目的热潮，促使全县工业经济和乡镇企业快速发展。1995 年开始对尉氏县橡胶厂等国有企业进行股份制改造，逐步在企业内部建立了现代企业制度，使其成为名副其实的股份制企业，焕发出勃勃生机。尉氏纺织有限公司实行股份制改造后，一方面继续完善法人治理结构，明晰企业产权，变成规范化的股份制公司，另一方面充分运用企业自主权，不断加大科技投入，强力开拓国内、国际市场，使企业规模不断扩大，效益逐年提高。同时，该县大力扶持新兴股份制或私营企业发展，引导他们深化企业内部改革。

始于 1995 年的股份制改造和产权制度改革显著激发了企业发展内

生动力，企业真正成为市场的主体，企业家的潜力得到了空前释放。在市场经济发展过程中，一批尉氏县的本土企业家也经受了锻炼，增长了驾驭市场和抗御风险的本领。

2002年，尉氏县第九次党代会提出了"工业强县、农业稳县、城建立县、开放活县"四大战略，为尉氏的发展进一步厘清了思路、明确了方向。2003年，尉氏县先后出台了《关于建立激励机制加快工业发展的实施意见》《关于进一步促进民营经济发展的决定》《关于建设工业园区的若干意见》等政策性文件，有力推动了县域经济向纵深发展。尉氏县四大班子领导组成几个考察团，分赴省内外发展先进地区进行考察和调研，回来后先后制定了一系列发展措施。其中，一个重大举措就是在县南建立占地5000亩的工业园区，按照"高起点规划，高强度投入，高效率运作"的原则快速运转，短短几个月里，已有4个项目入驻园区，总投资超亿元；另一个重要举措是深化行政审批制度改革，建立行政服务中心，为群众和企业实行一条龙服务，简化了办事程序，提高了办事效率。2009年，尉氏县产业集聚区成立，分东、西两区，东区主要布局纺织服装主导产业，西区主要布局现代家居、健康医疗设备主导产业，掀起了扩大开放、投资拉动、上项目促发展的热潮。特别是尉氏历届县委县政府都十分注重抓投资、抓项目。他们有一个共同的思路：全县以经济建设为中心，经济建设以工业为中心，工业以项目为中心。历届县委县政府常抓不懈，持之以恒，一个项目抓到底，不搞半拉子工程。

2010年前后，尉氏县委县政府认识到，尽管踏着改革开放的步伐，经济社会发展取得了长足进步，县域经济取得了了不起的成绩，但是经济发展方式依然没有摆脱粗放的束缚，产业结构存在诸多不合理之处，自主创新能力不强，城乡发展不平衡等弊端也逐步显现，制约了县域经济的可持续发展。县域经济的高质量发展离不开社会的大环境与县域治理，离不开县域发展机制与县域治理机制的协同创新。与此同时，伴随着尉氏县城镇化进程的不断加快，县域治理在县域经济和社会治理中将发挥越来越重要的作用，已经成为尉氏县经济转型和改革深化的关键点。

尉氏县委县政府认识到，解决好发展中面临的各种瓶颈、亟待改革的各类问题，关键是要处理好政府与市场的关系，政府不干预企业的微观运行、运营管理和经营决策，注重营造环境、强化服务和依法监管，全面提升服务质量和精准性，在创新服务模式和制度安排上做文章，最大限度激发市场活力，使尉氏县的营商环境能够跻身全省第一方阵，在惠企服务和惠企政策中彰显"尉氏速度和尉氏品质"。

在上述背景下，尉氏县启动了旨在服务于县域经济发展的"嵌入式改革"，探索县域治理体系和治理能力现代化的新路径。

"嵌入式改革"是尉氏县"有为政府"服务有效市场的一个生动写照，也是尉氏县坚持问题导向，发现问题、剖析问题、解决问题，不断创新和探索县域经济治理方式现代化的具体体现。

当尉氏县的各类企业完全成为市场主体以后，它们将在市场经济的海洋中发现市场、开拓市场并预测市场，产品决策、生产运营、渠道拓展和品牌管理等均由企业完成，它们将获取合理利润并承担市场风险。政府做的工作是什么？是发展地方经济，是创建招商引资的社会生态平台，是建设产业集聚区，是建设城市门户新高地，是增强为企业及产业发展提供公共服务的能力。特别是，在经济形势的研判、经济定位与政策服务、产业结构变化、产业链条互补和延伸、打造县域经济新的增长极等方面，都不是企业所能左右的，需要政府来统筹考虑，县委县政府最有切身感受和发言权，同时也是最能够提出解决办法、最具有开创性的层级。

那么，尉氏县委县政府是如何做好上述工作的呢？显然，县域治理方式与治理现代化的改善必须协同匹配，科学和有效的治理方式也是尉氏县域治理现代化的重要影响因素。通过详细调研，我们发现，尉氏县委县政府通过制度创新，将"惠企和精准服务"作为根本出发点，聚焦政策、管理、知识、人才、信息和技术等现代化生产要素，向企业进行合理分配并精准嵌入，并在产业布局、营造营商环境、招商引资、知识传播、咨询宣传、办事效率、吸引人才和新农村建设等方面有效嵌入并多点发力，以实现县域经济高质量发展和推动县域经济"成高原"。我们将尉氏县委县政府的这种制度创新概括为"嵌入式改革"。在此背景下，"嵌入式改革"演化成尉氏县利用行政力量为县域经济发展和企业现实需求的服务、技术、人才、信息、项目、资金等资源的关键行动和具体制度，也是县域治理"三起来"在尉氏县的具体落实。

嵌入为什么重要？尉氏县委县政府始终坚持"从群众中来，到群众中去"的工作理念，行政力量必须嵌入县域经济的具体实践之中，才能找到发展县域经济的正确路径。习近平总书记强调，要教育引导广大党员干部了解民情、掌握实情，搞清楚问题是什么、症结在哪里，拿出破解难题的实招、硬招。这就要求县委县政府从系统思维的视角始终坚持调查研究，采取嵌入县域经济发展这一大系统的治理方式，提出一整套治理方略。力求做到既有的放矢又统筹兼顾，最大限度地避免在县域治理过程中顾此失彼的弊端，克服了县域治理各项措施的多变性和不连续性。不难看出，"嵌入式改革"在地方的县域治理中具有广泛的适应性和可推广价值。

2. "一米团"是提升县域治理能力的重要抓手

"一米团"这一创新性制度安排得到了中宣部的充分肯定，它源起于我国脱贫攻坚战向纵深发展，全国各地井然有序地对贫困人口进行精准帮扶的关键阶段。2016年三四月份，开封市祥符区在档卡整理过程中，残联要对贫困残疾人办理残疾人证，对符合条件的发放补贴。任务分下去两周，上报的数字却是零。问题出在哪里？政府进行了认真调研和反思，最终发现存在扶贫政策的"棚架问题"。"棚架问题"是指贫困残疾人对各项扶贫政策了解不够全面，不知道自己应该享受哪些帮扶政策；对口部门不能真正进村入户与群众"面对面"宣传本系统的扶贫政策，只是被动地坐等群众上门咨询、办理业务，不接地气，政策悬空，无法落实。这种现象被形象地称为"棚架问题"。驻村扶贫干部与贫困户、群众之间没有形成统一的沟通议事机制，不能及时处理好本村脱贫攻坚中出现的新情况、新问题。面对这一现象，政府没有采取就事论事、解决完问题一走了之的工作方式，而是重点聚焦服务中存在的"痛点"和"难点"问题，采用系统思维的方式，将脱贫攻坚的相关政策和各项举措嵌入贫困治理这一大系统之中，提出一整套治理方略，进而彻底解决好"扶持谁、谁来扶、怎么扶、如何退"这一重大问题。一是成立扶贫政策对接落地"一米团"。这套做法被称为"一米团"。取这个名字，绝不是为了哗众取宠或者走形式，而是被问题倒逼出来的。就是要求宣讲团与群众的距离只有"一米"，要与群众进行面对面、心贴心的交流，让群众在"家门口"知晓各项扶贫政策。二是部门联动整治政府管理的缺位点。"一米团"成员从与贫困群众联系最紧密的区人社、住建、民政、教体、公安、金融办、残联、妇联等单位选调。"一米团"由区扶贫办负责组织协调，每月至少开展一次活动，把最新的扶贫政策宣传到基层，落实到贫困户。同时，"一米团"还将贫困户所反映的困难和问题集中收集，每轮宣讲后分类整理，第一时间转交区扶贫办，由扶贫办向相关单位下发问题清单，督促及时解决。职能部门根据实际情况，减少环节，简化程序，提高办事效率，方便了群众。三是推广经验有效落实。"一米团"取得试点成功经验后，推广"一米团"活动，提升了扶贫政策的有效落实，融洽了干群关系，扶贫政策的知晓度和落实的满意度普遍提高。

这一套做法在尉氏县完善提升后被全面推广。从 2018 年开始，对"一米团"进行了全面升级改造，不仅仅停留在宣讲层面，而是转变为采取"约办""巡办""交办""督办"和"一站式服务"等"四办一服务"扶贫对接办理方式开展工作，彻底解决了扶贫政策"棚架问题"，进一步提高了扶贫政策落实的精准度和针对性。在拓展内涵和外延后成为提升县域治理能力的重要抓手。本质上讲，"一米团"是在脱贫攻坚领域的一种创新性制度安排，其有效运行在于嵌入后的面对面、在于服务上精准、在于团队协同下的多管齐下以及解决问题的高效率。"一米团"的有效运行决定了它是一种长效的治理机制并具有广泛的适应性，因此，"一米团"运行模式除在脱贫攻坚乡村振兴领域持续发力以外，其功能在其他诸多领域内得以延伸并发扬光大，它所具有的"嵌入式改革"的强大基因在县域治理体系和治理能力现代化的建设中得到延续传承。尉氏县借助"一米团"这一制度安排扎实推进治理方式和治理能力现代化，助力县域经济"成高原"的探索与实践就是明证。

尉氏县城航拍（尉氏县委宣传部供图）

（二）尉氏县"嵌入式改革"的表现形式

党的十八大以来，习近平总书记非常重视县域治理在促进地方经济社会发展中的重要作用，强调"县域治理是推进国家治理体系和治理能力现代化的重要一环"，"县一级工作做好了，党和国家全局工作就有了坚实基础"。

尉氏县委县政府按照总书记的这一重要指示精神，始终坚持"从群众中来，到群众中去"的工作理念，采取行政力量全面嵌入县域经济的具体实践之中的"嵌入式改革"，进而寻找发展县域经济的正确路线。"嵌入式改革"承担起了扎实推进尉氏县域治理方式和治理能力现代化的重任。特别需要强调的是，"一米团"的制度安排成为完成这一任务的重要抓手。

我们根据现场调研、座谈会和收集的资料，经过认真梳理和总结，将尉氏县"嵌入式改革"的表现形式分为目标嵌入、产业嵌入、业务嵌入、党建嵌入和赋能嵌入。

调研组认为，这五种嵌入是尉氏县委县政府的各级党员干部坚持在县域经济发展中持续探索和深化学习的实践产物，也是尉氏县扎实推进县域治理方式和治理能力现代化的重要表征。由于县域治理是一项十分复杂的系统工程，范围涉及广，运行难度大，面对的问题错综复杂，尉氏县的"嵌入式改革"采取五种嵌入方式，准确把握住了县域治理的特点和规律，充分理解和运用政府"看不见的手"和市场"看得见的手"，不断提升运用五种嵌入方式管理社会经济事务的能力和水平，成为县域治理、推动产业集聚升级、改善营商环境和推进乡村振兴的有效治理工具。

1."目标嵌入"扎实落实县域治理"三起来"精神

纵观我国百强县的成长历程，可以发现，它们大多集中在沿海、长三角和珠三角地区。其"目标嵌入"非常精准，即嵌入国家或全球产业链之中，也嵌入都市圈或城市群中，极大地拓展了县域经济的发展空间。尉氏县也不甘人后，力争上游，在经济发展新常态下探索县域经济转型升级和科学发展之路。目前，尉氏县正全力争创县域治理"三起来"示范县、民营经济"两个健康"示范县。其"目标嵌入"表现为，尉氏毗邻郑州航空港经济综合实验区，区位优势全国凸显，河南独有，面临中部崛起、郑开同城化、黄河流域生态保护和高质量发展、开港许高端制造业产业带建设等重大战略机遇。因此，必须加强与国家政策和重大发展战略对接，围绕"两新一重"、产业发展、乡村振兴、百城提质、生态环保等重点领域，积极谋划符合县域经济高质量发展需要、符合产业结构调整和升级的重大项目建设，找准项目与国家、省、市产业政策、产业布局和资金投向的对接点，做到国家有政策、市场有需求、自身有条件、对接有基础，增强项目谋划的科学性和前瞻性，提高项目谋划的精准度，争取更多项目进入国家、省、市大盘子。

2. "产业嵌入"全力打造产业结构升级版

尉氏县域治理注重产业整体治理方式，形成产业间的高度关联，重在优化结构，努力实现由传统产业到高端产业的结构性变革，进而形成具有比较优势和特色鲜明的现代产业集群。尉氏县产业集聚区以做大做强做优现代家居、纺织服装、健康医疗三大主导产业为重点，持续推进有色金属、农副产品加工、橡胶制品、皮革加工、机械制造五大传统产业提质增效。积极谋划实施重大招商引资项目，完善产业链条，壮大产业规模。一是坚持项目为王。全力推进64个省市重点项目及2021年年初确定的52个重点项目。省重点项目完成投资59.5亿元；国有平台公司改革深入推进，总资产突破80亿元，获得AA资质认证。二是强化产业园区建设，以对接服务空港为导向，以产业集聚区和各类专业园区建设为抓手，不断加快产业转型升级步伐，现代化的产业体系已具雏形。三是围绕延链补链、新兴产业等重点方向，推进以商招商、产业链招商。截至 2021 年年底，引进了立邦汽车漆、工业互联网、千味央厨等重大项目。已经对接了国内外 500 强、上市公司、行业龙头企业 30 余家，共签约项目 54 个。四是持续推进工业企业"三大改造"。县财政拿出 2120 万元扶持企业转型升级。新增国家"两化"融合贯标企业 3 家、国家级工业产品绿色设计示范企业 1 家、省级智能车间 1 家、省级绿色工厂 2 家。尉氏名列河南省县域制造业 30 强第 19 位。五是重在调整结构，努力实现由传统产业到高端产业的结构性变革，进而形成具有比较优势和特色鲜明的现代产业集群。吸引了一批优质潜力企业进驻，大幅度提升产业科技竞争力，加快向价值链上游迈进，推动产业结构转型升级、科技升级、智造体系升级、高附加值高溢价能力升级，努力实现尉氏产业由"制造"向"智造"转变。科技创新型企业成长迅速，河南昊昌精梳机械股份有限公司荣获国家科学技术进步二等奖，优德控股集团被评为 2021 年开封民营企业 50 强。

3. "业务嵌入"倾力打造一流营商环境

尉氏是全省第二批践行县域治理"三起来"示范县，此项荣誉的获得，"一米团"功不可没。在尉氏县，"一米团"已成为优化营商环境、支持企业创新发展的一张亮丽名片。它主攻的是优质服务，打造的是优良环境，支持的是改革发展，撬动的是县域经济高质量隆起"成高原"。在新冠肺炎疫情和自然灾害期间，企业生产经营遭遇严重困难，"一米团"在服务复工复产和政策落地方面发挥了巨大作用。创新开展服务和支持企业复工复产的"一米团"活动在全省推广，被央广网、学习强国、《河南日报》等新闻媒体广泛报道。

"业务嵌入"来源于"一米团"的工作机制：一是建章立制对接企业。围绕目标、问题、结果"三个导向"开展工作。在提升分包覆盖率、问题发现率、问题办结率、企业满意率"四率"上下功夫。用真重视、真关心、真保障、真解决、真考核"五真"要求服务企业。确保工作机制不走形式，真正为企业送政策、解难题、办实事，力求做到政府真服务、企业真满意。二是服务复工复产，实现政策落地。2020年新冠肺炎疫情发生后，服务复工复产、政策落地，"一米团"正式成立。从县直有政策落实任务的单位抽调人员，编排成工业、农业、建筑业、服务业等多个工作小团队，深入企业一线，近距离、面对面交流，为企业复工复产提供疫情防控指导和优惠政策落地服务，让政策精准到位，防止政策棚架，打通政策落地最后一公里。通过服务复工复产、政策落地，"一米团"为各类企业提供全方位贴身服务。2020年，尉氏县265家规模以上工业企业复工率达到100%，复产率达到95.9%，涉农企业全部复工。三是与"万人助万企"有机衔接。为了集中力量精准服务企业，尉氏县把"一米团"作为"万人助万企"活动的主要推手。尉氏县为坚决落实省、市统一部署，成立"万人助万企"尉氏县活动工作领导小组，统筹指导"万人助万企"尉氏县活动。按照行业设工业、农业、商贸物流服务业3个服务企业，"一米团"负责各自行业重点企业政策落实、解决困难和问题等相关工作。"万人助万企"活动工作领导小组办公室充分发挥组织协调作用，确保活动高位推动、持续发力并取得实效。四是注重创新，专业精准。适应形势变化，创新"一米团"机制，改革原来的"一米团"多部门集中服务，转变为"专业一米团"单部门精准服务。到目前已成立"科技工信服务一米团""金融服务一米团""环保服务一米团""人社服务一米团"和"土地服务一米团"等。根据搜集的企业问题分类，各专业"一米团"迅速与企业精准对接，开展服务，了解企业的急难愁盼。针对提出的问题和实际困难，专业"一米团"开展了多次"百企调研"活动，实地了解企业的生产经营情况。现场办公，耐心细致解答，及时高效解决。对于不能当场解决的，建立专门台账，明确对接人员和工作期限，确保事事有回应、件件有着落，为企业纾难解困。

鲜活的例子能够说明"一米团""业务嵌入"倾力打造一流营商环境取得的成效。

"科技工信服务一米团"深入企业广泛开展政策宣讲和项目培育，引导帮助企业提升改造、转型升级。2021年共深入企业宣讲政策38场次，指导企业申报项目56个。蔚源生物等3家企业被评为国家级"专精特新"中小企业；立邦涂料和奥科宝油剂2家企业被评为河南省服务型制造示范企业；远见科技等11家企业被评为河南省"专精特新"中小企业。

"环保服务一米团"在依法进行查处的基础上为抽检不合格企业提供面对面帮扶服务，帮助企业查找产品不合格原因，提出改善方案。实施分级分类指导和量体裁衣，对于因标签标识等原因产生的不合格，指导企业依据相关法律法规及技术标准制定准确的标签标识；对于产品存在质量性问题的，邀请专家指导企业在原材料入厂把关、生产工艺流程设计、过程质量控制、成品出厂检验等环节下功夫，提出改进和提升建议。

4. "党建嵌入"提高基层治理能力

"一米团"源于实践。"一米团"是党建引领、改进作风和为群众办实事的生动写照。"一米"意味着不搞花架子，不做表面文章，而是面对面查找问题，倾听民声，答疑解惑，注重落实。比如尉氏县张市镇组建的3个"一米团"，讲政策，解难题，抓产业，强技能，激发了贫困群体自主脱贫的内生动力，不但实现了贫困户如期脱贫，也为有效阻断返贫奠定了基础。

"一米团"的工作机制不限于"业务嵌入"，还体现在"党建嵌入"上，这就是企业的"党建联络员"制度。它架起了政企沟通的桥梁和纽带，对企业党建工作给予指导和规范，使基层党建工作正常化和规范化。发挥党员的引领效应，引导员工广泛参与，团结企业核心力量。将企业嵌入社会和行业关系网络中，转化为内生发展的动力。

金久龙实业有限公司是国内从事橡胶传动带生产研发的国家级高新技术企业，是"中国橡胶工业百强企业""中国橡胶 V 带十强企业"。该企业打造"堡垒工程"和"五心党建工作法"，促进企业高质量发展。在党建联络员的协助下，公司将 50 多年深厚企业文化与党建密切融合，提高了基层党组织的向心力和凝聚力，积极组织党员开展科技创新。一位老党员老高工带领党员和职工努力开展技术创新和研发，取得省科技进步奖、省科技成果和发明专利多项，制定了 12 项国家和行业标准。该公司是河南省非公党建示范基地、全国模范职工之家、河南省劳模创新工作室和开封市先进基层党组织。

党建联络员派驻企业后，充分发挥自身优势和作用，围绕企业生产经营开展党建工作，切实帮助企业解决发展中遇到的困难和问题，促进了党建与发展良性互动，共同提高。积极对接上级部门反馈相关情况，科学提出指导意见，帮助企业协调解决发展中遇到的难题，着力把党建工作融入企业生产经营和发展之中，积极为企业发展献计出力。通过这种科学有效的"党建嵌入"，最终达到夯实企业基层党组织稳定发展并进一步改善营商环境的目标。

习近平总书记指出，乡镇要从实际出发，把改进作风和增强党性结合起来，把为群众办实事和提高群众工作能力结合起来，把抓发展和抓党建结合起来，以实实在在的成效取信于民。在城市社区，尉氏县两湖街道党工委为了落实"三结合"要求，提出了"五长联动"的基层社会治理创新模式，不断提升城市基层治理水平。"五长联动"，是党小组长＋街长＋小区长＋楼长＋单元长的网格管理模式，是两湖街道党工委在"一米团"基础上的延伸，由全科网格员、党员和热心公益的居民担任"五长"，负责小区社情民意收集、矛盾纠纷排查化解、安全隐患排查整治、政策法律法规宣传、环境卫生监督管理等职责。还建立了问题高效解决机制和"公众参与机制"，实现了由"为民作主"到

"让民作主"的转变。"五长联动"和"公众参与"让基层党组织更好地协同各方利益关系，将党建嵌入基层治理工作之中并将社区群众嵌入社区关系网络之中，从而夯实了党建引领的根基，全方位提升了精细管理和服务水平，体现出基层党建引领社区治理"党建嵌入"协同的新型治理模式。

5. "赋能嵌入"助力乡村振兴

赋能乡村振兴的因素很多，全国各地的实践做法各具特色，精彩纷呈。尉氏县的"赋能嵌入"主要体现在三个方面，即强基、聚人和兴业。尉氏县在全面推进乡村振兴进程中，基层党组织通过"一米团"这一制度安排推进基层组织建设，加强人才队伍建设，发展特色产业，大力培育乡村振兴新动能。彰显奉献责任、表达村民心愿、凝聚集体共识、完善农村产业体系，为实现乡村振兴目标提供坚实基础。

在"强基"上，创新实施了"三个一米团"帮扶工作模式。四大班子领导带头示范，以"五级书记"抓巩固拓展脱贫攻坚成果为指引，推动开展"包联帮带"活动，加强产业、就业、金融三项重点帮扶，带动工作的全面推进。实施"55"工作法，以"五对比"为工作抓手，以"五到位"为工作导向，以12类行业帮扶政策为主要措施。通过整合相关行业部门力量，组建3个"一米团"，下乡入村与群众面对面开展政策落地、技能提升、扶志扶智工作，以宣传帮扶政策、培育致富技能以及选树自主脱贫典型进行示范带动的方式，进一步落实帮扶政策，不断提高群众政策知晓率、满意度，充分激发内生动力，使脱贫户、监测户自我发展、自主发展成为自觉行动。尉氏县将乡镇工作"三结合"进一步落到实处，尉氏县委组织部精心构建了"1531"工作体系，把冯岗村作为一个试点。尉氏县委组织部负责人介绍说，选择冯岗村，就是看中了这些年轻人的活力与冲劲，组织部门就是要给这些人搭建充分施展才能的大平台。

在"聚人"上，加强人才队伍建设。张市镇党委副书记和冯岗村支书兼村委会主任都是年轻人。村支书带领村民们建起了羊肚菌种植大棚，在村里也组建了属于自己的"一米团"，搭建了"小冯跑腿"平台。尉氏县岗李乡师鹏飞留学归来，先后流转土地2000亩，创办开封市耕耘农业科技有限公司，建立食用菌产业园、中医药健康养生产业园两个产业园和北方特种水产养殖基地、优质果树木种植基地等四个产品认证基地，现已发展成为河南省农业厅重点农产品生产企业、省级扶贫龙头企业、开封市农业产业化重点龙头企业、省农民田间示范学校。师鹏飞被评为"出彩河南人"2020年乡村振兴十大人物。

在"兴业"上，构建尉氏县农业现代产业发展体系。围绕"五优四化"，尉氏县积极创建了食用菌、优质小麦2个市级现代农业产业园，建设4个县级现代农业产业园、3个县级现代农业示范园、18个乡级特色产业园区及305个村级特色产业基地。充分发挥"一米团"服务作用，深入进行"一米团"助企指导、下乡技术指导，确保产业发展模式更加成熟，农民增收渠道持续拓宽，积极构建现代农业的生产、经营及产业体系。成功将"尉氏小麦"申报为国家地理标志农产品。新增省级产业化龙头企业1家、市级3家、市级示范合作社2家。

（三）"嵌入式改革"的价值彰显和实践成效

1. "嵌入式改革"的价值体现

一是五种嵌入方式的运用极大地改进了县委县政府实现治理目标的方式，其嵌入的精准性和融合性突破了以往"运动式治理"带来的组织惯性、政治动员、另起炉灶和协调不畅等局限性，成为一种时刻保持注意力、成熟高效的"常规治理"运行机制。二是使制度供给（县委县政府的制度设计）与制度需求（例如产业、企业、乡镇和村庄等）达到均衡，能够迅速发现问题并作出合理研判。三是高效率的政府服务和优质的资源要素不断向产业、企业、乡镇和村庄流动，显著降低了各种不确定性因素和制度性交易成本。四是能够加强产业、企业和新农村建设等的事前、事中和事后管理倒逼企业转型升级，适时优化产业结构和布局，让县域经济充满活力。五是"嵌入"意味着深入产业园区、企业、社区和田间地头，结合实际掌握制度创新、转型升级、城市建设、镇村发展、民生事业和政府自身建设等重点工作，从而实现锻炼党员干部队伍、密切党群干群关系和提升服务县域经济能力的目标。

尉氏县产业集聚区（尉氏县委宣传部供图）

2. "嵌入式改革"的实践成效

尉氏县古称"尉州"，地处豫东平原，属河南省开封市。北距黄河54公里、开封46公里，西北距省会郑州80公里。改革开放前，在开封市的五县一郊当中，尉氏县面积不是最大，人口不是最多，没有独特的资源优势。工业基础薄弱，国家鲜有投资，无论在经济规模还是发展速度上在河南省处于较低水平，第二产业和第三产业发展严重滞后。岗李乡韩佐村的一位村民描述到，当时结婚除一张木床、一张木桌和一个自己做的木衣柜外几乎没有别的家具。改革开放后，尉氏县委县政府带领全县人民解放思想，坚持与时俱进，聚精会神抓经济建设，一心一意谋社会发展，取得了显著的成绩。国有企业扩规模增效益（例如尉氏纺织有限公司），民营企业逐步完成资本的原始积累（例如久龙橡塑集团），乡镇企业破土而出并积极调整农业结构（例如七彩虹农业有限公司）。20世纪90年代中后期艰辛的付出终于有了沉甸甸的回报，在全省110个县（市）的综合经济实力排序中，尉氏县由1997年的第54位跃升到2001年的第38位，4年上升了16个台阶，平均每年上升4个位次。2020年全县GDP完成432亿元，总量和增幅均位居全市第一。2016—2020年，全县城镇居民人均可支配收入从22485元增长到29578元，年均增长7.1%；农村居民人均可支配收入从11638元增长到16458元，年均增长9.1%，农村居民人均生活消费支出从8299元增长到11376元，年均增长8.2%。居民收入的增长、消费能力的提升都体现了尉氏县经济社会的良性发展。

目前，尉氏县拥有省政府批准的全省八大特色基地之一的河南省中原纺织工业基地，支柱产业支撑作用逐步显现，民营经济进入全省20强。科技创新能力不断增强，被授予省级知识产权优势区域。尉氏县是河南省认定的高效农业示范园区、全国小麦商品粮和优质棉双重基地县。近年，在省市党委政府的正确领导下，尉氏县坚持"贯彻新发展理念、加快转变发展方式"的工作方针，发挥中原经济区、河南自贸区、郑州航空港经济综合实验区、开港经济带等区位叠加优势，以三大主导产业和龙头示范企业为引领，形成了一批特色突出、竞争力较强的产业集群。产业结构持续优化，一、二、三产比例由"十二五"末的16.5：53.1：30.4调整到14.9：47：38.1。规模以上工业企业达到274家，累计建成国家高新技术企业14家，国家"两化"融合贯标企业25家，省级工程技术研究中心12家。农业生产提质增效。创建省级农业产业化龙头企业 8 家、市级 34 家，"三品一标"农产品 37 个、生产基地 13 家。服务业市场主体达到 4.4 万户，是"十二五"末的 2.1 倍。创建省级电商示范企业 1 家、市级 14 家，连续三年被评为全市电子商务发展先进县。出台服务企业政策"组合拳"，大力优化营商环境，大力扶优育强龙头企业，持续培育产业新优势。主要经济指标持续保持在开封市前列，工业经济综合实力连年稳居全市第一。城市功能不断提升。持续完善基础设施，推进精细化管理，城镇化率由 2015 年的 33.6% 提升至 2020 年的 48.7%，成功创建省级园林城市、卫生城市和文明城市。城镇新增就业 4.6 万人，年均近 20 万人实现转移就业。城镇和农村居民人均可支配收入分别是"十二五"末的 1.4 倍和 1.5 倍。

二、尉氏县域治理面临的挑战和存在的问题

近年，尉氏县找准定位，抢抓机遇，充分利用自身的区位优势，倾力打造郑汴港"金三角"融合发展核心区，在经济社会发展、产业结构调整以及推进新型城镇化建设等方面成果丰硕，亮点纷呈。经济总量稳步增长，产业结构不断优化，城镇化水平持续上升，居民生活水平逐年提高。综合经济实力进入全省县域经济前 20 位，2020 年经济总量和增幅均位居开封市第一位，进入河南省县域制造业 30 强，产业集聚区荣获河南省"5A 级营商环境集聚区"称号。与此同时，尉氏县委县政府通过自身改革和大胆创新，治理能力和治理体系现代化水平逐步提升。县域经济的高质量发展和县域治理能力建设被充分认可，被称为"尉氏现象"，未来有广阔的发展前景。

但是还应该看到，尉氏县域经济发展还有很大提升空间，与我国百强县的综合实力相比尚存在相当大的差距。现有公共服务水平存在短板，乡村振兴和城乡融合发展面临挑战，政府治理能力需要进一步

提升，政府部门的工作效率、工作质量与治理能力现代化要求还存在着不小的差距。

（一）由"管理型政府"向"服务型政府"的转型还不到位

党的十九大报告提出，转变政府职能，建设人民满意的服务型政府。服务型政府的最重要产出是公共服务的数量和质量，服务型政府建设是县域治理体系和治理能力现代化的重要组成部分。县域治理能力体现在"放管服"改革的成效，加强监管的创新，政府服务的优化，办事效率的提高以及各类公共服务供给的不断加强，等等。

在政府职能转变上，尉氏县存在的主要问题包括：一是由发展主导型向服务主导型转变方面较为滞后。在治理理念和治理方式的选择上与打造服务型政府的基本要求还存在一定差距。县域政府的"经济型"角色明显重于"服务型"角色，公共服务体系建设相对比较缓慢。政府服务、营商环境和民生改善的力度仍需提高。二是政府治理能力需要进一步提升。政府及其组成部门的工作效率、工作质量还与治理能力现代化要求存在不小差距。"四风"隐形变异问题依然存在，政府工作人员的能力素质、工作作风还需要大力提升。干部思想转变需跟上时代变革的步伐，对贯彻新理念，构建新格局，部分党员干部的认识还不够深刻，思路还不够开阔，举措还不够创新。三是现有公共服务水平与人民对美好生活的向往存在差距。民生历史欠账较多，群众在就医、就学、办事等方面还存在诸多不便。目前，尉氏县存在着经济规模总量不足、基础设施有待于进一步完善、人居环境有待改善、县城承载能力不强等一系列问题。总体上看，城市功能落后于产业功能，生活功能落后于生产功能，县城人居环境仍有很大改善空间。

（二）县域治理的方法、路径和手段有待进一步完善

推进尉氏县域治理能力的提升是适应当前较为严峻的国际国内形势、积极应对各种挑战和风险、取得经济发展主动权的必然选择。县域治理的核心是充分发挥党建引领作用，不断创新治理机制，逐步实现社会治理的科学化、精细化、信息化、普惠性和协同性。在县域治理的方法、路径和手段上持续创新，从而形成治理能力的跨越式发展，实现政府决策科学化、公共服务高效化，创造具有尉氏特色的县域治理新模式。

目前，县域治理在方法、路径和手段方面存在的不足主要包括：一是科学论证能力有待进一步提升。在诸多县域经济发展的决策上，全面准确掌握信息数据、详尽的调查研究与周密的论证工作需要完善改进，这有可能造成决策缺乏科学性、连续性和前瞻性。二是"保姆式"服务管理色彩浓厚。帮助企业解决实际困难，搞好全程"保姆式"服务是许多县发展县域经济的重要治理形式，取得了优化营商环境、提高效率和精细化管理的显著成效。但是，"保姆式"的治理方式是政府管理体制下部门间系统间协调不畅、服务能力不足以及工作效率低下催生出来的，仅仅依靠"保姆式"的治理方式，不利于推动治理过程中的改革与创新。三是基于大数据的治理模式有待改进。缺乏大数据应用思维和相应的技术应用手段，公共决策能力科学化、民主化、规范化不足。四是"一米团"的工作机制有待进一步完善。其运行模式和机制应该边继承边创新。可以提升和拓展服务的内涵和外延。比如，在企业的技术创新方面给予支持，加强对小微企业服务的力度，加强对县域主导产业的研究，了解龙头企业产业发展趋势和前沿技术方向，在尉氏县的社会治理层面发挥引领作用，在农村乡村治理方面发挥主导作用。

（三）治理体系和治理能力现代化建设有待进一步加强

目前，尉氏县面临非常好的发展机遇。主要表现在：一是黄河流域生态保护与高质量发展、郑州航空港经济综合实验区建设、郑州都市圈建设、郑开同城化发展等战略推进为县域经济高质量发展提供了更有力的战略支撑。二是郑汴港尉加快融合，重塑区域发展新格局，通过产业配套、功能对接，尉氏县将实现与郑汴港的全面融合发展。三是国家制造业转移重点进一步向内陆地区深入，为尉氏县承接产业转移、助力转型升级带来新的突破口。四是以数字经济和工业互联网为代表的新经济、新业态将为县域经济高质量发展带来新的机遇，尉氏县立足区位优势进行系统谋划、积极推进将大有作为。五是新发展格局下内需升级将为尉氏县域经济高质量发展注入新的活力，释放新的发展空间。六是我国"三农"工作重心转向全面推进乡村振兴、加快农业农村现代化新阶段，为实现尉氏县乡村振兴与县域经济高质量发展有效融合、互促共进提供强大势能。

应该看到，尉氏县域经济也面临诸多挑战，主要表现为：一是短期内经济下行压力大，传统产业拉动力量逐渐减弱，新兴产业尚未形成有效支撑，推动新旧产业转换任务艰巨。二是区域间竞争愈发激烈，伴随着经济转型发展的深入，尉氏面对的同水平区域间的竞争将进一步加强，对尉氏的高质量发展能力提出更高要求。三是自主创新能力与高层次人才相对不足，促进创新的体制架构尚未成熟，推动创新驱动发展任务艰巨。四是营商环境与市场机制不够完善，市场活力和内生动力仍需进一步激发，推动经济体制改革任务艰巨。五是城市的综合承载力和带动力不强，推动城乡发展一体化任务依旧艰巨。六是未来发展面临的资源环境约束将进一步加剧，推动绿色低碳发展迫在眉睫。

上述这些问题的产生既有历史原因，更有现实原因，在如何处理政府和市场之间的关系上还存在许多不足，如何更好地发挥市场在资源配置中的决定作用，如何发挥政府的积极作用，如何更准确地把握经济规律，分析发展形势，如何更科学决策等，还有待于进一步改进提升，政府如何利用市场经济方法推动经济高质量发展，需要有更高水平的县域治理体系和治理能力。

（四）以县域经济带动乡村振兴的成效还不显著

尉氏县城镇和农村居民人均可支配收入差距较大，城镇化水平有待进一步提高。显然，乡村振兴、农业现代化的重要目标是增收致富，让农村居民和城镇居民走向共同富裕。为此，乡村振兴、农业现代化的相关政策和治理措施都应该围绕着共同富裕展开。

1. 以县域经济带动乡村振兴的思路需要进一步明晰

随着尉氏县工业化城镇化持续推进，农村人口还会持续减少，乡村振兴和乡村现代化建设应当顺应这种人口向城市流动与迁移的趋势。目前，尉氏县在谋划乡村振兴工作中给出了工作方案和实施路线图，但乡村振兴的总体思路仍不够清晰，将乡村振兴与城镇化紧密结合的思考不够，还缺乏从共同富裕的视角推进乡村振兴的行动方案。

2. 县域经济促进乡村振兴的功能不强

县域经济促进乡村振兴从而实现城乡共同富裕的方式体现在三个方面。一是环境吸引人，二是产业融合，三是园区发展。调研组认为，尉氏县存在的主要问题在产业融合和园区发展方面。全县整体性的农业现代化与"三产"融合发展程度不高，在现代产业园的体系构建、多元化产业融合主体培育、农村集体经济发展、农产品加工流通、电子商务和农业社会化服务发展等方面还存在明显短板，缺乏相应的路径规划与制度设计。

3. "一米团"在乡村振兴和乡村治理中的作用有待进一步增强

一是从政策扶持、资金支持、人才支撑、机制平台建设等方面以及提高产业扶贫能力方面还需要加强。二是完善利益联结机制需要加强，在新型农业经营主体的发展上需发挥更大作用，解决村集体经济较为薄弱的问题。三是需要进一步完善防止返贫监测预警机制和激发增收致富的内生动力机制。四是在乡村治理上发挥更大作用。注重解决"解决不了"的问题，注重解决"自治水平低"的问题，注重解决"村民参与度不高"的问题。

三、提升县域治理能力，实现县域经济"成高原"

当前，尉氏县域经济已经进入一个全新的发展阶段，迎来内需拉动、提质增效、产业升级和城乡融合等新的历史机遇。与此同时，也面临许多深层次和综合性的难题。资金、土地、环境、人才、技术和创新等要素的制约逐步凸显，区域间的竞争也明显加剧。能否抢抓县域经济发展机遇，破解发展难题，在县域经济新一轮发展热潮中大有作为，很大程度上取决于县域治理能力的建设和提升，并持续推进治理体系和治理能力的现代化。通过提升县域治理能力，补齐补好短板，做大做强，切实解决瓶颈制约，才能取得经济社会发展的整体优势和综合效益，最终实现"强县富民，改革发展，城乡贯通"。

（一）强化顶层设计，突出系统谋划

县域治理的顶层设计应站在县域经济高质量发展全局的高度系统谋划，准确把握县域治理的特点和规律，进一步健全县域治理体系，完善县域治理方略，增强县域治理能力。树立县域治理的地理空间思维，联动统筹城市治理与乡村治理，联动统筹产业布局和产业升级，联动统筹城乡发展等，实现县域治理的科学化。

1. 加快政府职能转变，优化服务改革

由"管理型政府"向"服务型政府"转变，加强治理体系和治理能力现代化建设，破除制约高质量发展、高品质生活的体制机制障碍，强化有利于提高资源配置效率、有利于调动全社会积极性的重大改革开放举措，持续增强发展动力和活力。市场配置资源能力显著增强，不断加强公共服务、社会管理、市场监管和生态环境保护等职能方面的建设。平安尉氏和法治尉氏建设取得新成效，形成高品质、高绩效的公共治理和政府服务的全新的"尉氏现象"，治理体系和治理能力现代化迈上新台阶。

2. 制定科学合理的前瞻 30 年的发展规划

顶层设计和总体思路源于当前我国发展目标与发展格局，已经非常清晰。党的十九大报告明确指出，到 2035 年的关键节点，在全面建成小康社会的基础上，基本实现社会主义现代化，共同富裕是我国现代化的重要表征；到 2050 年的关键节点，把我国建成富强民主文明和谐美丽的社会主义现代化强国。因此，尉氏县应该按照上述我国发展目标与发展格局进行清晰规划，并明确提出县域治理体系和能力现代化建设的具体目标。

3. 致力于共同富裕，创建全国百强县

发展县域经济是乡村振兴和城乡融合的重要基石。所以县域经济、乡村振兴和城乡融合发展应该短期、长期和远景兼顾，应该具有大框架和大视野，坚持县域经济、乡村振兴和城乡融合发展整体设计、协同推进。县域治理应坚持以创新驱动发展，以促进共同富裕为目标。特别注重在实现县域工业化的同时，农业现代化与农村现代化也得以实现。县域治理应以推动高质量发展为核心，创建增长动能更足、产业实力更强、区域能级更优、城乡融合更快、共享发展更广的全国县域经济"百强县"。

（二）建立联动机制，促进协同发展

尉氏县应该建立多效联动机制，助力县域经济高质量发展。县域治理要注重服务，构建新发展格局，切实转变发展方式，推动质量变革、效率变革、动力变革，实现更高质量、更有效率、更加公平、更可持续、更为安全的发展。各项制度和政策之间相互支撑，有效衔接，形成良性互动的格局。

1. 建立县域治理与乡村振兴联动发展机制

尉氏县在大力发展县域经济的同时，应注重分析县域经济、乡村振兴和城乡融合发展之间的关系，全面深化农村改革，坚持把县域治理与乡村振兴一体谋划、一体推动，促进城乡融合和共同发展，增强乡村的发展活力，显著缩小城乡居民收入差距，全面提升基本公共服务均等化水平。注重城乡居民的共同富裕，特别注重低收入群体的生活发展状况。不能仅谈县域内的产业发展、产业集聚和产业升级，而是着力打造一条"尉氏县共同富裕产业链"，促进尉氏成为推动共同富裕、有效解决城乡发展不平衡的样板县。应按照"把城镇和乡村贯通起来"的工作要求，建立起县域治理与乡村振兴一体化发展机制，通过"以工补农、以城带乡"，加快形成城乡互动、城乡融合的良性发展局面。

2. 建立县域经济—生态—社会耦合发展机制

积极探索生态经济模式，提升社会文明福祉，努力实现尉氏县域经济发展、社会进步和生态环境的协调共存。要深入落实"绿水青山就是金山银山"理念，建设生态文明制度体系。着力提升尉氏县域生态治理能力，着力构建起绿色价值观念塑造能力、绿色服务能力和区域资源配置能力，显著提高资源利用效率。生态环境质量根本好转，突出环境问题基本消除，形成生产空间高效、生活空间宜居舒适、生态空间天蓝水绿的国土开发格局，生态保护和环境质量走在全省前列。

3. 建立产业之间与区域之间的协同发展机制

采取"三链同构"驱动发展战略，围绕现有产业体系，链式谋划产业项目，积极向产业链下游、价值链上游、供应链高端方向延伸。通过实施"三链同构"一体化招商，不断增强产业韧性，实现产业"增量崛起"与"存量提质"并举。以承接港区"摆不下、离不开、走不远"的产业为引领，以服务和承接港区、郑州都市圈相关功能为目标，在促进六大传统产业和三大主导产业改造升级的基础上，着力布局和培育发展电子信息、生物医药、高端装备、文旅康养、现代商贸物流、教育科创六大新发展产业和现代农业，促使现代服务业、现代农业和先进制造业跨界融合发展。与此同时，我国区域发展差距依然较大，区域分化现象逐渐显现，无序开发与恶性竞争仍然存在，区域发展不平衡不充分问题依然比较突出，区域发展机制还不完善，尉氏县应积极开展省内或跨省的多层次、多形式、多领域的区域合作，促进产业跨区域转移和共建产业园区等合作平台，积极创新区域合作的政策协调、组织保障、规划衔接、利益协调和信息共享等机制。

（三）进一步优化营商环境，全方位提升服务效能

以对标一流营商环境深化改革为抓手，充分发挥好营商环境评价、服务机制优化的督促、保障作用，打造一流营商环境，积极构建亲清政商关系。深入开展营商环境评价和以评促改。深化"放管服"改革，深化政务公开，推行政府数字化转型。全面实行政府权责清单制度，推进政务服务标准化、规范化、便利化，全面实现政务服务"一网通办"。

1. 进一步优化营商环境

在"万人助万企"工作中，应特别注重协助企业进行数字化转型。这意味着，贴心服务、惠企政策等仅是优化营商环境的必要条件，为企业数字化转型提供助力是今后优化营商环境工作的重中之重。这体

现在数字化转型必需的工具、思路、技术和解决方案，能够帮助企业在市场开拓、销售、渠道建设、生产运营决策和人员管理等方面进行精准分析和预测。显然，这一工作能够进一步优化营商环境，吸引更多企业向尉氏集聚，并推动产业升级。

2. 强化创新平台培育，实施创新型企业培育工程

县域经济发展最重要的载体是产业，县域经济发展的内在驱动力来源于产业的竞争力。在平台建设上强核聚能，把县城作为县域经济发展的主要抓手，以开发区作为促进产业集聚、人口集中、土地集约的平台，打造带动县域经济发展的增长核心。遵循产业为纲，拓展产业链向上延伸降低企业成本并实现安全运营，拓展产业链向下延伸增加产品附加值并实现更高的利润水平。只有这样，企业才能留得住并获得较快发展，龙头企业才会被吸引进来。在此基础上，以龙头企业为带动，强化创新平台培育和产业链条培养，注重技术创新并推动产业转型升级，以项目建设带动整个产业发展。实施创新型企业培育工程，充分发挥财政资金的引导作用，加大对科技型中小企业的支持，初步形成大企业带动、中小企业紧跟的创新型企业梯队。注重主导产业的培育，吸引外部优质生产要素融入主导产业，进而产生示范、辐射和带动作用，促进产业结构优化升级。充分借鉴国际上产业竞争力的评价体系进行量化评测，找出尉氏县的相对优势产业并提出科学的发展规划，避免县域产业的雷同而造成无序竞争的局面。

3. 注重"隐形冠军"企业的培育和成长

这类企业是"专精特新"的典型代表，不以短期的快速盈利为目的，但专注于某一个细分市场精准运作，在未来极富竞争力和市场占有率。尉氏河南昊昌精梳机械股份有限公司主要经营精梳设备的生产、销售，在精梳设备这一细分领域，已经成长为隐形冠军。该公司是具有自主知识产权的高科技民营企业，是新三板挂牌企业上海昊昌科技股份有

限公司的全资子公司，是一家专业生产成套精梳设备的科技创新型企业。这就需要依托科研机构、高校和企业的通力合作，集产学研为一体，建立起攻克关键技术或解决方案的长效合作机制。既有的研究表明，电子信息、化学化工、智能制造装备、工程机械和生物制药领域最容易产生"隐形冠军"企业。它们的高科技特性决定了其无法吸纳更多劳动力，对就业帮助不大。但是它们能够不断吸纳相关产业在本地集聚，进而延伸产业链，还能够孵化出新创企业。因此，"隐形冠军"企业间接创造了更多就业岗位。

4. 健全创新产业机制，打造人才发展高地

围绕平台建设、人才培育等方面，积极推动本地优势产业领域的优势企业与全国、全省、全市范围内的科技型企业、科研院所、科技成果转化中心等进行深度创新合作，持续探索新形势下合作新机制、新模式，共同推进产学研无缝对接、深度融合，加快应用技术开发和成果转化，为全县创新发展提供有力的科技支撑。建立健全有利于创新创业的体制机制，研究出台激励奖励措施，更好地运用公共政策性工具和普惠性举措鼓励支持创新。结合重点产业，依托企业、高等院校、科研院所等各类创新主体，落实河南省"十百千"转型升级创新专项计划和开封市转型升级创新专项计划。强化人才支撑，加快县域创新体系建设，推动更多创新资源向尉氏集聚。实施"雁归"行动，吸引尉氏籍企业家、技术骨干等返乡创新创业。设立创新创业发展扶持资金，为大学毕业生、外出务工返乡人员等重点人群创新创业提供必要的资金支持。

（四）强化要素保障，全方位提升服务效能

高效配置要素，补齐要素短板，不断提高供给数量和质量。激活要素自由流动，提高全要素生产率，全面提升县域经济发展的内聚力。

聚焦项目、企业和园区，积极动员和优化配置资源要素，加强资金、人才、用工、园区用地、物流运输、科技环保等生产要素的供给和服务保障。

1. 加快信息基础设施建设

信息基础设施建设能带动更多的新兴产业投资，精准化对接区域发展战略，有效推动产业智能化转型。因此，应大力推进以 5G 网络为核心，涵盖农村宽带通信网、移动互联网、数字电视网等领域的信息基础设施建设，确保中心区全覆盖和乡镇以上区域连续覆盖。加快推进新型智慧城市建设，推进政务服务全面"一网通办"，提升公共服务效率与便利度；加快城市运行"一网统管"建设力度，提升政府管理效率；以城市的智慧化推动产业的数字化，全面赋能数字经济建设；推进智慧城市与数字乡村融合发展；全面拓展教育、养老、就业、文化、体育、旅游、气象等领域的智慧应用。

2. 发挥多元治理主体的治理优势

治理能力和水平的高低，很大程度上要看社会治理共同体的建设程度。政府治理应从政府大包大揽体制向政府负责、社会力量协同、公众广泛参与、法治保障的社会治理体制转变。激活公共服务多元合作机制，需要政府、企业、社会组织等有效协同，通过拓宽参与的路径和渠道来引导公民参与公共服务，对于社会组织要加强培育，适当降低参与的门槛。通过采用授权、批准、外包、公私合作、购买等模式来提供有效的公共服务。通过建立完善的激励制度，促进各主体协调发展，提高治理的韧性，进而提升尉氏县域治理体系和治理能力的现代化水平。

3. 加快建设高素质专业化干部队伍

大力弘扬焦裕禄同志的"三股劲"精神，强化干部效率意识，不断谋求惠民之策、创新之举。继续深化干部人事制度改革，健全人才评价、选拔、任用和激励保障机制，聘请优秀企业家、专业学者作为政府治理顾问，参与重大社会经济决策。完善干部选拔任用机制，树立正确用人导向，着力解决一些干部不作为、乱作为等问题。优化领导班子知识结构和专业结构，注重培养选拔政治强、懂专业、善治理、敢担当、作风正的干部。

（五）打造"一米团"工作机制的升级版

为更好发挥"一米团"在服务企业、支持小微、公共服务和社会治理等方面的"品牌"作用，建议对"一米团"的运行机制边运行、边总结、边创新，从强调"服务"到注重"引领"，打造"一米团"的升级版。

1. 打造"一米团"从"惠企"到"为民"的升级版

将面向大中型企业的助企惠企功能交由"万人助万企"活动来完成，"一米团"应着重为小微企业（以及个体工商户等其他市场主体）提供贴心服务，为国家级农业产业园的创建提供一站式服务并在其他诸多领域持续发力，进而打造"一米团"从"惠企"到"为民"的升级版。这意味着尉氏县的政商关系将发生创新性重构，也会促进落实经济发展政策的公平性和公共服务的普惠性。

2. 打造"一米团""科技嵌入"的升级版

要在调查研究上下功夫，发现县域经济、产城融合和乡村振兴中存在的短板，密切关注企业的需求、市场需求、劳动力流动和农民增收等的动态变化。要在进一步加强制度创新和进一步优化服务上下功夫，使各类市场主体能够享受到更加公平的营商环境，注重营商环境从"优质"转向"公平"。要在招商引资引智上下功夫，提升服务质量和效率，为项目有序推进和人力资本引进创造良好环境。做好职责定位，通力协作和配合，全面解决好项目建设和引智聚才中出现的各种"疑难杂症"。要在营造科技创新生态上下功夫，专门研究产业和企业的创新改革，协调推进创新工作；发掘或引进懂技术的党员干部参与科技创新，选派他们担任企业的科技指导人员，帮助企业解决创新发展面临的各种问题。要在发展县域经济促进乡村振兴上下功夫。在壮大村级集体经济、乡风文明建设、基础设施建设、村级管理、基层自治和生态环境改进等方面建立"随时服务、动态服务"机制和精准服务模式，为乡村振兴强化基层服务。

3. 打造"一米团"助力乡村建设行动的升级版

"一米团"应该在持续推动巩固拓展脱贫攻坚成果同乡村振兴有效衔接上扎实有效开展工作，真正取得实实在在的成效。一是不断提高产业扶贫能力。在政策扶持、资金支持、人才支撑、机制平台建设等方面发力。二是加强帮扶协作"点对点"联结，优先支持脱贫劳动力务工就业，实现就业增收。完善利益联结机制，加强政策引导，将产业扶持与帮扶相挂钩，鼓励扶贫龙头企业、农民合作社、家庭农场等新型农业经营主体的发展。三是通过加强政策衔接、对象衔接、标准衔接、管理衔接，完善防止返贫监测预警机制，对收入骤减或支出骤增户加强监测。四是推进全社会广泛参与。充分发挥社会组织技术、资源等方面优势，大力支持非公企业、返乡创业者参与乡村产业发展。五是构建激发内生动力机制。激发脱贫群众、监测对象积极性和主动性，增强主动致富的内生动力。加强教育引导、典型示范，引导脱贫群众树立主动致富主体意识。六是夯实乡村治理基础，推进乡村治理中心的标准化建设，健全完善乡村调解机制，弘扬文化，传承文化，用好传统文化的向心力和凝聚力，不断聚焦乡村基层治理的要事、生活改善的实事、产业发展的难事，打通服务村民的"最后一公里"。

4. 打造"一米团"服务个体并提升为民服务能力的升级版

"一米团"还应该注重从服务组织（小微企业等市场主体、社区等）下沉到服务个体（员工、居民、村民等）。特别注重对低收入个体、有生活工作方面困难的个体、返乡就业创业人员以及技能水平较低人员提供有针对性的"贴心服务"。不断加强党建引领，提升为民服务能力，并促进多元主体广泛参与，努力构建实现公共利益最大化的长效机制。"一米团"的这种升级版肩负着提升党组织协同治理能力和增进民生福祉的双重使命。

组长：程传兴　陈益民
成员：王志涛　朱世欣　郑　津
执笔：王志涛　朱世欣

慧眼看河南——县域经济何以成高原

河南日报

特刊 | 03

2021年12月27日 星期一
组版编辑 李晓星 高超 美编 单莉伟

▲健康医疗器械检测车间，参6

▼智能化纺织生产车间，参6

一米——面对面的距离
一米团——政府部门联合组团为企业面对面提供服务

小小"一米团"撬动"大高原"

——来自尉氏县域经济高质量发展的调查

□本报记者 阙爱民 龚砚庆

寒冷的冬日，什么样的人和事，能让一位企业的老总站在厂区中间，感动地眼泛泪花、几度哽咽？

"一米团"！

整洁的乡村里，90后的村党支部书记说起刚起步的集体产业、未来的发展设想，头头是道、条理清晰，外来的婚约怎样变身"领头雁"？

"一米团"！

在尉氏县，"一米团"已成为优化营商环境、支持创业创新的一张亮丽名片。它主攻的是优质服务，打造的是优良环境，支持的是改革发展，撬动的是县域经济高质量隆起"成高原"。

营商环境，实际是基层执政能力、治理能力的一种具体体现，治理好营商环境不容易，它反映一个地方党委、政府的功力与努力。如今，尉氏县是全省第二批践行县域治理"三起来"示范县，综合实力排全省20位、中部六省49位。河南省县域工业30强名单中，尉氏跻身第19位，居开封市第1位。

今年前10个月，尽管历经疫情侵袭、洪涝灾害，尉氏县经济发展劲头依然强劲，规模以上工业增加值同比增长10.1%，增速居开封市第3位；固定资产投资同比增长14%，增速居开封市10县区首位。面对双重灾难，尉氏县域经济有如此发力，"一米团"发挥了不可替代的作用，功不可没。

尉氏有个"一米团"

一米，面对面的距离。"一米团"，政府部门联合组团为企业面对面提供服务。这一名称的提出，它的变命由来突然："解决问题。"

2020年，新冠肺炎疫情突袭，企业生产经营遭遇严重困难，如何搞定好防疫中央、国务院科学决策部署，一手抓新冠肺炎疫情防控，一手抓经济主攻要，让各类生产要素顺畅流通，推进企业尽快复工复产…

政府会、企业会、社会会、创客会、群众会、源材料、水、运输、销售等难题每个满足，每个"卡脖子"问题都让企业无法动弹。

"当时从媒体上我们也看到，中央和省、市先后出台了一系列帮助企业复工复产的优惠政策，但是政策真金白银，但也有着好政策等现期，企业看真正享受到吗？厂里据以开封大口门肉类食品公司的经理曲雁之闸，同出了企业家的忧心，会不会收集集集于守中、企业逐渐度反？

尉氏县委、县政府立即开始着手组建解决企业复工复产、政策落地的"一米团"。

从11个有政策集这任务的部门里，抽调112名政策骨、业务精干员工作人员组建出的"一米团"。县长任组团长，常务副县长任副组团长，下设疫情防控、工业企业、农业农村、商贸流通、项目建设等5个小组，分别由副县长任副组团长，主管部门牵头，打通进企业政策落地渠道。

"特殊时期企业要简、要省、直接的服务，把难题解开，把好政策送到企业手里。"尉氏县长工业信局局长兵节建企业了。

"我们的运输车辆有100多台，但因为没有被纳入第一批重点保障企业，动不动车辆遭扣住，我们原先的生涯运不出去。当时思的负责企业，供嘟回忆，大车初作作为主管一家制手企业的负责人，"一米团"赶到了里，帮解决企业难题，马上想方设法办齐了七八十张通行证。

"他们原来是卖企业的生产、销售一定会受大影响，结果"一米团"帮助解决问题后，产量不降反升，同比大幅增长。事态经济带小过程的话述说，曲雁笑了。

耽记花花，几度哽咽的话语，完了。

总策划：薯林 刘雍鸣
策划：孙德中
专家：程传兴 陈益民
王志涛 朱世欣
郑津
统筹：阙爱民 宋华茹

扫码看视频

本版图片均为尉氏县委宣传部供图

尉氏有群"一米团"

通过"一米团"保姆式服务，2020年，尉氏265家规模以上工业企业复工率达100%，复产率达96.8%，多家企业满产达产。

一时间，"一米团"供名扬尉，成了尉氏优质营商环境的代名词。

然而，今年7月20日早见的暴雨，造成尉氏县城积江头、水毁，积汪寺等多个多难防堤，道路被冲，企业被淹，损失严重；而就在全力防暴救灾、积极推动生产自救之际，8月，新冠肺炎疫情第四次侵袭，尉氏初度着手。

双重灾难齐降，尉氏县委、县政府科学应对，沉着应对，一方面积极组织抗抗灾防疫，一方面努力组织复工复产、生产自救。

为了集中力量、精准服务企业，尉氏县把"一米团"升为7万人助力"企业活动主推手，迈向单势变化，创新"一米团"机制，改革原来的"一米团"多面门集中服务、变身为"一企一米团"单部门精准服务。

"到目前已成立科技工团服务"一米团、金融服务"一米团"、环保服务"一米团"、人社服务"一米团"和土地服务"一米团"等，根据要服务的企业问题分类，各有业"一米团"迅速与企业精准开展服务。"尉氏县委宣传部的相关负责人介绍。

受益续期两周举期期间，河南金九龙宝业有限公司停电、蓄断不足，生产运营受损严重期。"科技工团服务"一米团"获悉后，立即与国网河南供电公司、县域市管理综合执法局协调，迅速帮出技术人员趋紧的抢浆题，暖语情况，第一时间清障障碍、更换线路，企业间题迎刃而解。

"金融服务"一米团"深入全县257家重点企业驻企调研，面对面结心交流，于手串事调好调解，针对不同企业缺陷是差地商健康资方案，让企业健康复运天金融之忧。

"环保服务"一米团"先后深入企业生产车间查看受灾情况，听取企业意见，想方设法帮助企业采访灌溉，复工复产。现累解决30多家企业50多个问题，获得一个"齐"。

在开放恢复阶段，尉氏将"一米团"的服务现的尉氏，"新闻宣传"一米团"乡村兴""一米团"农业发展"一米团"等领域服务水平，细化延伸服务、拓宽服务范围，微明越来越实。

尉氏人人"一米团"

2014年5月，习近平总书记到尉氏县张市镇视察时，作出了乡镇工作"三结合"的重要指示：乡镇要从实际出发，把改进作风和增强党性结合起来，把为群众办实事和提高领导工作能力结合起来，把解发展和抓党建结合起来，以实实在在的成效取信于民。

蒸实蒸里意图示精神，在"一米团"机制的持续影响下，为服务靠村、环境靠记入唐村人民党员真正深入身边…

冬日的乡村温润如春时，一股当下农村中有的青春气息在涌动，在今年的料香物稻动"90后"毕业于武汉大学的黄宜翠当选为村义上书主任女支书康村委会主任，7年前嫁到凤岗，现在"外来媳妇"变了"带头妻"，带领乡村一样的活力。

参观了稻布举村口开辟起的羊肚菌种植大棚、黄宜翠设自己在村里也能建厂"一米团"，感谢了"小局助娘"手"淌水、打药、除草、草地、避种等，你提服务、真来获素，并且负责收"水锦锦锦、天然气及换电、电视调试，你能需求、真来服务、服务免费"

"一米团"机制管造的环环境，让乡也能在产业发展上多干点事，把农村经济做上去。"黄宜翠说，在村任乡书记期间，她早已和镇上的"一米团"打成一片。

参加了武尉乡书记的一番话语，一批年轻人纷纷选择留尉干事创业，其中不乏"海归们"。

"在这里，除了干事创业你做发展，其他不用多操心。"一米团"曾保障一样包围了，那都飞围国学习家。先后成过村里2000余，创办成开村世材精料饲农、建立食用菌产业园、中医药健康种植个面产业园两个产业园区和北力特种水产养殖基地，优质原种木种植基地等四个产品认证基地，现已发展成为省农业厅重点农产品生产企业、省级县业示范企业、开封市农业产业龙头龙头企业、省级扶困困示范村。

"有事就到，无事不扰，让大企业"顶天立地"，中小企业"铺天盖地"。，贴心服务，解决难题。据据面实的小小"一米团"，几年间已撬动出几万大能量，让尉氏经济在高质量发展中奋勇前进。

"一米团"真正体现了我们党扶民众民衷全全意为人民服务的的宗旨。当河南农业大学党委党支书记、博士生导师程传兴教授强调，其通行机制和撬撬撬的一个个举例，折射出了当地党政府执行能力和治理能力。"

专家点评

建筑装饰绿色基地产业园车间，参6

后 记

从 2021 年辛丑金秋到 2022 年壬寅新春来临，经过数月的酝酿，这本《县域经济何以"成高原"——基于十个县（市）的调研》终于面世，其中凝结了河南省内数十位专家学者三个多月的准备、调研、思考、探讨的智慧结晶，是近年对河南县域经济发展较大规模、样本较为广泛的一次深入调研思考。

2014 年 3 月，习近平总书记在河南调研指导时提出"把强县和富民统一起来，把改革和发展结合起来，把城镇和乡村贯通起来"，这既是对河南乃至全国县域治理规律的科学总结，也为县域经济高质量发展提供了行动遵循。

县域经济发展事关国之大者、省之要者。在迈向现代化河南建设的新起点，深入基层和实地调查研究，深入阐释中央和河南省委决策部署背后的深意，为县域经济"成高原"提供经验借鉴和前瞻辨析，营造县域经济高质量发展的浓厚氛围，是新闻宣传战线的重要任务。

在河南省委宣传部主要领导指导下，河南日报开始酝酿县域经济高质量发展调研活动，河南日报县域经济调研组正式组建。调研启动前，河南农业大学原党委书记、教授程传兴，河南省政协人口资源委员会副主任、省社科院原院长谷建全领衔，来自河南省委农办、省农村信用合作社、省委党校、省发改委、省政府发展研究中心、省社会科学院等单位的资深专家，郑州大学、河南大学、河南农业大学、河南工业大学、安阳师范学院、河南财政金融学院等多个高校的教授、讲师与河南日报社的领导、记者齐聚一堂，就新阶段新理念新格局下如何看待县域经济发展、如何开展好县域经济调研展开了热烈讨论。

这是一次求真求实的调研之旅。调研组以"记者 + 专家 + 机构"（机构即河南开封科技传媒学院）联动的方式展开工作。启动前，调研团队深入学习中央和河南省委有关决策部署，研究县域发展态势和特点，遴选调研样本县，收集研究调研"目的地"的大量资料。从 2021 年 10 月底到隆冬，调研组成员不辞辛苦，抓紧时机，深入十个县（市），进企业，入园区，看项目，观产业，谈经验，说趋势。

"县域经济发展亟须智库引导与支持。"调研工作得到了十个县（市）的热烈响应。每到一地，调研组召开多层次座谈会，与当地主要领导谈发展思路、态势和举措，与有关部门谈工作进展和制约，与员工、群众谈切身实际和体会，多侧面把握县域发展脉络、背景、特点、趋势和面临的问题挑战，收集了大量第一手资料，收获了丰富的感性认识，积淀了理性分析的坚实基础。在此基础上，调研组几经讨论，反复打磨，形成了新发展阶段河南县域经济高质量发展的总体认识，对十个县（市）发展具体路径进行了深入探讨。

道固远，笃行可至；事虽巨，坚为必成。锚定"两个确保"，实施"十大战略"，河南未来可期，县域大有可为。我们将持续推进对县域经济的研究，为推进现代化河南建设做出党报集团的积极贡献。

十个县（市）的领导和相关部门对调研工作给予了大力支持，河南人民出版社对本书的出版付出了辛勤劳作，在此，谨表诚挚谢意。

河南日报智库
2022 年壬寅新春